난임과 유산에 대처하는 심리 가이드

인지행동치료 전문가가 제안하는 마음 회복 10단계

난임과 유산에 대처하는 심리 가이드

Coping With Infertility, Miscarriage and Neonatal Loss

에이미 웬젤 지음 | 이승재·조영란·황정현 옮김

시심

일러두기

- • 는 역자 주를 표시한 것이다.
- 원서에서 '대리모'로 표현된 부분은 이해를 돕기 위해 삭제하지 않았으나, 사회 통념상 '대리 출산'으로 번역했다.
- 문맥의 내용상 필요에 따라 '정서'와 '감정'을 혼용해 사용했다.
- 본문의 강조는 원서의 이탤릭체로 표기된 부분이다.
- 인명은 국립국어원의 외래어표기법을 따랐다.

직업상 다양한 상황에 놓인 사람들의 마음에 늘 주목해왔지만, 임신과 출산 관련해 겪는 심리적 어려움은 자세히 들여다보지 못했다. 2018년 10월 권역 난임·우울증상담센터 일을 맡기 전까지 말이다. 그러나 얼마 되지 않아 내가 이 일을 맡은 것은 우연이 아니라 누군가는 해야 할 필연임을 깨달았다. 우연은 그저 이런 문제에 대한 인식 부족에 따른 나의 착각일 뿐이었다.

상담센터를 개소하고 몇 달이 되지 않은 2019년 여름, 통계청은 2018년 합계출산율(여성 한 명이 평생 동안 낳을 것으로 예상되는 평균 출생아 수)이 통계 작성 이래 최저치인 0.98로 떨어졌다고 발표했다. 성인 남녀 두 사람이 만나 가정을 이루는데, 두 명의 자녀는커녕 이제는 한 명도 채 낳지 않는다는 뜻이다. 이 수치는 저출생 문제가 얼마나 심각한지 절감하게 했다.

역설적이게도 아이를 간절히 원하지만 수차례의 난임 시술에 실패를 겪고 좌절한 부부들이 끊임없이 센터로 찾아왔다. 젊은 부부들도 있었지만 대부분은 세태를 반영하듯 만혼에 늦은 임신을 시도하는 부부들이었다. 이들은 반복되는 임신 실패에 따른 좌절과 상실로 몸도 마음도 지쳐 있었다. 그렇다고 자신의 고통에 오롯이 집중할 수도 없었다. 아무렇지 않은 듯 직장을 다니고, 아내로, 딸로, 며느리로서의 역할도 해야 했다. 아이를 가진 사람들에 대한 부러움을 넘어선 분노를 느꼈고, 주변 사람들의 위로와 관심에 오히려 짜증이 몰려왔다. 임신을 위한 도전을 계속할지 아니면 이쯤에서 포기할지, 불확실한 미래에 대한 고민으로 머리가 터질 듯했다. 이들을 더욱 답답하게 하는 것은 이런 고통을 헤쳐 나가는 데 도움이 될 만한 지침도, 사회적 합의나 시스템도 찾기 어려운 현실이다. 인생 최악의 순간을 그저 혼자서 견뎌내고 있다는 생각을 떨칠 수가 없을 것이다.

일을 처음 맡았을 때 가장 시급한 문제는 이런 부부들을 상담할 수 있는 인력이 부족하다는 것이었다. 주산기* 여성의 심리 문제를 집중적으로 다루어 온 국내 전문가는 손에 꼽을 정도였으며, 참고할 만한 교육 자료도 부족했다. 특히 난임으로 고통받는 여성에 초점을 맞춘 구체적인 심리 치료법에 대한 자료는 거의 전무했다. 관련 주제를 다룬 대중도서도 찾아보았으나 독자의 심금을 울리는 임신 수기에 가깝거나 일반적인 스트레스 다루기 같은 막연한 조언이나 방법을 소개하

---

* perinatal period. 출산 전후 기간을 일컫는 용어다. 좁게는 임신 24주에서 출생 후 4주까지로 정의하지만, 본문에서는 임신과 관련된 포괄적인 기간을 의미한다.

는 정도에 그쳤다. 답답한 마음에 참고할 만한 외국 서적을 찾아보게 되었고, 심리학자이자 인지행동치료 전문가인 펜실베이니아 대학교 의과대학 에이미 웬젤Amy Wenzel 교수의 책이 눈에 띄었다.

에이미 웬젤은 미국 내에서도 흔하지 않은, 주산기 여성의 심리를 주로 다루어온 인지행동치료 전문가다. 그는 현재 펜실베이니아주에서 메인라인 증거기반 정신치료센터를 설립·운영하고 있으며, 2010년부터는 산후 스트레스 센터 일을 겸하고 있다. 임상경험 못지않게 학술적으로도 뛰어나서 지금까지 스물네 권이 넘는 책과 치료 매뉴얼을 썼고, 백여 편의 관련 논문을 출간했다.

《난임과 유산에 대처하는 심리 가이드》는 인지행동치료에 대한 전문적인 지식과 수많은 주산기 여성을 만나온 경험을 통합해 집필한 그의 대표 저서다. 그는 이 책에서 인지행동치료를 배우는 초심자뿐만 아니라 일반인도 따라 할 수 있도록 인지행동치료 기법을 체계적이고 쉽게 안내한다. 또한 유산을 경험한 이들에 대한 진심 어린 배려와 당시 인지행동치료 분야에서는 언급이 잘 되지 않았던 수용과 삶의 의미에 대한 통찰이 담겨 있어 깊은 감동을 준다. 상담 센터 동료들과 이 책을 읽으며, 유산으로 힘들어하는 당사자에게 이 책이 큰 도움이 될 것이라는 확신을 얻어 곧바로 번역을 하게 되었다.

이 책은 기존 유산 관련 심리서와는 명백히 다르다. 첫째, 저자는 유산 이후 시간 경과에 따라 당사자가 겪는 다양한 경험과 심리적 변화를 풍부한 사례와 함께 소개한다. 이는 독자들이 유산에 따른 심리 변화 과정을 전반적으로 그려볼 수 있게 도와준다. 그뿐만 아니라 각 시기에 맞는 적절한 대응 전략과 그 근거를 구체적으로 제시해 독자들이 직접 실천할 수 있도록 했다.

둘째, 개개인의 임신 관련 이야기는 유일무이하며 이 경험은 사람마다 모두 다르다고 이야기한다. 이는 당신의 경험이 그 자체로 고유하고 존중되어야 함을 뜻한다. 또한 고통이 자신에게 주는 고유한 의미를 찾아보아야 한다고 강조한다. 이는 자신의 고통을 있는 그대로 자각하고, 이를 토대로 자신을 보살피고 현실을 수용하는, 정신건강을 지키는 궁극적인 길이 된다.

셋째, 난임으로 고통받고 있는 당사자가 절망적으로 해석할 여지가 있는 결과에 대해서는 언급하지 않는다. 상담의 예시를 들면서 실제 오가는 대화 내용에 초점을 맞추었을 뿐, "그래서 나중에 아이를 낳게 되었다"라는 식의 결과는 전혀 나오지 않는다. 같은 맥락에서 저자는 난임 시술로 임신될 확률 같은 통계도 제외했다. 내담자에게 통계 수치를 많이 인용할수록 전문가라는 인상을 줄 것이라는 생각을 가졌던 내가 부끄러웠다.

넷째, 인지행동치료 기법의 핵심을 명료하게 정리해 인지행동치료를 처음 배우는 사람에게 필요한 지침서로도 손색이 없다. 실제 상담 상황에서 바로 적용이 가능한 기법들이 난임과 유산이라는 상황에 적절히 녹아 들어가 있다. 한마디로 오랜 경험을 통해 얻을 수 있는 정제된 기법에 대한 설명과, 유산에만 국한되지 않은 삶에 대한 성찰이 적절히 잘 버무려진 책이다.

이 책은 나와 함께 초창기에 센터가 자리를 잡는 데 많은 역할을 한 조영란 팀장, 황정현 팀원과 공동으로 번역했다. 더 이상 센터에서 근무하지 않음에도 끝까지 교정 작업을 함께해준 두 분께 진심으로 감사드린다. 센터 운영에 물심양면으로 힘써주시고 책을 번역하는 데 있어 조언을 아낌없이 주신 산부인과 교수 이택후 센터장에게도 감사드린다. 독자의 시각으로 수차례 번역본을 읽어보고 관련 자료를 찾아준 최경진, 김유영, 김혜수, 문가희 센터 선생들에게도 고마움을 전한다. 원서를 낸 출판사와의 계약 과정이 매끄럽지 않아 출판을 포기할 지경에 이른 적도 있었다. 끝까지 일을 성사시키고 딱딱한 글을 부드럽게 만드는 데 도움을 준 푸른숲 출판사에도 감사드린다.

보건복지부에서는 2015년부터 난임과 유산 당사자들에 대한 심리적 지원을 위한 방편을 마련하기 위한 용역사업을 진행했으며, 2017년 개정된 모자보건법에 힘입어 2018년 중앙 난임·우울증상담센터를 필두로 인천, 전남, 대구에 3개의 권역 센터가 문을 열었다. 이후 경기도, 경북, 경기북부, 서울 권역 센터가 추가되어 2023년 9월 현재 중앙 센터 1개소와 권역 센터 7개소가 난임, 유산 및 출산에 따른 심리적 고통을 겪는 분들을 돕고 있다. 정보 제공 및 교육, 심리치료, 부부치료, 여가활동 모임, 타 기관 연계 등 다양한 서비스를 원스톱으로 제공한다. 난임과 유산으로 고통받는 사람들은 여러 문제로 혼란에 빠져 있기 때문에 목적을 정한 뒤 센터에 연락하려고 애쓰지 말고, 상담으로 빠른 답을 찾을 수 있으니 우선 연락부터 해볼 것을 권한다.

난임과 유산으로 인한 고통은 마음에 큰 상처를 낸다. 잘 치유하지 않으면 나와 가까운 주변 사람에게 앙금으로 남아 있다가 인생의 다른 시점에 다시 문제를 일으킬 수 있다. 정신의학적으로 말하면, 난임으로 시작된 첫 우울증이 이후 재발성 우울증으로 이어질 수 있다. 따라서 평소 해오던 대처법으로 우울감이 잘 사라지지 않고 한 주 이상 상당한 수준의 우울감이 지속된다면, 경각심을 갖고 적극적으로 대처할 것을 권한다.

난임으로 고통받는 여성들에게 막연한 위로가 아니라, 살면서 겪게 되는 최악의 상황을 지혜롭게 벗어날 수 있는 구체적인 방법들을 제시한 이 책이 여러분에게 좋은 안내자 역할을 하기를 바란다.

서문

임신을 준비하는 사람에게 가장 끔찍한 악몽은 유산일 것이다. 임신 초기든, 임신 후기든, 또는 아이를 출산한 지 얼마 되지 않은 시기든, 유산은 부모가 된다는 기대감과 대비되는 깊은 절망을 안긴다. 난임 시술이 실패했을 때도 많은 사람들이 유산과 동일한 감정을 느낀다. 주산기 심리학 분야 전문가인 자넷 제프Janet Jaffe와 마사 다이아몬드Martha Diamond 박사는 이런 임신과 관련된 사건들을 **임신 관련 외상**reproductive trauma*이라고 칭했다. 나는 여기에 **임신 관련 상실**reproductive loss**이라는 말을 추가하고 싶다. 왜냐하면 인생에서 다른 어떤 것으로도 대신할 수

---

* 영어 'reproductive'는 '생식生殖'으로 흔히 번역되나 생식 외상 혹은 생식 상실의 어감이 너무 기계적인 느낌이 들어 '임신 관련'으로 번역했다. 임신 상실은 실제 임신한 태아를 잃는 것에 국한된 개념인 반면, 임신 관련 상실은 난임 시술이 실패한 것을 포함한 좀 더 넓은 의미의 상실을 의미한다. 사실 '유산遺産'이라는 통상적인 표현이 있기 때문에 문맥상 큰 문제가 없는 한 유산으로 용어를 통일했다. 다만 필요한 경우에 한해 '주산기' 혹은 '임신 관련'이라는 표현을 사용했다.

없는, 간절히 기대했던 새로운 가족을 잃는 경험을 하기 때문이다. 이 책에서 나는 **임신 관련 상실, 임신 관련 외상 및 임신 상실**^{pregnancy loss}이라는 단어를 혼용했다.

부모나 배우자, 가까운 가족을 잃었을 때 애도 과정을 갖는 것과는 대조적으로, 유산을 경험한 많은 사람들은 이런 애도 과정이 현재 우리 사회에 존재하지 않는다는 사실을 마주한다. 물론 선의로 하는 동정적인 언급이나 위로의 말을 듣지만, 대체로 달갑게 들리지 않는다. 게다가 최근에는 뉴스를 통해 일반인들은 엄두도 못내는 고가의 시술로 임신에 성공하거나, 출산하거나, 아이를 더 낳는 유명 연예인들에 대한 소식에도 끊임없이 시달린다. 또한 장을 보러 나가면, 매장에 있는 모든 사람들이 쇼핑 카트에 귀여운 아이를 태우고 다니는 것만 같다. 그러는 동안 유산을 경험한 사람들은 홀로 남겨진 채 극심한 공허감을 견뎌야 한다.

나도 유산을 경험했기에 이런 점을 잘 알고 있다. 나는 주산기 심리학을 전공한 임상심리학자로서 유산이나 다른 임신 관련 외상을 겪은 여성들을 셀 수 없이 많이 보았다. 사실 내가 이 책을 집필하게 된 큰 이유 중 하나는 내가 직접 겪은 일련의 유산 때문이다. 나는 37세에 처

** 이 책에 등장하는 상실이라는 단어는 특정 실체가 물리적인 공간에서 사라짐을 의미하기보다는 임신과 관련된 희망, 기대, 정체감 등의 좌절과 그로 인해 경험하는 심리적인 고통 같은 상실감을 의미한다.

음 임신했지만 21주 만에 조기양막파열로 남자아이를 잃었다. 또 한 번은 검사 수치상으로 2주 정도 임신했지만 올라가야 할 임신 호르몬 수치가 더 이상 오르지 않았다. 이뿐만 아니라 많은 시간을 들이고도 실패로 돌아간 수많은 난임치료들도 감내해야 했다.

이런 견디기 어려운 인생의 사건들을 어떻게 대처해야 할까? 전문 적인 치료는 분명 좋은 선택지로 마음에 큰 위안을 줄 수 있다. 그러나 태어나지도 않은 아이를 떠나보낸 것을 애도하는 일이 병적이거나, 전 문가의 중재가 절대적으로 필요하다고 강조하고 싶진 않다. 사실 정신 건강 분야에서 훈련을 받은 전문가라도 이러한 인생의 여파를 다루는 지식과 민감성이 부족할 수 있다. 그렇기 때문에 유산을 경험한 사람 들은 주의깊게 치료 전문가를 선택해야 한다. 유산을 경험한 사람들이 의지할 수 있는 또 다른 선택지로 책이 있다. 책을 통해 자신의 감정을 이해하고, 경험을 정상화하며, 비슷한 경험을 한 사람들로 구성된 좀 더 넓은 공동체의 한 일원으로 느끼는 데 도움을 받을 수 있다.

그러나 불행하게도 나와 나의 내담자 대부분은 시중에 나와 있는 많 은 책을 읽고 기분만 더 **나빠지는** 경험을 했다. 이런 책들이 민감성이 나 안타까워하는 마음이 부족해서가 아니다. 오히려 예외 없이 정교하 게 민감하고 안타까워하는 마음이 담겨 있었다. 이런 책들에는 유산을 경험한 주변 사람들의 이야기로 위로하려는 의도가 담겨 있지만, 사실 눈물을 짜내게 하는 감성적인 사연은 우리에게 필요하지 않다. 게다가 이런 책을 읽다 보면, 책에서 설명하는 대상자와 자신을 비교하게 된다. 예를 들어, 여러 번 유산한 사례를 읽으면 유산을 경험한 사람들은 또 다른 유산 가능성에 대해 되새김질하면서, 이어지는 임신도 결국 유산할 것이라는 식의 결론을 내릴 수도 있다. 또, 첫째 아이를 건강하게 낳았지만 두 번째 임신에서 유산을 경험한 여성의 사례를 아예 아이가 없는 사람들이 읽는다면 **적어도 이 사람은 아이가 하나라도 있잖아!** 하며 분노를 느낀다. 심지어 사례가 자신의 상황과 딱 맞아 떨어진다 해도, 상황을 더 절망적이고 상처받기 쉬운 방향으로 만들 수 있는 미묘한 차이를 찾아낸다(예: "그는 서른다섯이지만 나는 마흔이 넘었어").

게다가 대부분의 책들이 사례를 설명하는 데만 초점을 맞추다 보니 상실에 대처하고 치유하기 위한 현실적인 전략은 제대로 다루지 못한다. 나도, 다른 사람들도 비슷한 반응을 보였다. "그냥 어떻게 해야 할지만 말해줘! 어떻게 하면 우리가 이 상황을 이해할 수 있을지, 어떻게 헤쳐나갈 수 있을지, 어떻게 하면 다시는 같은 일을 겪지 않을 수 있을지, 분명한 미래, 안정, 그리고 긍정적으로 발전시켜나갈 수 있는 방법을 알려줘." 모든 문제에 적용 가능한 만능열쇠는 없다는 사실을 우리도 잘 알고 있다. 그래도 **무엇이라도** 하고 싶었다.

나의 경우, 근거에 기반한 정신치료적 접근, 특히 인지행동치료를 배운 경험이 나의 상실과 미래에 대한 불확실성에 대처하는 데 큰 도움이 되었다. 인지행동치료의 기본 전제는 우리가 살아가면서 겪는 것들에 부여하는 **의미**와 삶의 질을 높이기 위해 우리가 취하는 **행동**이 우리의 기분에 큰 영향을 미친다는 것이다. 이러한 의미 부여와 행동은 기분장애나 불안장애가 생기거나 재발하는 데에도 영향을 미친다. 다시 말해, 우리가 유산에 대해 어떻게 생각하고 어떻게 행동을 하느냐가, 우리가 어떻게 대처하고 수용하며 궁극적으로 적응하는 데 중요한 역할을 한다는 것이다. 인지행동치료 전문가들은 도움이 되지 않는 생각과 의미를 확인, 평가, 수정하는 전략, 실제 스트레스 상황에 직면해 취할 수 있는 적절한 행동 전략, 그리고 수용하고 중심을 잡는 전략 등 많은 능동적인 전략을 사용한다.

나의 내담자와 나는 시중에 나온 대부분의 책에서는 찾아볼 수 없는 이런 인지행동치료적 전략들을 점진적으로, 공감적으로, 그리고 스스로를 돌보고 적용하면서 유산을 다룰 수 있는 손에 잡히는 기술을 터득했다. 우리는 일상생활에서 이러한 전략을 이용해 유산을 슬퍼하고 반추하는 일에서 벗어나, 상실에 대한 새로운 시각을 얻고, 상실을 수용하는 데 도움을 받았다. 나는 임신 21주에 겪은 유산에서 회복하는 동안, 인지행동치료 전문가가 된 것이 행운이라고 생각했다. 왜냐하면 내가 수년간 내담자들을 도우며 효과를 본 기분 조절 전략들이 나에게 도움이 되었기 때문이다. 이러한 전략들을 적극적으로 사용하지 않았다면, 나는 훨씬 더 오랜 기간 동안 슬퍼하고, 망연자실하며, 현실을 받아들이지 못하고 무기력하게 지냈을 것이다.

따라서 이 책의 목적은 다른 책들이 다루지 않는, 나와 나의 내담자들이 유산, 난임, 그리고 임신 관련 상실이나 외상과 관련된 여러 상황들에 대처했던 특정 기법들을 소개하는 데 있다. 이 책에서 나는 유산을 다룬 책들을 보면서 느낀 간극을 채우려 노력했다. 이런 비참한 사건을 겪고, 이에 대한 별다른 지지나 정보 없이, 우리는 어떻게 **구체적으로** 대처하고, 새로운 관점을 찾고, 의미를 만들고, 수용하고, 자신을 돌볼 수 있을까? 이 책에서 다루는 기법들은 인지행동치료 프로그램의 효과를 검증하는 연구들에 의해 입증되었다. 이런 기법들은 아무런 대처도 하지 않는 경우뿐만 아니라 지지적 정신치료 같은 비특정적인 치료법*들에 비해서도 효과적이라고 밝혀졌다. 이 책 전반에 걸쳐, 나의 경험뿐만 아니라 내담자들에게 얻은 경험들에 기초해, 당사자들이 이러한 기법을 상황에 맞게 적용할 수 있도록 구체적인 방식을 소개했다.

다음은 이 책에서 배우게 될 내용이다.

---

* 심리치료는 증상 또는 장애에 좀 더 특정적인 치료법과 다양한 상태에 적용이 가능한 비특정적인 치료법으로 나눌 수 있다. 증상이나 장애에 초점을 맞춘 대표적인 치료법이 이 책에서 주로 다루는 인지행동치료이며, 지지적 정신치료는 비특정적인 치료법으로 볼 수 있다. 주의할 것은 비특정적이라는 표현 때문에 효과가 적다고 이해해서는 안 된다. 정신질환은 질병 간에 중첩되는 부분이 많기 때문에 다양한 상황에 공통적으로 적용 가능한 치료법이 존재한다. 최근 유행하는 명상이 그 대표적인 예다.

- 1단계에서는 애도 과정을 배울 것이다. 다른 사람들이 이제는 잊어버리고 지나가라고 강하게 이야기하더라도, 혹은 자신의 감정이나 생각이나 행동이 평소 본인과 같지 않더라도, 있는 그대로 느끼고, 생각하고, 행동해도 괜찮다는 사실을 배울 것이다.

- 2단계에서는 유산을 겪고 처음 몇 주를 버텨내는 데 도움이 되는 기법들을 배울 것이다. 이런 방법들의 일부는 삶의 질을 향상시키고 중요한 결정을 내리는 데 장기적인 해결책이 될 수는 없지만, 고통과 공허함으로 가득 찬 순간을 버틸 수 있게 도와줄 것이다.

- 3단계에서는 아직 마음에 내키지는 않아도, 인생을 의미 있고 가치 있게 살 수 있도록 재연결시키고 적극적으로 실천할 수 있는 방법들을 배울 것이다. 자신의 가치와 강점, 관심사에 부합하는 활동을 적극적으로 하는 것은 우울증이나 다른 부정적인 감정을 불러오는 경험들을 막는 강력한 완충제로 작용한다. 유산이나 외상을 겪은 후 활동을 멈추고 자신을 고립시키는 태도는 충분히 이해할만 하다. 그러나 일정 시간이 지난 후에도 지속된다면 예외 없이 상황을 더욱 악화시킨다.

- 4단계에서는 난임 시술의 실패와 이에 따른 직접적인 영향으로 발생하는 혼란스러운 생각과 이미지들에 대처하고 이를 관리하는 법을 배울 것이다. 구체적으로 이런 사고나 이미지들이 떠오르는 것을 알아채고, 이에 일정한 거리를 두고, 이러한 사고를 최대한 정확하고 균형 잡힌 방식으로 재평가하는 법을 배울 것이다. 이러한 생각과 이미지들이 먹구

름처럼 당신에게 걸쳐 있어서는 안 되며, 삶의 다른 사건들을 바라보는 데 영향을 미치는 색안경처럼 작용해서도 안 된다.

- 5단계에서는 좀 더 장기적인 관점에서 임신과 관련해 앞으로 일어날 일에 대한 혼란스러운 생각과 이미지에 대처하기 위해 4단계에서 배운 방법을 적용해볼 것이다. 그리고 임신과 출산에 대한 미래의 불확실성을 수용하고 대처하는 방법을 배울 것이다. 불확실성을 부적절하게 처리하면 불안, 걱정, 스트레스의 주요 원인이 된다. 따라서 이러한 방법을 익혀두면 향후 수년간 닥칠 수 있는 예상치 못한 인생사를 다루는 데 도움이 될 것이다.

- 6단계에서는 유산 후 겪는 여러 어려운 상황에서 다른 사람들과 상호작용하는 방법을 배울 것이다. 구체적으로 다음과 같은 상황들을 다룬다. 유산 소식을 다른 가족 구성원에게 어떻게 알릴까? 쉽게 임신한 듯 보이는 친구와 어떻게 만족스러운 관계를 유지할까? 선의의 뜻이긴 하나 도움이 되지 않거나 무신경한 말을 건네는 사람들에게 어떻게 반응할까? 자신과 매우 다른 방식으로 유산을 대하는 배우자나 파트너와 어떻게 소통할까?

- 7단계에서는 임신한 여성이나 어린 자녀를 둔 가족을 마주하는 일처럼 자신의 상실을 상기시킬 만한 상황을 회피하는 사람들에 대해 다룬다. 이 장에서는 이를 극복하기 위한 방법을 단계적으로 설명한다.

- 8단계에서는 유산 이후 임신 및 출산에 대한 앞으로의 방향을 결정하

는 데 도움이 되는 방법을 배울 것이다. 또한 자신에게 가장 가치 있는 결과를 얻기 위해서는 겉으로 단점이 많아 보이는 해결책을 선택하는 것도 궁극적으로는 괜찮다는 사실을 배울 것이다.

- 9단계에서는 현재에 초점을 맞춰 섣불리 판단하지 않고 주의를 기울이는 마음 상태, 즉 **마음챙김**에 이르는 방법을 배울 것이다. 마음챙김은 감정적 고통뿐만 아니라 신체적 고통과도 새로운 관계를 맺게 도와주며, 이를 통해 고통을 덜 적대적이고 덜 위협적으로 느끼게 된다. 이 장에서는 자신의 인생을 살아가는 방식에 마음챙김을 더하는 아이디어를 제시한다.

- 10단계에서는 유산이라는 비극에서 의미를 찾는 작업을 할 것이다. 이는 **새로운** 정상을 만드는 작업이다. 이 장은 출산 여부와 관계없이, 책 전체에서 설명한 자료와 방법을 통합해보면서 스스로의 경험에서 지혜를 얻고 성숙해지며 더 나은 삶을 살아갈 수 있도록 도울 것이다.

나와 내담자들에게서 배운 가장 중요한 교훈은 유산 경험은 모두 다르다는 것이다. 여성의 나이, 임신 기간, 이전 유산 경험, 임신을 위해 투자한 시간과 금액도 중요한 변수가 되겠지만, 한 개인이 임신에 부여하는 **의미**에 따라 그 경험에는 큰 차이가 있다. 일반적으로 임신에 심리적·감정적으로 더 많은 노력을 기울인 사람이라면 유산이나 외상 경험이 더욱 고통스럽게 느껴질 것이다. 이는 우리 모두가 각자 다른 자신만의 과거나 '마음속 응어리'를 가지고 있다는 사실과 연결된다. 예를 들어, 어려서 부모 한쪽을 잃은 경험, 어린 시절 겪은 성폭력의 상처, 임신 전에 모든 것을 이루고 경력을 완성할 것이라는 기대 등이다. 이 모든 역사적·심리적·감정적·환경적 요인들이 제프와 다이아몬드 박사가 말하는 임신 관련 이야기reproductive story에 영향을 미친다. 임신 관련 이야기는 한 개인이 장차 어떤 부모가 되고, 어떤 가정을 꾸릴지에 관해 꿈꿔온 장래 계획이다. 당연히 유산이라는 특별한 경험도 자신의 임신 관련 이야기에 복잡하게 얽혀 들어간다. 즉, 유산은 자신의 이야기를 어지럽히며, 바라던 이야기대로 실현되지 않을 가능성에 강제로 직면하는 것이다. 개개인의 임신 관련 상실과 임신 관련 이야기는 유일무이하기 때문에 이런 경험은 모든 사람마다 다 다르다. 자신의 성향, 기호, 과거 경험, 그리고 임신 관련 이야기를 가장 잘 알고 있는 사람은 바로 본인이라는 점을 명심해야 한다.

사람들은 모든 것이 안정적일 때는 스스로를 잘 돌보며 산다. 그러나 어떤 문제에 처하면 일순간 모든 균형이 깨져버린다. 이 책의 독자는 충격적인 유산이나 외상을 경험했을 가능성이 높으며, 이러한 문제에 대처하거나 자신을 돌보는 방법을 놓쳐버렸을 수 있다. 나는 유산을 경험한 사람들이 자신을 어떻게 돌볼지, 그리고 최근에 발생한 인생사를 어떻게 이해해야 할지 생각하기 어렵거나 기억해내지 못할 때 찾아볼 수 있는 구체적인 자료로 이 책이 사용되기를 기대한다.

자신에게 잘 맞는 한 가지, 또는 그 이상의 방법을 찾았다면, 충분한 기간 동안(최소 몇 주) 마음을 열고 체계적으로 그 방법을 연습하길 바란다. 이런 방법을 배우는 것은 자전거 타는 법을 익히는 과정과 유사하다. 한 번에 완벽할 수는 없다. 대부분은 갑작스러운 감정적 고통을 경험하면서 이런 방법을 처음 실행해보고 나아지는 게 없다고 실망한다. 그 이유는 집중력이 흐트러지고, 마음은 다른 곳에 있고, 압도적인 감정을 경험하는 등의 고통을 겪는 시기에 이런 기법을 완벽히 구사하기가 어렵기 때문이다. 따라서 상대적으로 안정적인 시기에 이런 방법들을 연습하는 것이 가장 좋다. 연습을 통해 능숙해지면 이를 다시 급작스럽게 닥친 감정적 스트레스에 적용해볼 수 있다.

이 책에 의도적으로 포함시키지 **않은** 부분들이 몇 가지 있다. 이 책의 목적은 유산이나 외상의 모든 측면을 포괄하는 종합적인 자료를 제공하는 것이 아니다. 나는 통계치를 거의 인용하지 않았다. 통계치가 유산을 경험한 사람들에게 혼자가 아니라는 희망을 심어줄 수도 있지만, 더욱 흔하게는 임신에 대한 많은 두려움과 불안을 심어주기 때문이다. 오히려 이 책은 비극 속에서도 의미 있는 삶을 가꾸고, 지혜와 영감, 그리고 희망을 줄 수 있는 실질적인 제안을 찾아볼 수 있도록 만들어졌다. 이 책이 상실 후 직면하는 모든 문제를 다룰 방법을 상세히 알려주지는 못하지만, 적어도 새로운 관점에서 스스로를 돌볼 수 있는 틀을 얻게 될 것이다.

중간중간에 인지행동기법을 적용한 사례를 제시했지만 이때도 유산에 대한 상세한 내용은 최소화했다. 그리고 대부분의 사례에서 나이, 다른 자녀가 있는지, 결국 임신에 성공했는지에 대한 언급도 하지 않았다. 대신 각 사례마다 유산을 경험한 사람들이 자신의 슬픔을 관리하고, 삶의 의미를 구축하고, 스스로를 돌보기 위해 힘과 자원을 사용하는 방식을 소개하는 데 중점을 두었다. 나이, 가족 구성, 임신 결과와 같은 세부 내용을 포함하면 예외 없이 도움이 안 되는 비교만 부추긴다. 이런 내용은 아이가 하나도 없고 앞으로도 아이를 가질 수 있을지 확실하지 않은 사람, 아이가 하나 있지만 간절히 원하는 둘째를 갖지 못하는 사람, 그리고 아이가 둘 이상 있지만 다른 아이를 가질 때까지 만족하지 못할 것이라고 생각하는 사람, 그 누구든 힘들게 할 뿐이다.

나는 이 책이 여성과 남성 모두에게 필요하다고 말하고 싶다. 유산, 난임, 또는 심지어 일반적인 임신에 대한 남성의 경험은 무시된다. 임신 관련 이야기는 모든 면에서 남성에게도 여성만큼이나 의미가 있다. 이런 이유로 나는 '여성'보다는 '사람'이나 '개인'이라는 말을 주로 사용했다. 그러나 때때로 대명사를 사용해야 할 때는 어색함을 피하기 위해 '그녀'를 선택했다. 그러나 '그녀'라고 언급한 대부분의 문장들조차도 남성 독자에게 적용될 수 있다.

여성이든 남성이든 유산을 반드시 '극복'해야 하는 것은 아니다. 유산은 당신을 변화시킨다. 당신의 안전감, 예측 가능성, 심지어 정의감

조차 변화시킨다. 그리고 인생이 결코 쉽지 않다는 것을 일깨운다. 그러나 당신은 효과적으로 대처**할 수** 있으며, 시간이 지남에 따라 상처를 수용하고, 경험을 통해 의미를 만들어가며, 자신을 돌볼 수 있을 것이다. 심지어 임신 관련 이야기가 결국 당신이 원했던 것과는 매우 다른 방식으로 돌아가더라도, 자신의 가치와 강점에 따라 삶을 살며 지속적인 성취감을 얻을 수 있을 것이다.

첫 일이 터지고 시간이 지남에 따라, 어떤 날들은 다른 날들보다 더 나을 것이다. 이 책에 대한 당신의 반응도 시간에 따라 달라질 수 있다. 때로는 희망과 영감을 얻기도 하지만, 때로는 우울해질 수도 있다. 당신이 알 수 있듯, 유산 이후에는 다양한 감정적 경험과 반응이 뒤따른다. 이 책이 당신에게 이런 각각의 감정적 경험을 완화하고 그런 경험을 수용하는 데 도움이 되기를 바란다. 치유, 자기돌봄, 개인적 성장으로 향하는 당신의 여정에 동행하게 되어 영광이다.

차례

1단계
애도 과정과 감정 변화 받아들이기

유산의 후유증은 잔인하다. 아이를 낳기 위해 입원한 병원을 아이 없이 나서는 일은 감당할 수 없을 정도로 고통스럽다. 작은 태동은 물론 아이의 발길질까지 느꼈는데, 한순간 사라진 아이가 남겨놓은 공허감은 정말로 참기 어렵다. 기나긴 기다림 끝에 성공한 임신이었다면 그 아픔은 가슴이 찢어진다는 표현만으로는 부족하다. 유산과 관련해 저마다 상황이 다르겠지만, 이제 막 아이를 가지려거나 아이를 더 낳으려던 당신은 자신의 정체감 한가운데에 있는 중요한 꿈을 잃어버린 셈이다.

　유산이라는 사건 자체가 충격이 큰 만큼, 상실이나 외상을 겪은 후의 처음 몇 주는 완전히 최악이다. 물론 시간이 지나면서 슬픔과 고통은 조금씩 줄어들 것이다. 지금 당장은 고통이 영원할 것 같은 느낌이지만, 이런 생지옥에 내내 머무르지는 않을 것이다. 이번 장에서는 이런 힘든 시기에 생기는 수많은 감정과 그에 따른 생각을 다루는 방법을 설명한다. 이 장의 요지는 고통이 극심하거나 스스로가 제정신이 아니라고 느끼더라도, 당신의 경험은 자연스럽고 예측할 수 있는 범위 내에 있다는 점이다.

처음 몇 주 동안 겪는 감정 변화

이 시기에 느끼는 감정에는 옳고 그름이 없다. 한 번에 다양한 감정을 경험하거나, 하나의 극심한 감정 상태에서 동일한 강도의 완전히 다른 감정 상태로 빠르게 변화하는 자신을 발견한다. 유산 후 처음 몇 주 동안 당신은 롤러코스터를 타는 것 같은 감정 변화를 겪을 수 있으며, 다시는 '정상적'으로 돌아갈 수 없다고 생각할 수도 있다.

이런 감정적 변화는 본인이 겪는 신체적인 변화로 인해 악화된다. 난임 약물을 복용하고 있다면 당신의 호르몬 수치는 '정상이 아닐' 것이다. 임신 3개월을 지나 유산했다면 호르몬 수치가 정상으로 되돌아가는 것뿐만 아니라 그에 따른 출혈이나 복통, 또는 감염 등을 경험할 수도 있다. 만약 불완전 유산*을 했다면 수술(또는 소파술) 가능성도 있어 추가적인 진료가 필요하다. 임신이 더 길게 유지되었다면 모유가 나올 가능성도 더 높을 것이다. 모두 당신이 경험하고 있는 상실을 떠올리게 하는 잔인한 신체 변화들이다. 이 외에도 당신이 경험할 수 있는 신체 증상으로는 빈혈, 식은땀, 귀에서 맥박 소리가 들리는 것 등이 있다. 이러한 생리적 변화가 감정에 영향을 미치는 방식은 정확히 알려져 있지는 않지만, 결과적으로는 몸 상태가 좋지 않다고 느끼고, 역경에 대처하는 데 정상적으로 사용되던 심리적인 재원을 더욱 고갈시킨다.

다음은 유산 후 몇 주 동안 당신이 경험할 수 있는 감정들이다.

무감각

유산을 경험한 많은 사람이 처음에는 마치 아무것도 느끼지 못하는 듯 멍하다고 말한다. 병원에서 진료를 받는 중이라면 자신의 감정을 이해하기는커녕, 이를 인지하거나 겪을 틈 없이 격렬한 회오리 속에 있는 느낌을 받을 수 있다. 이런 무감각하고 비현실적인 느낌은 집으로 돌아와서도 며칠간 지속될 수 있다. 이제 기쁨과 행복은 다시 느낄 수 없을 것이라는 생각에 사로잡힌다. 장담컨대, 단지 그렇게 보일 뿐

---

* 태아, 태반 조직 중 일부가 자궁 내에 남아 있는 상태로 유산된 경우를 뜻하며, 감염, 출혈, 복통의 원인이 될 수 있다.

이다. 당분간은 그렇지 않더라도 다시 기쁨과 행복을 느낄 것이다. 또한 어떤 기쁨과 행복은 당신에게 새로운 의미가 될 수 있다.

불신감

"무슨 일이 일어난 건지 믿기지 않아." 유산을 경험한 또 다른 이들은 불신감을 토로한다. 임신으로 새로운 가족을 맞이할 준비를 하고 있었는데 한순간에 자신에게 아무것도 남아 있지 않다고 느낄 수 있다. 또한 자신의 임신 가능성에 대해 유산 전처럼 생각하기 어려울 수도 있다. 예를 들어, 유산을 경험한 많은 여성은 다음 임신에도 위험이 따를 거라는 생각에 여러 추가 검사와 유산을 막기 위한 방법을 찾아볼 것이다. 그들은 자신이 임신 위험군에 속할 것이라고 결코 생각해보지 않았을 것이다. 유산 후 처음 몇 주 동안 임신 경험이 매번 다를 수 있음을 받아들이기는 상당히 어렵다. 저위험 임산부와 비교한다면 분명 더 어렵다. 당신에게 펼쳐진 새로운 현실은 그동안 당신이 꿈꿔왔던 임신 이야기와는 분명 큰 차이가 있다.

깊은 슬픔

유산 후 몇 주 동안은 많은 눈물을 흘릴 것이다. 많은 사람이 그간의 경험과는 전혀 다른 차원의 깊은 슬픔을 호소한다. 이런 슬픔에는 미래에 대한 희망을 잃거나, 즐겨 했던 일상생활과 활동에 흥미를 느끼지 못하는 것을 비롯해, 수면장애(짧게 자거나 과도하게 자거나), 식욕 변화(입맛이 없거나 과식을 하거나), 피로, 집중력 저하 등이 동반된다. 심지어 유산은 자신이 가치가 없다고 느끼게 할 만큼 자존감에 큰 타격을 준다. 일부 여성은 유산 후 자신이 무능력하다는 느낌에 사로잡혀, 결국 "다른 여자들은 아이를 쉽게 가지는 것처럼 보이는데, 이것도 안 되는 나는 대체 뭘 할 수 있을까?"라고 생각하기도 한다. 남성이 난임의 원인인 경우에도 이와 같은 반응을 보이기도 한다. 어떤 사람들은 태어나지 못한 아이를 구하기 위해 자신이 아무것도 하지 못해 크나큰 죄책감을 느낀다고 이야기한다. 또 다른 사람들은 유산을 자신이 과거에 저지른 잘못의 대가라고 믿기도 한다. 그리고 가끔은 삶이 가치 없다고 여기기도 한다.

앞에서 설명한 모든 경험은 우울증, 정확히 말하면 주요우울장애로 진단할 수도 있다. 그러나 유산처럼 중대한 상실을 애도하는 과정은 아주 자연스러운 것으로 결코 장애가 아니다. 또한 반드시 전문적인 정신건강 상담을 받아야 하는 것을 의미하지도 않는다. 이 장의 마지막 부분에서 정신건강 전문가의 상담이 필요한지를 결정하는 데 도움이 될 몇 가지 지침을 제시했다.

죄책감

슬픔에 관한 설명에서 죄책감을 언급했는데, 유산 후 죄책감은 스스로의 목숨을 앗아갈 수 있다는 점에서 주목해야 한다. 앞서 이야기한 것처럼 많은 여성이 자신의 아이를 구하거나 돌봐줄 수 없었다며 심각한 죄책감을 느낀다. 만약 태아나 산모의 건강상의 이유로 불가피하게 중절 수술을 해야 했다면, 아이가 살아 있는 동안 함께하지 못한 것에 죄책감을 느낄 수 있다.* 여성들은 흔히 배우자에게 아이를 낳아주지 못했다는 죄책감을 느낀다. 남성들 또한 배우자와 아이에게 좀 더 잘했어야만 했다는 죄책감을 느낀다. 유산과 외상을 경험한 사람들은 상실이 자신의 잘못이라고 생각하거나 비극을 막기 위해 뭔가를 더 했어야 했다는 생각에 집착한다.

분노와 질투

당신이 겪을 감정이 극심한 슬픔과 죄책감으로 끝나지 않을 수도 있다. 유산 후 많은 사람이 심한 분노를 견뎌야 했다고 말한다. 이런 분노는 아이와 가족을 쉽게 가진 것처럼 보이는 다른 사람들에 대한 질투로 바뀐다. 통계 자료와는 달리, 유산이나 출산 관련 외상을 겪고 나면 이런 경험은 오직 자신만 겪는 것 같고, 다른 사람들은 훨씬 수월하게 지나가는 것처럼 느낀다. 당신이 긍정적인 면과 부정적인 면을 모두 받아들이고, 좋은 사람에게도 나쁜 일이 일어날 수 있다고 이해하더라

---

* 유산에는 자연유산뿐만 아니라 다태 임신으로 인한 선택유산 또는 태아의 장애나 모체의 문제로 인해 유산을 할 수밖에 없는 상황 등 여러 종류의 유산 상황이 있다.

도, 명백한 이유 없이 "이건 불공평해"라는 생각이 끊임없이 떠오를 수 있다. 임신 기간 동안에도 난잡한 파티를 즐기는 무책임한 유명 연예인들의 임신과 출산을 고통스러울 만큼 자세히 다룬 언론보도는 정말 도움이 안 된다. "내가 무엇을 했기에 이런 일을 당하는 걸까? 다른 사람들은 아이를 가질 자격이 있는데 나는 아닌 건가?"

많은 사람들이 분노와 질투심과 관련해 또 다른 죄책감을 보인다는 점도 주목해야 한다. "나는 이런 사람이 아니야. 나는 늘 다른 사람들이 잘되기만을 바라왔어." 분노와 질투심이 당신을 당황스럽게 만들 수도 있다. 왜냐하면 이런 감정들은 당신이 믿어왔던 자신의 모습과 너무 상반되기 때문이다. 다른 사람을 나쁘게 보고 있다는 믿음 때문에 죄책감을 느낄 수 있으며, 자신이 분노로 가득 찬 사악한 사람이라는 것이 들키진 않을까 걱정할 수도 있다. 유산을 겪은 많은 사람들이 동일한 감정을 경험하며, 시간이 지나면 이 감정이 완화된다는 것을 알고 있다. 이런 감정들은 지금의 당신을 규정하지 못하며, 앞으로도 그럴 것이다.

분노는 다른 형태로 드러나기도 한다. 유산을 경험한 사람들은 배우자, 상사, 또는 자신을 압박하고 있다고 느끼는 사람들에게 분노할 수 있다. 또한 분노는 자신의 걱정을 심각하게 받아들여주지 않는 의료진에게 향할 수도 있다. 미국의 경우 일부 산과 의사들은 임신 12주가 지나야 진료 예약을 할 수 있어서, 임신 초기 3개월 내에 유산을 하면 산모는 유산 확인도 받지 못하고, 심정도 이해받지 못한다고 느낀다. 또한 아이를 위해 뭔가를 더 할 수 없는 의료체계에 분노하기도 한다. 예를 들면, 임신 20주에서 24주 중반에 유산한 사람들은 산과 의사나 신생아 전문의들로부터 이 시기에는 아이가 태어나도 살 수 없기 때문에 차라리 생존하지 않는 것이 더 낫다는 말을 흔히 듣는다. 이런 언급은 지난 수개월 동안 태아가 자라나는 것을 지켜보면서 새로운 가족을 절실히 원하고 있던 예비 부모에게는 무감각하고 냉정하게 느껴질 수 있다.

외로움

임신 초기 3개월 내에 유산을 한 여성들은 아직 임신 사실을 사람들에게 알리지 않았을 것이다. 대부분은 유산 사실을 알리는 것에 대해 내적인 갈등을 느낀다고 이야기한다. 자신의 진짜 경험을 어느 누구도 알지 못할 것이라는 생각에 극도의 외로움을 느낄 수 있다. 또한 자신이 그토록 원하는 가족을 꾸리는 다른 사람들을 보면서, 임신 중 어느 시기에서든 유산하거나, 난임 시술에 실패했을 때에도 외로움을 느낀다. 더 나아가 자신이 사회적인 평균 밖에 있다고 느낄 수도 있다.

미래에 대한 걱정

유산을 경험한 사람들은 자연스럽게 자신의 미래를 걱정한다. "자궁

이 영구적으로 손상된 것은 아닐까? 다시 임신할 수 있을까? 만약 그렇다면 만삭까지 유지할 수 있을까? 내가 아이를 가질 수 있을까?" 의료 행위는 과학에 기초하지만 수정과 임신, 특히 임신 첫 3개월 동안은 그저 기다리고 지켜볼 수밖에 없다. 시험관 시술 같은 난임 시술을 받는 여성들은 수정과 임신 첫 3개월 동안 집중적으로 건강 상태를 확인하는데, 그러고 나서도 임신이 제대로 진행되지 않는다면 실제로 더할 수 있는 것이 없다.

염려의 핵심에는 이런 모든 불확실성이 있다. 임신 능력, 만삭까지 유지하는 능력, 최종적으로 가질 수 있는 아이의 수 등에 대한 미래는 불확실하다. 우리 모두, 특히 유산을 경험한 사람들은 자신의 삶 속에서 불확실성을 받아들이고, 다루고, 심지어 포용하는 법을 찾아야만 한다. 누구도 우리의 미래를 보증하지 않는다. 그리고 이런 점이 유산 후처음 몇 주 동안 직면하는 가장 힘든 일이다.

처음 몇 주 이후 겪는
감정 변화

궁극적으로 당신은 일상 활동의 많은 부분을 다시 시작할 것이다. 직장에 복귀하며, 집안일을 하고, 공과금을 내는 등의 일상으로 돌아간다. 그러나 이 말이 당신이 완전히 이전의 정상적인 상태로 돌아가야 한다는 의미는 아니다. 여러 번 말하겠지만, 유산 경험은 많은 사람에게 일생 동안 어떤 형태로든 남는다. 나는 이것을 운명론적으로 설명하려는 것이 아니다. 당신은 이런 충격적인 경험을 통해 질적이고, 의미 있고, 만족스러운 삶을 사는 방법을 터득할 것이다. 당신이 상실을 단순히 '극복'하거나 잊어버리길 기대하지 않는다. 아마도 당신은 '새로운 정상'을 만들어낼 것이며(3단계과 10단계 참조), 이를 통해 건강하고 균형 잡힌 방식으로 자신의 인생관에 상실을 통합시킬 수 있을 것이다.

그러나 새로운 정상을 만드는 데는 시간이 걸린다. 따라서 나는 다음 내용에서 유산 후 몇 주가 지나고 새로운 정상을 만들어내기 전까지 겪는 감정 변화들을 설명하려고 한다.

갑작스러운 마음의 동요

시간이 가면서 당신은 감정적 고통(즉, 우울, 불안, 분노)이 줄어들고 있음을 알아차릴 것이다. 그러다가 갑자기 유산이나 외상 직후 몇 주 동안 겪었던 것처럼, 한 가지 이상의 감정에 휩싸이며 급성 증상을 경험할 수 있다. 쇼핑을 하는 동안 아이를 보았거나, 우연히 선물로 받은 아이 물건을 발견했거나, 친구가 임신했다는 걸 알았거나 등이 이런 감정을 일으키는 원인이 될 수 있다. 다른 사람들의 눈에는 최근 몇 주 동안 당신이 아주 잘 지내왔기 때문에, 사람들은 당신에게 일어난 감정 변화를 이해하지 못할 수도 있다.

이런 강렬한 감정 반응은 유산 후 몇 주, 몇 개월 심지어 몇 년이 지나 나타나더라도 이상하지 않다. 많은 경우, 이러한 감정 치레는 애도 과정에서 경험하는 감정 기복의 일부다. 이는 사람을 좌절하게 만든다. 유산을 경험한 사람들은 예전의 모습으로 돌아가길 바라며, 감정 치레가 언제 끝날지 의심하고 두려워한다. 이 삽화*들이 삶을 크게 뒤흔들지 않거나, 자해 위험으로 이어지지 않는 이상은 이런 감정에 과도한 의미를 부여하지 않기를 권한다. 당신이 미쳐간다거나 심각하게 뭔가 잘못되고 있음을 의미하지 않기 때문이다. 그것이 무엇이든, 그 순간의 감정 경험을 수용하고, 그에 대적해서 싸우려는 의도를 내려놓고, 너무 많은 의미를 부여하지 않아야 심리적 안정을 찾을 수 있다. 달리 말하면, 당신의 감정과 생각을 그저 있는 그대로 둘 수 있다. 이렇게 하기 위한 방편은 9단계에서 다룬다.

고통을 상기시키는 것들 피하기

임신한 여성이나 어린아이들과 함께 있을 때, 아직 아물지 않은 유산의 상처가 다시 벌어질 수밖에 없다. 이로 인해 앞서 설명했던 급성

---

* 장애가 처음 발생해서 끝나는 시점까지의 기간을 총칭하는 말이다.

정서반응 삽화가 일어나기도 한다. 또한 이렇게 고통을 상기시키는 것들은 더 만성적인 좌절감과 공허감을 불러일으킬 수도 있다. 이러한 만성적인 감정은 흔히, "나는 결코 아이를 갖지 못할 거야", "나에게 이런 일은 절대로 일어나지 않을 거야", 심지어 "나는 다른 사람들보다 못해"와 같은 생각을 동반한다. 이런 감정과 생각이 임신한 여성이나 어린아이들을 피하려는 충동으로 이어지는 것은 당연하다. 그러나 임신을 했거나, 어린아이들이 있는 가족이나 가까운 친구가 있는 경우, 혹은 이들과 관계를 맺으며 일하는 경우에는 회피하기가 어렵다. 산부인과 진료 또한 유산에 대한 고통스러운 기억을 떠올리게 한다. 심지어 유산한 지 여러 해가 지나도 그럴 수 있다. 일부 여성은 극심한 두려움을 견디며 병원을 방문하거나, 고통스러운 상처가 다시 벌어질까 봐아예 방문조차 하지 않는다고 했다.

고통을 떠올리게 하는 것들을 피하고 싶어 하는 태도는 충분히 일리 있다. 고통과 절망을 피하기 위해 엄청난 노력을 하는 것은 인간의 천성이기 때문이다. 고통을 떠올리게 하는 것들에 대처하는 방법은 7단계에서 자세히 살펴본다.

상실에 대한 집착

유산을 경험한 사람들은 유산 후에도 계속해서 임신 주수를 계산한다. 예를 들어, 이제 임신 28주 또는 30주가 되었다고 달력이나 스마트폰 어플에 기록하거나, 임신 관련 웹사이트에 방문해 임신 중이라면 지금 시기에 경험할 수 있는 신체 반응을 예상하기도 한다. 출산 예정일에는 특히 힘들어하고, 감정적 고통은 더욱 악화된다. 더 나아가 출산 예정일이 지난 뒤에도 아이가 살아 있다면 이제 몇 살일지, 어떻게 성장하고, 어떻게 행동할지, 어떤 모습일지 생각할 수도 있다. 이 모든 것은 애석함과 회한에서 비롯된다. 설상가상으로 다른 사람들은 아이의 성장 과정을 추적하고 싶어 하는 충동을 이해하지 못한다. 이런 모습은 당신을 더욱 외롭게, 또 이해하기 어려운 사람처럼 보이게 한다.

아이를 기억하고 인지하는 것은 애도 과정의 중요한 부분이다. 그러나 이러한 기억과 인식이 자신에게 효과가 있는지, 오히려 스스로를 힘들게 하지는 않는지 확인하는 것은 중요하다. 이런 기억과 인식 과정이 상당한 시간을 차지해 다른 일상 활동을 방해한다면, 고통을 극복하는 데 도움이 되기보다는 스스로의 고통을 지속시키는 형태로 발전할 수 있다. 10단계에서는 여러 사람이 찾아낸 건강한 방식의 애도와 추모 방법들을 소개한다.

늘어난 걱정

유산 후 한두 달이 지나고 나면 다시 임신에 도전하기 위해 건강 상태를 살펴볼 수 있다. 그러나 새로운 시도는 많은 불안과 걱정을 가져온다. 나는 조금의 불안도 없는 산모를 본 적이 없으며, 이전에 상실이나 외상을 경험했다면 불안은 기하급수적으로 증가한다. 다시 임신을 시도하면 '만약에'라는 불안이 올라온다. 이들 대부분은 "만약 다시 유산을 하게 된다면?"이라는 생각을 한다. 언제 다시 임신을 하게 될지 누구도 보장할 수 없다. 그리고 실제로 임신에 성공하더라도, 임신을 유지하는 40주 내내 이런 생각들로 몹시 고통받을 수 있다.

임신을 포기하기로 결정하더라도 다른 걱정이 불안을 지속시킬지도 모른다. 입양을 결정하고 그 결과가 궁극적으로는 만족스럽더라도 입양 과정 또한 스트레스가 있고 불확실하긴 마찬가지다. "입양을 결정했는데 아이의 생모가 갑자기 이 모든 결정을 뒤집어버리면 어떻게 하지? 특정 질환에 유전적으로 취약한 아이를 입양하면 어떻게 하지?" 아이를 갖지 않기로 결정한다면 먼 훗날 이런 후회를 하진 않을지 걱정될 것이다. "늙은 후에 우리를 돌봐줄 자식이 없으면 어떻게 하지?"

스스로의 힘으로, 혹은 난임 시술의 도움으로 다시 임신 시도를 하든, 입양 절차를 진행하든, 또는 아이 없는 삶을 살기로 결정하든 간에, 당신은 많은 걱정과 의구심을 맞닥뜨리게 된다. 의구심을 없애지는 못할 것이다. 그러나 의구심으로부터 일정한 거리를 유지하고, 새로운 관점을 터득하고, 그냥 둬도 되는 단순한 생각일 뿐임을 받아들이고, 불안이나 걱정에도 불구하고 가치 있는 삶을 사는 법을 배울 수 있다.

불확실한 상태

당신은 임신 가능성에 대한 걱정과 함께 불확실성을 느낄 수 있다. 유산을 경험한 사람들은 임신에 성공해 새로운 가족을 맞이할 준비를 하던 사람들이다. 그러다 일순간 그들은 유산 이후 다시 수년이 될지도 모를 기약 없는 시간에 직면한다. 약속을 잡고, 계획을 세우고, 꿈을 꾸고, 심지어 간절히 바라는 과정이 결코 끝이 나지 않을 것처럼 느낄 수 있다. 더 큰 집을 구입할지, 부모님 근처로 이사를 갈지, 다른 건강보험으로 바꿀지, 힘든 일을 선택할지 아니면 조절 가능한 일을 선택할지와 같은 삶의 중요한 결정을 보류해야 한다는 점도 깨달을 것이다. 일부는 아주 작은 결정에도 무력해질 수 있다(예를 들면, "체중 감량을 위해 운동을 더 열심히 해야 할까? 다시 임신하면 아무 소용이 없을 텐데"). 화가 날 수도 있다. 당분간은 이런 불확실한 시기를 보낼 수밖에 없음을 인정하고, 눈을 크게 뜨고 이 시기를 겪어 나가는 것이 중요하다.

마음의 동요

유산 후 수 주 혹은 수개월 동안, 당사자들은 상실, 불확실성, 그리고 아이를 갖는 것이 뜻대로 되지 않는다는 현실을 받아들이기 위해 안간힘을 쓰는 자신을 발견한다. 이들을 점차 수용해가는 동안 수많은 감정 변화뿐만 아니라 심사숙고해왔던 미래에 대한 결정들 사이에서 망설이는 자신을 발견한다. 어떤 날은 여유를 가지기도 하고, 잘 굴러가는 것처럼 보이는 자신의 삶에 감사할 수 있어 인생이 다시 좋아졌다고 느낄 수도 있다. 하지만 다음 날이 되면, 감정적 고통이 한바탕 지나가기도 하며, 모든 것이 잘못됐다고 생각하기도 한다. 어떤 날은 아이가 없어도 또는 내가 원하는 수만큼의 아이를 낳지 못해도 괜찮다고 느끼는가 하면, 바로 그 다음 날엔 아이를(또는 아이 하나를) 더 가져야만 자신을 완성할 수 있다고 믿을지도 모른다. 수용의 길은 곧게 뻗어 있지 않으며, 이런 변덕은 충분히 예상 가능하다.

임신은 여성과 남성 모두에게 깊은 의미가 있다. 누구도 당신이 유산의 상실을 치유하는 동안 확고한 결정을 내릴 수 있다고 기대하지 않는다. 심지어 이런 상실을 경험하지 않은 사람들조차도 아이를 가지는 일과 관련해 언제, 어떻게, 만약에로 시작되는 수많은 의문에 혼란스러워하는 경우가 많다. 당신의 마음은 끊임없이 요동치지만 생각은 마비된다. 하지만 시간이 지나면서 수용의 방향으로 나아가는 과정이 익숙해지면 이런 느낌에서 벗어날 수 있다.

두려움

지금까지 설명한 많은 감정 변화의 밑바탕에는 막연한 두려움이 있다. "마음속에 그려오던 인생을 살지 못하면 어떻게 될까?" 가장 소중하고 간직하고 싶은 것을 일생 동안 가질 수 없다는 가능성에 직면하는 일만큼 한 사람의 의미와 목표에 위협적인 것은 없다. 유산이나 외상이 당신이 결코 아이를 가질 수 없음을 의미하지 않는다. 그러나 이런 상황이 당신에게 두려움을 주므로 의미 있고 목적 있는 삶에 대한 관점을 재정립하고 다시 만들어가야 한다. 3단계과 10단계에서 이에 대해 더 언급한다. 이 책의 기본 전제는 아이를 가지는 것이 어떤 식으로 끝이 나든 간에, 당신은 자신의 가치와 강점에 부합하는 충만하고 의미 있는 삶을 살 수 있다는 것이다.

급성 애도와 복합성 애도

지난 10년간 애도에 대한 과학적인 연구에 많은 관심이 쏟아졌다. 저명한 학자이자 정신과 의사인 캐서린 시어 M. Katherine Shear 와 동료들에 의하면, **급성 애도**는 사랑하는 사람을 잃은 이후에 흔히 경험하며, 믿기 힘들어하고, 죽음을 수용하는 데 어려움을 느끼고, 고통스러운 감정에 휩싸이며, 고인에 대한 기억에 사로잡히거나 일상 활동이 줄어드는 특징이 있다. 시어의 연구에 따르면 많은 유족들이 6개월이 지나면 **통합된 애도**의 시기로 접어든다. 이 시기가 되면 죽음을 받아들이고, 때로는 고인이 떠오르지만 집요한 정도는 아니고, 다시금 삶에 관심을 갖고 일상으로 돌아가려 하는 것은 물론, 긍정적인 감정 경험이 우세

해진다고 한다. 이와 달리, **복합성 애도**는 급성 애도가 끝없이 장기간 지속되는 것으로, 죽음에 대한 침투적인 사고*와 이미지, 죽음에 대한 되새김, 죽음을 떠올리게 하는 것들에 대한 회피를 특징으로 한다. 시어는 연구에서 복합성 애도도 정신치료로 성공적으로 치유할 수 있음을 밝혔다.

그러나 유산을 경험한 사람들에게 이러한 모형이 어느 정도로 적용될지는 명확하지 않다. 아이(평균 5세 남짓의 나이)의 죽음과 연관된 복합성 애도의 경과를 살펴본 연구는 있으나, 유산이나 신생아 사망을 경험한 사람들의 복합성 애도에 대한 연구는 아직 없다. 건강한 애도의 핵심은 고인에 대한 기억을 떠올리고 정리하며, 감정적인 경험들을 받아들이면서 균형을 잡아가는 과정이다. 실제로 사별에 대한 인지행동적 접근을 주제로 책을 쓴 루스 말킨손Ruth Malkinson은 건강하게 애도하는 사람들은 결국에는 고인과 적절하고 지속적인 결속을 형성한다고 했다. 하지만 이런 측면의 애도는 아이에 대한 기억이 거의 없는, 유산을 경험한 이들에게는 맞지 않는다. 그들은 자신의 아이에 대해 아는 것이 없다. 바로 이 점이 유산을 경험한 이들의 애도 반응이 다른 형태의 상실을 경험한 사람들과는 다르다. 이런 차이가 유산을 경험한 이들의 슬픔을 연장시키는지 여부는 아직 제대로 밝혀지지 않았다.

＊ 통상적인 사고의 흐름을 깨고 스며들어오는 사고 또는 이미지를 일컫는 용어로, 대개 원치 않거나 비자발적으로 경험하며 불쾌감을 동반한다.

자신에게 문제가 있다고
느껴질 때

유산을 경험한 많은 사람이 자신의 감정적 경험이 강렬하다는 사실에 놀라며 이러한 경험이 자신의 성격과 맞지 않다며 걱정한다. 또한 지금과 다르게 느끼고, 생각하고, 행동 '해야' 된다는 타인의 충고도 이들에게는 도움이 되지 않는다. 유산을 경험한 사람들의 가족 중에는 유산 당시에는 고통에 매우 공감하다가 시간이 지나면 "그만 잊어야" 하지 않겠느냐며 의아해한다. 이런 결론에 이르게 된 가족이나 가까운 사람들은 유산을 경험한 사람과 솔직하게 의사소통을 하기 어렵다. 이러한 소통은 고립감과 다른 사람과의 거리감만 조장할 뿐이다.

당신에게 무언가 문제가 있는 건 아닐까 하는 의구심이 들 때 다음과 같은 중요한 점들을 반드시 기억해야 한다.

- 유산을 애도하는 '올바른' 방법은 없다.
- 당신이 느끼는 감정은 절대적으로 이해될만 하다.
- 상처를 덧나게 하고, 또 덧나게 하고, 또 덧나게 하는 촉발인자들은 지속적으로 존재한다.
- 당신은 새로운 관점을 갖기 시작할 것이며, 그렇게 할 수 있을 때 그 상황에서 의미를 찾을 것이다.

위 문구를 반복적으로 읽고 기억해야 한다.

전문가의 도움은
언제 필요할까

이 글을 읽고 있음에도 불구하고, 당신은 여전히 뭔가 잘못되어가고 있다고 걱정할 수 있다. 전문가의 도움이 힘이 될 수도 있고, 심지어 반드시 필요하다고 알리는 몇몇 경고 신호들은 다음과 같다.

- 몇 주 동안 하루 종일, 거의 매일 침대에만 있지 않았는가? 2단계에서 이야기하겠지만 어느 정도의 비활동성, 고립, 참고 견디기는 유산 이후 나타나는 일반적인 반응일 수 있다. 그러나 궁극적으로 이러한 대처 전략들은 애도 반응을 촉진하는 여러 경험을 억제하기 때문에 역효과를 불러온다. 몇 주가 지났음에도 침대에서 빠져나오지 못하거나 다른 것을 시작하지 못한다고 느낀다면 전문가의 도움을 받는 것이 좋다.
- 감정 변화가 직장에서 당신의 능력에, 다른 아이를 돌보는 데, 또는 기본적으로 자기 자신을 돌보는 데 방해되는가? 유산 후 상당한 기간 동안은 그 누구도 당신이 100퍼센트 기능을 발휘할 것이라고 기대하지 않는다. 그러나 만약에 몇 주가 지나서도 당신의 감정적 경험이 삶의 기

본적이고 필수적인 역할을 수행하는 데 상당히 방해된다면 전문가의 도움을 받아야 할 시점일 수 있다.

- 상실에 대한 침투적인 플래시백* 또는 악몽을 자주 꾸는가? 연구에 따르면, 상당한 비율의 여성들이 급진적인 산통과 분만을 외상으로 여겨 자신이나 아이가 병들거나, 다치거나, 죽을 수도 있다는 공포를 가진다. 그러면 아이가 실제로 살지 못한 급성 상실 사건을 외상으로 경험하는 경우도 이해할 수 있다. 만약 이런 침투적인 플래시백과 악몽이 당신의 정서적 안녕이나 일상생활 유지에 문제를 일으킨다면, 외상후스트레스장애 치료 전문가를 찾아 도움을 구하는 방법이 있다. 4단계에서는 이런 증상들에 인지행동치료가 미치는 효과를 간단히 소개했다.

- 자살 사고를 실행에 옮길 어떤 의도가 있는가? 또는 스스로를 해하려는 계획이 있는가? 이전에 언급했듯, 유산을 경험한 사람들은 더 이상 살 가치가 없고 차라리 죽는 게 나을 것 같다는 생각을 흔히 한다. 당신은 '죽었으면 좋겠다'는 생각을 할 수도 있다. 자살 사고는 특히 자살 사고를 실행에 옮길 의도가 있을 때나 구체적인 계획을 마련하고 있을 때 더욱 주의해야 한다. 만약 당신이나 배우자가 지속적인 자살 사고가 있거나, 자살 의도가 있거나, 자살 계획이 있다면 즉시 정신건강 전문가

---

* 과거의 외상 기억에 강렬하게 몰입되어 당시의 감각이나 심리 상태가 그대로 재현되는 상태를 뜻한다. 대개 갑작스럽게 발생하므로 침투적이라는 단어를 함께 쓰기도 한다. 플래시백은 깨어 있을 때, 악몽은 수면 중에 외상을 재경험한다는 차이가 있다.

와 만나야 한다.

- 다른 자기 파괴적인 행동을 하고 있는가? 이러한 행동의 예로는 신체를 칼로 긋는 것과 같이 죽을 의도는 없지만 자신을 해하는 것, 과도한 알코올이나 약물 사용, 폭식과 구토, 무분별한 성관계, 과소비 등 다른 손상의 위험을 높이는 행동들이 포함된다. 이런 경우에 전문적인 도움을 통해 자신과 가족을 위험에 몰아넣지 않도록 좀 더 적절한 대처 기술을 개발할 수 있다.

서문에서 밝혔듯이, 정신건강 전문가를 선택하는 일은 쉽지 않다. 왜냐하면 대부분은 주산기 문제를 다룰 수 있는 수련을 받지 않았기 때문이다. 대신 당신의 상실을 더 잘 이해할 것이라는 생각에 산과 의사에게 연락하고 싶은 유혹에 빠질 수 있다. 일부 사람들에게는 유산을 경험하고 고통을 겪는 사람들을 수없이 많이 봐온 산과 의사들이 아주 좋은 선택일 수도 있다. 그러나 많은 산과 의사는 정신건강에 대한 수련을 받지 않았으며, 불행하게도 일부는 내담자의 감정적이고 심리적인 요구에 가장 피상적인 수준의 반응만 보인다. 내담자 중 한 명은 유산 후 6주 만에 산과 의사의 진료를 받기 위해 건강해 보이는 임산부들로 가득 찬 대기실에서 한 시간 이상을 기다리며 엄청나게 울었던 기억을 떠올렸다. 의사는 눈물을 흘리는 모습을 보고 대기실에서의 경험에 공감해주기는커녕, 아주 퉁명스럽게 "정신과에 가셔야겠어요"

라고 말했다. 예상하겠지만 그녀는 자신의 감정적인 반응이 부적절하고 어리석었나 의아해하면서 비참한 기분으로 진료를 마쳤다. 산과 의사에게 도움을 청하는 것은 논리적인 시작점이지만 특별한 공감 반응을 얻지 못했다면 다른 방법을 찾아야 한다.

주산기 문제를 다룰 수 있는 수련과 경험, 민감성을 겸비한 정신건강 전문가는 어떻게 찾을 수 있을까? 다행히도 지난 20년간 산후우울증에 대한 집중적인 관심 덕분에 주산기 문제에 전념하고 있는 특정 협회와 자원, 치료 센터들이 있다.* 비록 유산과 관련된 슬픔이 산후우울증과 동일하지 않지만, 주산기 문제에 전반적인 지식을 가지고 있기에 산후우울증을 전문으로 하는 정신건강 전문가들이 분명 이런 문제에 적임자다. 산후우울증 또는 더 일반적으로 주산기 심리 문제 전문가를 찾는 첫 단계로 국제산후지원협회Postpartum Support International(http://www.postpartum.net)에 접속해볼 수 있다. 또한 많은 치료 전문가 사이트 중 하나를 방문해서 해당 지역에 있는 치료 전문가들의 프로필을 살펴볼 수도 있다. 주산기 여성을 치료하는 전문가라면 자신의 프로필에 이런 내용들을 명시할 것이다. 그러나 프로필에 기재하는 정보들은

---

* 한국에서는 2018년 보건복지부가 지원해 난임 부부와 임산부의 정서적 안정 및 삶의 질 향상을 목적으로 중앙 난임·우울증상담센터가 문을 열었고 서울, 인천, 대구, 경기, 경북, 전남 권역 센터가 점진적으로 설치되었다. 포털사이트에서 난임우울증상담센터를 검색하면 관련 사이트에 접근이 가능하다.

대개 규정되어 있지 않기 때문에, 해당 임상가가 주산기 심리 전문가인지 확인해야 한다.

앞서 언급한 경고 신호를 경험하지 않더라도, 자신에게 도움이 될 것이라는 믿음이 있다면 전문가의 도움을 받는 것이 좋다. 어쩌면 이전부터 치료를 받아왔고 치료가 실제로 도움이 되었다면 그 치료 전문가와 다시 연결되기를 원할 것이다. 당신을 지지하는 주변인들은 당신이 어떤 어려움을 겪고 있는지 이해하지 못하지만, 전문가는 당신을 이해하고 도움을 줄 수 있다고 생각할 수도 있다. 아마도 이 책에서 설명하는 것과 유사한 기법들을 직접 만나서 배우고 싶어 할 수도 있다. 다만 기억할 것은 당신에게 맞는 치유의 길은 스스로 선택해야 하고 적합한 방법을 찾기 전까지 많은 다른 길에서 헤맬 수도 있다는 점이다.

일부는 정신건강 전문가를 찾아갔는데 자신의 의지와 관계없이 병원에 입원하지 않을까 걱정한다. 이런 일은 아주 드물다. 입원은 자신이나 타인을 해치는 임박한 위험이 있을 때 필요하다. 참고로 **임박함**은 24~48시간 내에 위해가 일어나는 것을 의미한다. 따라서 당신이 이런 임박한 위험에 있지 않는 한, 정신건강 전문가에게 그저 자살 사고가 있다고 말했다는 이유만으로 무조건 입원해야 하는 것은 아니다. 이런 생각들은 애도 과정의 일부분이다. 당신과 당신의 정신건강 전문가가 상호협조를 통해 결정할 수 있는 많은 조치 과정들이 있다. 예를 들면, 일주일에 2회 이상 치료 약속을 잡는다든가, 당신이 이런 생각을 가지고 있음을 배우자에게 알리고, 안전을 위해 배우자가 당신을 지켜보게 하는 방법들이 있다.

나는 유산을 경험한 사람들 중에 자살 사고까지는 아니지만, 슬픔과 불안에 압도되어서 자신이 미치는 것은 아닌지, 그래서 입원을 해야 되는 것은 아닌지 의심하는 사람들을 만나왔다. 이미 아이가 있는 여성들은 자신이 미쳐버려 아이를 빼앗기진 않을까 걱정했다. 자신이나 다른 사람들에게 해를 끼치는 위험한 행동을 하지 않는 한 강렬한 감정, 특히 통제 범위를 벗어난 감정들을 경험한다고 해서 입원하지는 않는다. 흥미롭게도 자신이 미치지 않을까 걱정한다는 사실은, 자신의 감정이나 생각이 원치 않는 것이며 원래 자기 모습과는 다르다는 사실을 스스로 인지하고 있다는 뜻이므로 오히려 긍정적인 징후다. 오히려 행동이 이상한데도 불구하고 자신의 성격과는 맞지 않는 행동이라는 점을 인지하지 못하거나, 그런 행동이 적절하다고 믿는 경우가 더 염려된다. "당신은 미치지 않았습니다. 당신은 겪지 말았어야 할 비극적인 경험에 반응하고 있을 뿐입니다." 내가 내담자에게 주는 메시지다.

회복으로 가는
첫 걸음

당신은 유산 후 일생 동안 경험한 것과는 다른 감정을 경험할 수 있다. 감정은 강렬할 수도 있고, 두려울 수도 있고, 이러다가 미치는 것은 아닌지 의심하게 만들 수도 있다. 점차 일상적인 활동을 재개하고 일상으로 돌아가겠지만, 상황이 바뀌었다는 느낌은 지속될 것이다. 일반적으로 안전하고, 예측 가능하며, 공정하게 보였던 세상이 이제는 덜 그렇게 보일 것이다. 애도의 '원칙'이 당신에게는 적용되지 않는 것처럼 보일 수 있다.

이 시기에는 다시 제대로 된 감정을 느낄 수 있을지, 행복을 느낄 수 있을지, 미래를 위해 희망을 가질 수 있을지 의심한다. 헬렌 켈러는 이렇게 말했다. "성격은 편안한 생활 속에서는 발전할 수 없다. 시련과 고통을 통해서 인간의 정신은 단련되고, 어떤 일을 똑똑히 판단할 수 있는 힘이 길러지며, 더욱 큰 야망을 품고 그것을 성공시킬 수 있다." 이 말에 영감을 받은 나는 가끔 내담자에게 이렇게 묻는다. "이런 끔찍한 상황을 겪어야만 한다면, 어떻게 품위 있고 위엄 있게 성장하면서 이 상황을 견딜 수 있을까요?" 많은 내담자가 상실에 대처하면서 '품위와 위엄'이라는 문구를 마음속에 반복적으로 떠올린다고 말했다.

그러나 품위와 위엄으로 이 어려움을 헤쳐 나가겠다고 아무리 다짐

해도 이런 마음이 오간 데 없이 사라져 고통의 수렁에 다시 빠져들 때도 있을 것이다. 나도 나 자신의 치유 과정에서 품위와 위엄이 부족했던 적이 많았다. 이 문구는 궁극적으로는 당신이 비극적인 경험에서 의미를 찾을 수 있도록 도와주는 등대 역할을 할 것이다. 그리고 이어지는 장에서 설명하는 일부 방법을 수용해 이 경험을 좀 더 수월하게 품위 있고 존엄한 것으로 만들어갈 수 있다. 많은 해가 지나서 이날의 경험을 돌이켜볼 때, 당신이 스스로를 치유하면서 일궈낸 내적인 힘에 놀랄 것이다. 저명한 심리학자 조지 보난노^{George Bonanno}는 상실이나 잠재적인 외상 사건 다음에 오는 가장 흔한 결과는 그에 대한 회복력이라고 밝혔다. 나는 이 책을 통해 이러한 회복력을 향한 자신만의 길을 만들어가는 여정에 필요한 방법들을 제공할 것이다.

2단계

치유의 출발점에 서기

우리는 예측 가능한 범위 내에 있는 자신의 감정 변화에 상당히 잘 대처한다. 그러나 아이를 떠나보낸 대부분의 사람들은 자신이 경험하고 있는 이 어마어마한 고통에 어떻게 대처해야 할지 몰라 당황한다. 이장에서는 스스로를 돌보고 치유 과정의 출발점에 서기 위해 바로 쓸수 있는 전략들을 이야기한다. 이러한 전략들의 대부분은 슬픔이나 감정적인 경험을 해결하기 위한 장기 전략으로 쓰기에는 마땅찮다. 하지만 힘겨운 시기를 지나가는 데 특히 유용할 것이다. 이 전략들은 회복력을 향상시키고, 스스로 중심을 잡는 데 도움을 주어, 궁극에는 당신이 애도에 직면하고, 필요한 결정을 내릴 수 있게한다. 더불어 책 전반에 나오는 다른 전략들을 사용하기 위한 기초가 된다.

자기돌봄의
조각 채우기

아마도 아이를 떠나보낸 후 몇 주 동안은 자신을 돌보고 싶지 않을 것이다. 또는 철저히 자신을 돌보지 않겠다고 결심했을 수도 있다. 괜찮다. 당신은 이 시기를 견디기 위해 그저 할 수 있는 일을 하면 된다.

아이를 잃고 난 후 몇 주 동안 이전에 하던 일들을 100퍼센트 동일하게 해내지 못한다는 생각은 어쩌면 당연하다. 하지만 그럼에도 불구하고 이제는 자신을 돌보기 위해 작은 발걸음이라도 떼어야 할 시점이다.

이 장에서는 스스로 주의해야 할 자기돌봄의 몇 가지 측면을 소개한다. 내담자들에게는 이런 측면들이 너무나 기본적이고 당연하게 보이지만, 막상 얼마나 자신을 돌보고 있는지 물어보면 비록 전부는 아니라도 일부 분야를 소홀히 하고 있음을 알 수 있다. 이러한 부분들은 애도 과정을 방해하는 잠재적인 원인이 된다.

다음은 자기돌봄 원그래프다. 각각의 조각은 최적의 자기돌봄이라는 전체적인 원에 기여하는 개별 행동을 나타낸다(〈표 2-1〉 참조). 이렇게 생각해보자. 자기돌봄 원그래프에서 한두 조각이 아직 작동하지 않더라도, 자신이 그것에 주목하기 전까지는 다른 조각들이 당신을 지탱한다. 그러나 모든 조각들이 작동하지 않는다면, 감정적으로 강렬한 애

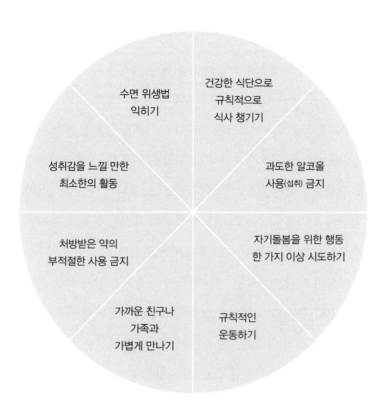

〈표 2-1〉 **자기돌봄의 원그래프**

도와 절망을 겪는 첫 단계가 더욱 오래 지속될 수 있다. 그 누구도 완벽하지 않다. 하지만 제대로 작동하는 자기돌봄 조각이 몇 개라도 있다면, 이는 치유의 여정을 지속할 수 있는 내적 자원을 개발하는 데 궁극적인 도움을 줄 것이다.

수면

수면 주기도 깨지기 쉽다. 낮에 잠을 많이 자거나 밤새 잠을 못 이룰 수 있다. 슬픔, 불안과 같은 불편한 감정 경험과 수면은 서로 연관된 있다. 즉, 슬픔 때문에 수면장애가 나타나고 악화될 수 있을 뿐만 아니라, 수면장애 때문에 슬픔과 불안이 더 악화될 수 있다. 낮에는 쏟아지는 잠을 주체하기가 어렵고 밤에는 불면으로 소진되기 때문에 자신의 수면 양상에 주의를 기울이고, 필요한 만큼의 휴식을 취하고, 몸과 마음을 회복하는 일에 관심을 갖는 것이 매우 중요하다. 그러나 사람마다 수면 양상이 제각기 다르기 때문에 당신이 목표로 삼아야 할 수면 시간을 특정할 수는 없다. 당신은 그 누구보다 자신에 대해서 잘 안다. 충분히 쉬고 다음 날 집중하기에 좋은 최적의 수면 시간을 잘 알 것이다. 7시간일 수도 있고 9시간일 수도 있다. 당신에게 적절한 수면 시간이 얼마든, 이것이 당신의 목표가 되어야 한다. 수면 전문가 마이클 펄리스Michael Perlis는 6시간이나 6시간 반보다 적은 수면 시간은 문제가 있다고 이야기한다.

〈표 2-2〉에는 수면 위생 규칙을 제시했다. **수면 위생**은 치아 위생과 많이 비슷하다. 치과에 정기적으로 방문하고, 하루에 세 번 이를 닦고, 치실을 사용하는 것이 중요하듯이, 건강한 수면을 위해 규칙적인 습관을 들이는 것도 중요하다. 이러한 규칙들을 따르고 자신의 일상에 포함시키면, 잠을 자는 일이 훨씬 수월해질 뿐만 아니라 더 집중할 수 있

고, 휴식을 취하며, 다음 날 일을 잘 처리할 수 있다. 더구나 밤늦게까지 잠들지 않고 있으면(아마도 당신의 파트너는 이미 잠든 상태에서), 아이를 떠나보낸 일이나 외상에 대해 도움이 되지 않는 되새김만 거듭할 것이다. 내담자 중 한 명은 야심한 밤에 혼자 상실을 생각하다 보면 언제나 상실에 대한 침투적인 사고, 자기의심, 절망에 사로잡혔다고 말하면서, 이런 시간을 '마녀의 시간'이라고 했다. 그녀는 잠자리에 들어가 결국 눈물을 흘렸고 위로받기 위해 한밤중에 파트너를 깨워야 했다.

수면 위생은 여러 방식으로 수면의 질을 향상시킬 수 있다. 우선 숙면을 취할 수 있는 최상의 상태를 제공한다. 침실을 어둡고 조용하며 쾌적한 온도로 유지해 외부적인 요인에 방해받지 않도록 한다. 과식, 음주, 흡연, 취침 시간까지 이어지는 과도한 운동을 자제해, 몸을 휴식 상태로 이끌어 잠에 드는 일을 수월하게 만든다. 잠과 섹스를 위해서만 침대를 사용하고, 규칙적인 침대 사용 루틴과 수면 스케줄을 유지하며, 30분 이상 깨어 있을 땐 침대에서 나와 몸이 특정한 시간에 수면을 예상하도록 조율하고, 수면 시간임을 알리는 신호들의 양을 최대화한다. 즉, 수면 위생 규칙을 숙지하고 실천하면, 평생 지속할 수 있는 건강한 습관을 하나 갖게 되는 셈이다. 게다가 인생의 다른 영역들이 자신의 통제를 벗어났다고 느낄 때, 이런 경험은 스스로에게 인생의 한 부분을 통제할 수 있다는 느낌을 줄 것이다.

수면 위생 규칙을 **지켜가는 동안**에도 좌절감에 빠질 때가 있다. 그리

- 규칙적인 수면 계획을 세우고(잠자리에 드는 시간, 깨는 시간 등) 일주일 내내 지키기.
- 낮잠 피하기.
- 수면과 성관계 목적으로만 침대 사용하기.
- 침대에서 책을 읽지 않으며, 텔레비전을 보지 않고, 전화 통화를 하지 않으며, 음식 먹지 않기.
- 매우 졸릴 때만 잠자리에 들기.
- 취침 1시간 전에는 긴장을 풀 수 있는 편안한 활동하기.
- 일을 하거나 이메일에 답장하지 않기.
- 취침 시간임을 알리는 신호 역할을 하는 예측 가능한 취침 루틴 개발하기(예: 세수, 양치하기 등).
- 30분 이상 깨어 있을 경우, 침대에서 일어나 다시 잠자리에 들고 싶을 정도로 졸릴 때까지 조용하고 자극적이지 않은 활동하기(컴퓨터, 스마트폰 또는 태블릿 보기는 금지).
- 시계가 보이지 않도록 시계 엎어놓기.
- 야간에는 스마트폰이나 태블릿 켜지 않기.
- 깜빡이는 빛이 수면을 방해한다면, 스마트폰이나 태블릿을 침실 밖 다른 곳에 두기.
- 정오 이후에는 카페인이 들어간 음료를 마시지 않기.
- 수면 목적으로 술 마시지 않기.
- 흡연자는 저녁에 피우는 담배 양을 줄이고, 되도록 저녁에는 피우지 않기.
- 규칙적으로 운동하되 취침 전 4시간 이내에는 하지 않기.
- 수면 시간 자체에 집착하지 않기.
- 침실이 어둡고, 조용하며, 쾌적한 온도인지 확인하기.

- 필요한 경우 백색 소음 기계를 사용해 소음 최소화하기.

- 잠자리가 편안한지 확인하기.

- 배고픈 상태로 잠자리에 들지 말고, 자기 전에는 부담되는 식사는 하지 않기. 가벼운 간식은 괜찮음.

- 저녁에는 지나친 수분 섭취를 피해 한밤중에 화장실에 드나들지 않도록 하기.

- 이 책에 설명된 전략을 사용해 자신이 경험하고 있는 문제, 슬픔 또는 불안감을 침대까지 끌고 가는 정도를 최소화하기.

참고: 이 수면 위생법의 대부분은 Hauri와 Linde(1996), Perlis, Jungquist, Smith, and Posner(2005), Silberman(2008)의 논문에서 확인할 수 있다.

〈표 2-2〉 **수면 위생 규칙**

고 수면이 여전히 문제일 수도 있다. 그렇다면 슬픔과 불안이 계속 잠을 방해하고 있을 가능성이 높다. 특히 수면장애 이력이 있는 경우에는 더욱 심할 수 있다. 그러나 포기하지 않고 수면 위생 규칙을 지키기 위해 계속 노력하기 바란다. 수면 위생 규칙은 의심할 나위 없이 건강한 수면의 기초가 되기 때문이다. 이 말이 우스꽝스럽게 들릴지 모르지만, 자신의 몸이 스스로를 영원히 잠 못 들게 두지는 않을 것이라는 사실을 숙지하라. 깨어 있는 시간이 길어질수록 수면 부채가 쌓이는데, 이는 신체가 점점 피로감을 느끼며 수면에 대한 요구가 커진다는 의미다. 물론 자고 싶은 만큼 푹 잘 것이라는 기대를 낮추어야 할 수도 있다. 하지만 **언젠가는** 잠을 잘 것이라는 점을 알아야 한다. 많은 내담자가 수면장애로 고통받고 있는 사람들이 생각보다는 잠을 더 많이 잔다는 연구 결과를 듣고는 안심한다. 그들은 상당한 시간 동안 깨어 있다고 인식하지만, 실제로는 잠이 들었다 깨었다 하면서 약간이나마 휴식을 취한다.

　수면 문제를 겪으면서 공포감에 빠질 수도 있다. 당신은 시계를 보면서 지금 잠들면 최대 몇 시간을 잘 수 있을지 머릿속으로 계산할 수도 있다. 그러고는 충분히 잠을 못 자 피곤해지면 다음 날 영향을 받을 모든 경우의 수를 생각하기 시작할 것이다. 또 잠을 못 자게 될 때 다음 날 얼마나 기분이 나쁠지에 집중할 것이다. 수면 전문가들은 우리 뇌의 전전두엽 피질*이 수면 시 가장 먼저 잠드는 뇌 영역이기 때문에, 사람들이 한밤중에 이런 두려운 생각에 쉽게 빠진다고 지적한다. 충분히 잠들지 않아 깨어 있는 것처럼 느껴지나 전전두엽 피질의 기능은 최적으로 작동하지 않기 때문에 비현실적인 생각이 든다. 많은 내담자가 이런 생각에 대해 스스로에게 다음과 같이 말하곤 한다. "이런 생각들은 단지 내 전전두엽 피질이 느려진 결과일 뿐이야. 논리나 사실에 근거한 것이 아니야."

　당신이 잠을 못 이루고 한밤중에 공황상태에 빠지곤 한다면, 마음을

---

*　전전두엽 피질은 뇌 전두엽의 앞부분을 칭하는 말로, 판단, 충동 조절, 계획, 조직화, 비판적 사고와 같은 능력을 다룬다.

편안하게 하고 수면 부족의 결과가 생각만큼 큰 재앙이 아님을 스스로 상기시키는 **탈재앙화 진술**을 만들어두면 도움이 된다. 이는 전전두엽 피질의 작동이 느려질 때 마음이 잊고 있었던 논리와 사실을 제공해줄 것이다. 과거에 불면증을 앓았고, 최근 아이를 상실하고 난 후 더욱 악화된 수면장애에 시달리던 안젤라에게 이런 탈재앙화 진술은 특히 도움이 되었다. 그녀의 탈재앙화 진술은 다음과 같다. "나는 결국 잠들 거야. 아마 오늘 밤 적어도 '약간의' 잠은 잘 거고. 많은 사람이 자신이 생각했던 것 이상으로 잠을 잔다는 연구 결과가 있어. 나도 살면서 겨우 몇 시간밖에 못 잤던 적이 많았고, 다음 날 피곤했지만 내가 해야 할 일은 항상 해냈어. 오늘 밤 많이 못 자는 것은 불편하지만, 그렇다고 끝장이 나는 것(대재앙)은 아니야."

탈재앙화 진술과 함께 고려해야 할 한 가지는 한밤중에 어두운 방에서 어떻게 이 문제를 다룰 것인가다. 불을 켜면 잠이 더 달아날 수도 있고, 파트너를 방해할 수도 있다. 많은 사람이 스마트폰이나 태블릿에 탈재앙화 진술을 저장한다. 이러한 해결책을 통해 탈재앙화 진술에 쉽게 접근하지만, 문제는 기계를 작동시키면 자신의 얼굴 바로 앞에 눈부신 빛을 비춘다는 점이다. 이는 당신을 각성시키고 잠을 더 달아나게 한다. 이런 문제를 피하기 위해서 탈재앙화 진술은 낮에 작성하는 편이 좋다. 날이 밝을 때 생각을 해두는 것이다. 그리고 불을 끄고 침대로 들어가기 직전에 작성해둔 글을 읽어보기 바란다. 매일 밤 진술을 읽어 친숙해질 수 있어야 하며, 이렇게 하면 탈재앙화 진술을 읽기 위해 굳이 불을 켜지 않아도 된다. 그러나 탈재앙화 진술을 직접 보고 읽어 내려갈 때 가장 효과가 컸다는 사람들도 있다. 수면 위생의 또 다른 규칙으로 침대에 30분 이상 깬 채로 누워 있다면, 침대에서 나와 조용한 활동을 하는 것이 있다. 조용한 활동을 할 수 있는 장소에 탈재앙화 진술서를 올려두는 것도 방법이다.

잠을 잘 못 이루는 것이 큰 문제가 될 수도 있지만, 정반대의 문제를 경험하는 사람들도 있다. 원래는 그렇지 않은데 낮 동안 몇 시간 이상을 자는 경우다. 지나친 수면은 잠을 충분히 자지 못하는 것만큼이나 수면 주기에 파괴적이다. 8시간, 9시간, 10시간 후에 알람 설정을 하고, 매 시간 알람이 울리면 알람을 끄지만 몸은 꿈쩍도 하지 않는다. 세상 그 어떤 강력한 힘도 자신을 침대 밖으로 끌어내지 못할 것 같다. 아마 몸의 피로가 가시지 않았으니 잠이 더 필요하다고 느낄 수도 있다. 어쩌면 "일어나야 할 이유가 뭐야? 오늘은 아무것도 기대할 게 없는데!"라고 생각할 수 있다. 아이를 잃은 후 몇 주 동안 충분히 생길 수 있는 생각들이다. 그러나 과도한 수면에 빠지지 않게 이런 충동들을 극복하는 방법을 찾는 것 역시 중요하다. 이번 장의 후반부에서 즐거움, 성취감과 관련된 활동의 중요성과 사회적 지지망을 활용하는 것의 중요성에 대해 설명한다.

아마도 당신은 침대에서 빠져나와 한두 시간 동안 충동을 극복하는 방법들 중 하나를 계획하거나, 자신의 사회적 지지망에 있는 누군가를 만나는 일정을 잡을 수도 있다. 이를 통해 자신이 기대하는 활동, 또는 적어도 스스로 책임을 다하고 있다는 느낌이 드는 활동을 하게 된다. 때가 되면 굳이 이런 이유들이 없어도 잘 일어나겠지만, 우선은 이런 활동들이 당신의 수면 주기가 훼손되지 않고 적당한 수면 시간을 보장하는 버팀목이 되어줄 것이다.

식사

규칙적인 수면과 마찬가지로, 우리에게는 건강하고 안정적인 생리적인 항상성이나 균형을 유지하기 위해 규칙적인 식사가 필요하다. 당신은 전혀 먹고 싶은 기분이 아닐 수 있다. 반대로 그만큼 더 뭔가를 먹고 싶은 기분이 들 수도 있다. 특히 건강에 좋지 않은 음식을 먹고 싶을 것이다. 가장 기본적인 원칙은 아침, 점심, 저녁에 영양가 있는 세 끼를 먹는 것이다. 배가 고프지 않더라도 식사를 거르지 말아야 한다. 간식이 필요하면 반드시 한 가지를 먹되, 과일, 견과류, 요거트, 생야채 같은 영양가 있는 적당한 양의 간식을 먹는다. 음식이 당기게 만드는 한 가지 요령은 임신 중에는 먹을 수 없었던 브리 치즈나 육가공 식품 같은 음식을 먹어보는 것이다.

상실이나 외상을 견뎌온 많은 사람은 그저 자신이 뭘 먹고 싶은지 모르기 때문에 규칙적인 식사를 다시 시작하는 데 어려움을 겪는다.

냉장고 문을 열어봐도 어떤 것에도 끌리지 않는다. 또는 음식을 해먹을지, 아니면 패스트푸드로 간단히 때우고 말지를 결정하는 데 어려움을 겪을 수도 있다. 당신이 이런 경우에 해당한다면 끼니마다 결정을 내리지 않도록 미리 식사 계획을 세우자. 두 사람이 함께 식사를 하면 서로 음식을 나누어 먹게 되듯이, 배우자나 가족과 함께 식사 계획을 세우다 보면 더욱 즐거운 활동이 될 수 있다.

또한 체중이 걱정될 수도 있다. 유산(즉, 임신 20주 이전 유산) 및 신생아 사망(즉, 임신 20주 이후 유산)의 잔인한 현실 중 하나는 정상적인 출산에 비해 체중이 빨리 회복되지 않는다는 점이다. 게다가 일부 난임 치료 약물의 부작용으로 체중이 늘 수 있다. 유산 후 처음 몇 주 동안은 체중 걱정에서 벗어나 자신에게 너그러워야 한다. 가장 중요한 것은 건강하고 영양가 있는 식사 습관 기르기다. 그래야 나중에 다이어트를 할 수 있으며, 그렇게 할 수 있는 시기가 되면 유산에서 다이어트로 주의를 돌려 집중할 수 있는 목표로 삼을 수도 있다. 수면 위생에서 보았듯, 규칙적이고 건강한 식사는 건강한 체중을 유지하기 위한 기초를 만드는 습관이다.

음주

대부분의 건강 전문가는 임신을 계획하는 여성에게 알코올 섭취를 권하지 않지만, 유산 후에도 '금주'해야 한다는 규칙이 있지는 않다. 사실 상당한 기간 동안 금주를 한 뒤 마시는 와인 한 잔은 비교적 무해한 즐거움이다. 따라서 즐거움을 위해 마시는 와인이나 기타 알코올 음료 한 잔 정도는 괜찮다. 그러나 고통을 극복하거나 회피하기 위한 지나친 음주는 좋지 않다. 과도한 음주는 수면장애, 무기력함, 집중력 손상을 일으킨다. 이런 부작용은 이 장에서 권장하는 자기돌봄과는 거리가 멀다.

약물

가장 알맞은 자기돌봄은 불법 약물을 사용하지 않는 것이다. 의사가 당신에게 수면제(예: 알프라졸람)나 진통제(예: 옥시코돈)를 처방했을 수도 있다. 수면이나 통증 처방 전문가의 지도 아래 약물을 사용한다면 실제로 겪고 있는 감정적·육체적 고통을 완화하는 데 도움이 된다. 하지만 약들을 건강하고 도움이 되는 방향이 아닌, 자신을 무감각하게 만들거나 자기돌봄을 방해하는 탈출구로 사용해서는 안 된다.

운동

운동은 수면 위생의 중요한 요소다. 규칙적인 운동은 생리적 항상성을 조절하는 데 도움이 되며, 매일 밤 충분한 수면을 취하기 위해서는 규칙적인 일상이 중요하다. 운동은 좋은 수면 위생에 기여하는 것 외에도 많은 이점이 있다. 운동을 하면 엔도르핀이라는 화학 물질이 분비

된다. 엔도르핀은 통증을 덜 느끼게 하고, 신체적으로 긍정적인 감각을 느끼며('러너스하이Runner's high'* 현상), 진정제 역할을 한다. 실제로 심리학자인 마이클 오토Michael Otto와 제스퍼 스미츠Jasper Smits는 운동은 그 자체로 우울증과 불안증 치료 방법의 하나이며, 정서적 스트레스를 다루는 다차원적 치료의 중요한 요소라고 했다. 따라서 규칙적인 운동은 상실이나 외상에 따르는 기분을 조절하는 잠재력이 있으며, 우울증으로 이어질 가능성을 줄이는 예방책으로도 작용할 수 있다.

또한 운동은 건강에 중요한 이점이 있으며, 더 중요하게는 신체에 큰 피해를 입힐 가능성이 있는 사건을 겪은 후 자신에게 긍정적인 무언가를 해주고 있다는 느낌을 준다. 운동을 시작하기 전에는 의사와 의논해야 하며 적절한 운동 강도에 대한 권고를 명심해야 한다.

"말이야 쉽지"라고 생각할 수 있다. 지치고 슬프다. 당신의 몸은 최상의 상태가 아니다. 그리고 스스로도 그런 상태가 아님을 느낀다. 가벼운 운동부터 시작해서 가능한 즐겁고 매력적인 활동이 될 수 있도록 창의적인 운동을 해보자. 헬스장의 러닝머신에서 달리기보다는 경치 좋은 공원에서 산책해보자. 이미 백만 번 시청한 DVD를 보며 운동하는 대신 집 밖의 편안하고 매력적인 장소에서 요가나 필라테스 수업에 참여해보자. 이런 방법들은 운동을 시작할 수 있도록 스스로를 준비시

* 운동을 했을 때 느끼는 쾌감이나 도취감을 의미한다.

켜 자신이 세운 목표를 지켜나갈 가능성을 높인다. 운동을 시작할 준비를 하는 데 있어 또 다른 중요한 측면은 합리적인 기대치를 갖는 것이다. 안젤라는 과거 크로스컨트리 대회에서 우승할 정도로 잘 뛰었으나 지금은 1킬로미터만 뛰어도 숨이 차다는 사실에 실망한 나머지 운동을 피했다고 고백했다. 신체적으로 할 만하다고 느끼는 정도까지 운동을 하고, 유산 이후 어떤 종류의 운동이라도 하고 있다면 스스로를 칭찬하라.

사회적 지지

유산 후 사람들로부터 떨어져 지내고 싶은 마음은 충분히 이해된다. 새로운 식구를 기대하고 기다리던 가족들에게 사실대로 이야기하기는 매우 어렵다. 또한 아이가 있거나 임신 중인 친구에게 이야기를 꺼내는 것도 어렵다. 좀 더 일반적인 관점에서 볼 때, 유산 사실을 알고 있는 사람과 대면하거나 전화 연락을 하는 첫 시도 자체가 어렵다. 주변 사람들이 유산 사실을 일깨워 자신이 감정적으로 변할까 봐 두려워할 수도 있다. 주변 사람들이 아이를 떠나보낸 일을 크게 개의치 않는 모습에 분노할까 봐 두려워할 수도 있다. 대화가 어색할 것이라고 예상하고 철저히 피하려고 할 수도 있다.

6단계에서 이러한 특정 대화를 다루기 위한 몇 가지 팁을 소개할 것이다. 유산 후 몇 주가 지났음에도 여전히 자신을 고립시키고 있다면 자신을 가장 지지해줄 거라고 예상하는 한두 사람에게 연락을 시도해보자. 상실, 외상, 애도의 시기에 받는 사회적 지지는 고통을 관리하는데 중요하며 성장과 치유를 돕는다. 게다가 운동과 마찬가지로 우울증이나 불안장애 같은 문제가 생겼을 때 완충 역할을 한다.

따라서 당신이 누구를 가장 편안하게 느끼는지, 과거에 누가 당신에게 도움이 되고, 판단하지 않고 감정적 지지를 해주었는지, 함께 슬퍼하지만 감정에 너무 빠지지 않고 당신의 정서적 안녕에 집중해주었는지 잠시 생각해보자. 바로 이 사람들이 유산 후 첫 몇 주에 가장 도움이 된다. 이들과 거창한 외출을 계획할 필요는 없다. 그저 전화 통화를 하거나 집으로 불러 조용히 차를 마시는 걸로 충분하다.

즐거운 활동

저명한 심리학자인 피터 레윈손Peter Lewinsohn이 30년 전에 제시한 우울증의 행동 이론에 따르면, 즐겁거나 기분을 좋게 만드는 활동이 부족하면 악순환이 시작된다고 한다. 기분이 우울할 때 불필요한 에너지를 소비하지 않도록 몸을 낮추고 웅크리고 싶어 할 수 있다. 대신 잠을 자거나, 멍하니 TV를 보거나, 인터넷 서핑을 할 수 있다. 그러나 진정으로 즐겁거나 즐길 만한 활동을 포기하면 주변 환경을 통한 긍정적인 강화가 일어나지 않는다. 이렇게 되면 당신은 더욱 더 가라앉게 되며, 즐거운 활동에 참여하려는 에너지와 동기가 떨어지고, 다시는 이러한 활동에 참여할 가능성을 더 낮추며, 긍정적인 강화를 얻을 가능성을 감소시키는 식으로 악순환된다. 하루에 한 번 즐거운 활동에 참여하면 이 악순환에서 벗어나는 첫 걸음을 뗄 수 있다.

하고 싶은 게 아무것도 없다면 어떤 활동을 선택해야 할까? 많은 계획, 준비, 조정이 필요한 활동일 필요는 없다. 핵심은 계획 수행이 아니라 단순한 즐거움을 경험하는 것이다. 소설 읽기처럼 간단한 것일 수도 있다. 한동안 읽고 싶었던 책을 읽거나 꽃꽂이를 해볼 수도 있다. 3단계에서 이러한 행동 원칙을 확장하고 이를 통해 유산 후 몇 주 동안 좀 더 적극적이고 의미 있게 삶에 참여하도록 도와줄 방법을 제시한다. 그러나 지금 당장은 간단하고 즐거운 활동 하나를 선택해 실천하는 것만으로도 충분하다. 즐거워할 만한 것을 찾는 데 계속해서 어려움을 겪는다면, 당신의 사회적 지지망에 있는 사람에게 의지할 수도 있다. 과거에 그 사람과 즐거운 활동을 했다면, 그 사람과 대화를 나누며 함께 보낸 즐거웠던 시간을 상기시킬 수 있다.

성취감을 주는 활동

성취감을 주는 활동에 참여하는 이유는 즐거운 활동에 참여하는 이유와 비슷하다. 유산 후 목표지향적 활동을 하고 싶지 않을 수도 있다. 하지만 일정 기간 동안 목표지향적인 활동을 하지 않으면 해야 할 일들이 쌓이고 감정 기복이 심해지며 압도감을 느낀다. 물론 해야만 하는 일이 쌓이는 건 누구나 달가워하지 않으며 더 슬프고 우울한 기분을 느끼게 해 악순환을 부채질할 수 있다. 이는 다시 회피 행동을 자극한다. 따라서 반복적인 연습을 통해 무언가를 익히거나 성취감을 얻는 일을 매일 한 가지씩 하면 기분이 좋아지고 인생에서 무언가를 통제한다고 느낄 수 있다.

할 일이 너무 많아서 어디서부터 시작해야 할지 모르겠다면 어떻게 할까? 가장 좋은 활동은 즐거움과 성취감을 모두 주는 활동이다. 여기에 딱 맞는 활동으로 정원 가꾸기나 좋아하는 음식 요리하기(규칙적으로 끼니를 챙기는 목표 달성에 도움이 될 것)가 있다. 성취감을 줄 수 있지만 거부감이 많이 드는 활동은 피해야 한다. 반드시 다루지 않아도 되는 일들은 스스로가 충분히 대처할 만큼 힘이 생겼다고 느껴질 때까지는 미뤄도 좋다.

잘 버티기 위한 전략

이 장에서 지금까지 논의한 자기돌봄에 대한 제안에 더해, 임신 관련 상실이나 외상 후 첫 수 주 동안 도움이 될 만한 다른 전략들도 있다. 이는 슬픔, 죄책감, 불안, 분노 등을 이겨내고 있는 자신을 발견할 때 특히 유용하다. 왜냐하면 이런 순간이 정서적 고통 가운데 내리는 한 줄기 작은 빛처럼 즐거움이나 평온함을 주기 때문이다. 이러한 전략들이 항상 고통을 없애주지는 않지만, 고통의 날카로운 모서리를 부드럽게 깎아주어 버틸 수 있게 해준다. 이 전략들은 가능한 한 많은 품위와 존중을 통해 고통을 경험하고 받아들일 수 있게 도와준다. 따라서 이들은 참을 수 없을 것 같은 순간을 극복해나가는 데 도움이 되는 전략이 될 것이다.

'휴가' 다녀오기

휴가라는 단어를 강조한 이유는 실제 휴가를 뜻하기도 하고 은유적 휴가를 뜻하기도 하기 때문이다. 그것은 파트너와 함께 편안한 장소(예: 해변, 산, 침대에서의 아침 식사)에서 보내는 주말일 수도 있다. 또는 쇼핑을 위한 여행이나 스포츠 경기 관람처럼 하루 또는 한나절 정도 일상의 의무에서 벗어난 해방일 수도 있다. 또는 당신이 상실이나 외상에서 주의를 돌릴 수 있는 일에 전념하는 것일 수 있다. 책을 이리저리 뒤적이거나, 패치워크*를 만들거나, 차분하고 편안한 곳(예: 자주 갔던 가족 휴가지, 좋아하는 경치, 좋은 장소)에 있다는 이미지를 떠올려볼 수도 있다.

---

* 색깔이나 모양이 다른 헝겊이나 가죽을 조각보처럼 이어 깁는 기법이나 작업을 말한다.

어떤 면에서 '휴가'는 즐거운 활동에 참여하는 자기돌봄 전략의 연장선에 있다. 이런 활동의 기본 아이디어는 무언가를 기대하고, 생기를 되찾고, 스스로에게 집중할 수 있는 환경 변화를 가져보자는 것이다. 한편으로는 슬픔과 감정을 억누르거나, 몸을 혹사시키는 활동에 빠져 있거나, 술이나 마약을 탈출구로 삼는 등의 행동을 하면서 슬픔과 부정적 감정으로부터 '영원한 휴가'를 떠나려고 하지는 않는지 잘 살펴보아야 한다. '영원한 휴가'는 상실이나 외상을 계속해서 피하는 행위일 뿐이다. '휴가'는 감정적 고통에서 잠시 벗어나게 해주며, 이를 통해 일상으로 돌아왔을 때 더 나은 대처를 할 수 있는 위치에 서게 하는 단기 전략이다.

기분 전환

무엇을 하든 유산에 대한 여러 가지 생각에 계속 빠진다면, 그리고 필사적으로 그 생각을 머리에서 없애고 싶다면 어떻게 해야 할까? 보통은 그런 생각에 빠지지 말자고 스스로를 타이르면서 생각을 억제하거나 짓누르고 싶어질 것이다. 하버드대학교 교수였던 고^故 다니엘 웨그너_{Daniel Wegner}의 연구에 따르면 이러한 사고 억제는 효과가 없으며, 실제로 원치 않는 사고의 빈도가 감소하기는커녕 오히려 증가하는 것으로 나타났다. 그는 일부 실험 참가자들에게 짧은 시간 동안 원하는 어떤 생각이든 해도 되지만 백곰만은 생각하지 말라고 지시했다. 당신이 예상하듯, 백곰을 생각하지 말라는 요청을 받은 대상자들은 백곰을 포함해 무엇이든 생각해도 된다고 들었던 참가자들에 비해 백곰을 훨씬 더 자주 생각했다고 보고했다. 이와 동일한 현상이 아이를 떠나보낸 일처럼 더욱 심각한 문제에 대한 생각을 억제하려고 할 때도 똑같이 발생한다.

생각을 억제하려는 대신에, 십자말풀이나 숫자퍼즐, 퍼즐 조각 맞추기처럼 정신적 에너지를 한곳에 쏟을 수 있는 일에 집중해보자. 생각으로부터의 주의 전환이 필요할 때 이러한 활동에 쉽게 접근할 수 있도록 한두 가지 방법을 준비해두는 것도 좋다. 실제로 정서적 스트레스가 극심할 때는 도움이 될 만한 기분 전환 방법을 기억해내는 것 자체가 어렵기 때문에 (많은 내담자가) 이런 조언이 매우 중요했다고 말했다. 기분 전환을 유도할 수 있는 방법이 딱히 없을 경우, 100에서 3씩 계속해서 빼기를 하는 방법이 있다. 기분 전환의 핵심은 모든 정신적 능력이 요구되는 과제에 주의를 집중해 상실이나 외상에 대한 생각에 집중할 여지를 두지 않는 것이다.

스스로 달래기

자기 위로는 **변증법적 행동치료**라고 하는 인지행동치료 계열에 속하는 치료적 접근법으로, 내가 가장 선호하는 기법 중 하나다. 이 접근법은 특정 활동을 하는 동안 즐겁거나 위로한다는 느낌으로 오감 중

시각

- 미술관에서 예술 작품을 관람한다.
- 사람, 책, TV, 인터넷 등에서 아름다운 모습을 관찰한다.
- 비나 눈이 내리는 모습을 본다.
- 아름다운 꽃다발을 만들어 집에서 가장 잘 보이는 곳에 둔다.

청각

- 즐겁거나 위로가 되는 음악을 듣는다.
- 녹음된 자연의 소리(예: 파도)를 듣는다.
- 교회 종소리를 들어본다.
- 부드러운 바람에 귀를 기울인다.

후각

- 향초나 향을 피운다.
- 꽃 향기를 음미한다.
- 갓 자른 풀 냄새를 맡아본다.
- 파이나 빵을 굽고 그 풍부한 향을 맡아본다.

미각

- 초콜릿 한 조각을 맛본다.
- 허브티나 뜨거운 코코아처럼 진정할 수 있는 음료를 마신다.
- 구강 청결제의 박하감에 세심한 주의를 기울인다.
- 특별한 간식을 천천히 먹는다.

촉각

- 개나 고양이를 쓰다듬어본다.
- 팔과 다리에 로션을 바른다.
- 따뜻하고 보송보송한 담요를 몸에 두른다.
- 거품 목욕을 한다.

참고: Linehan(1993)와 McKay, Wood, Brantley(2007)에 또 다른 제안들이 있음.

〈표 2-3〉 **스스로 달래는 방법**

하나 이상의 감각에 전념하면서 매 순간 알아차림을 유지하는 것이다. 자기 위로를 통해 오감에 전념하는 방법들이다. 〈표 2-3〉은 물론 자기 위로를 통해 이득을 얻을 수 있는 방법이 이것만 있지는 않다. 우리 모두는 특별하며 자신에게 맞는 자기 위로법이 있다. 스스로를 위로할 수 있는 자신만의 간단한 활동 목록들을 만들어서 종이나 메모장에 적어보기를 권한다. 물론 고통스러운 시간에도 쉽게 찾아볼 수 있도록 종이나 메모장의 위치는 확실히 기억해야 한다.

호흡 조절

호흡의 힘은 엄청나다. 호흡은 자기 내부의 핵심을 연결하는 수단이고, 심지어 혼돈의 한가운데에서도 언제나 호흡에 의지할 수 있다. 호흡은 감정적 고통 대신 숨에 집중하게 해 주의를 분산시킨다. 또한 신체적·정신적 상태를 조절해 스트레스나 정서적 혼란에 대한 반응을 낮추고 통제력과 예측 능력을 회복시킨다.

한 가지 주의 사항이 있다. 호흡으로 감정적 고통을 다룬다고 하면 많은 사람들이 호흡을 깊게 해야 된다고 생각한다. **심호흡**은 어깨를 위아래로 움직이며 얕게 호흡하는 것이 아닌, 횡격막을 사용해 폐를 공기로 가득 채우는 호흡을 뜻한다. 하지만 대부분의 사람은 스트레스나 정서적 혼란으로 인해 숨을 짧게 쉬면서 할 수 있는 한껏 공기를 들이마시는 것이 심호흡이라고 오해한다. 역설적이게도 이렇게 과도하게 들이마신 공기는 스트레스와 감정 폭발로 생기는 생리적 증상을 줄이기는커녕 오히려 악화시킬 가능성이 있다. 가득 들이마신 산소가 결국 몸에서 이산화탄소로 전환되기 때문이다. 이산화탄소 농도는 호흡이 조절되는 정도를 결정하는 신체 표지자인데, 우리 몸에 이산화탄소가 지나치게 많아지면 여러 생리적 과정들이 활성화된다. 예를 들어, 혈액 속의 헤모글로빈*은 산소와 강하게 결합해 필요한 조직에 산소를 쉽게 떼놓고 가지 못한다. 혈관도 수축되어 산소가 뇌와 사지에 덜 전달된다. 이렇게 되면 뇌로 가는 산소가 부족해져 현기증이나 가벼운 두통은 물론 따끔거림과 무감각 같은 불편함이 느껴지는 생리적 증상을 경험하게 된다.

따라서 깊게 호흡한다는 관점보다는 통제력을 회복한다는 관점에서 호흡 연습을 해야 한다. 다음은 정서적 혼란이 있을 때 사용할 수 있는 간단한 **통제된 호흡** 방법이다.

- 조용하고 편안한 장소를 찾고 가능하면 조명을 어둡게 한다.
- 등을 대고 앉거나 눕는다.
- 눈을 감는 것이 편하다면 눈을 감는다. 그렇지 않으면 방의 한 지점에 시선을 고정한다.

* 몸 안의 산소를 운반하는 역할을 한다.

- 입이나 코를 통해 숨을 들이마시면서 셋을 센다(1-2-3). 잠시 멈추고 숨을 내쉬면서 다섯을 센다(1-2-3-4-5).
- 이 연습을 10회 연달아 한다.
- 숨을 쉴 때 통상적인 양의 공기를 마셔야 한다.
- 누워 있는 경우, 풍선이 팽창했다 수축하듯 배를 위아래로 움직인다. 이런 식으로 배가 팽창하고 수축한다면 이는 횡격막 호흡(복식호흡)을 하고 있음을 의미한다.
- 눈을 뜰 시간이 되기 전까지는 눈을 감은 상태를 유지한다.
- 이 연습을 마친 후 무엇이 달라졌는지 평가한다. 호흡 조절의 이점에 시간을 갖고 주목하면, 이후로도 호흡 조절을 사용할 가능성이 높아진다.

책과 온라인에는 수없이 많은 호흡법이 있는데, 통상적인 양으로만 호흡한다면 그 외 다른 세부사항들은 크게 중요치 않다. 많은 내담자가 (위에서 설명한 것과 같은) 간단한 절차를 기억해두고 사용하거나, 호흡 연습을 이끌어줄 부드러운 목소리의 오디오 파일을 듣는 것이 가장 좋다고 말했다.

근육 이완

호흡 조절과 마찬가지로, **근육 이완**도 스트레스에 대한 주요 생리반응인 근육 긴장에 초점을 맞춘 요법이다. 많은 사람들이 특정 근육군을 이완하면서 호흡에 집중하는 식으로 근육 이완과 호흡 조절을 결합해 연습한다. 또한 호흡 조절과 마찬가지로 책, 오디오 파일, 온라인 동영상 서비스에서 많은 근육 이완 방법을 찾아볼 수 있다.

내가 가장 좋아하는 근육 이완 방법은 **점진적 근육 이완법**이다. 평온한 상태를 달성하기 위해 16가지 근육을 체계적으로 긴장하고 이완한다. 많은 내담자들이 이 작업의 목적은 이완인데 왜 근육을 긴장해야 하는지 이유를 궁금해한다. 특정 근육을 먼저 긴장했다가 풀면 긴장했을 때의 느낌과 대비해서 이완되는 감각을 좀 더 잘 느낀다. 또한 긴장했다가 이완하면 따뜻한 느낌도 경험할 수 있다.

근육 이완 기술은 특별히 화가 나거나 스트레스를 받지 않은 상태에서 자주 연습할 때 가장 잘 습득할 수 있다. 골프 배우기와 비슷하다. 당신이 능숙해지기까지, 또 근육이 근육 기억을 쌓기까지 시간이 걸린다. 따라서 초보 단계에서는 화가 났을 때 근육 이완을 시도해도 별다른 효과가 없다고 느낄 수 있다. 아래는 당신이 연습할 수 있는 간단한 근육 이완 방법이다.

- 조용하고 편안한 장소를 찾고 가능하면 조명을 어둡게 한다.
- 등을 기대어 앉거나 등을 대고 눕는다.
- 눈을 감는 것이 편하다면 눈을 감는다. 그렇지 않으면 방의 한곳에 시선을 고정한다.

- 앞서 설명한 절차와 같이 복식호흡 운동을 시작한다.
- 각 주요 근육군을 5~10초 동안 힘을 꽉 주어 긴장시킨다. 그리고 난 후 15~20초 동안 힘을 줬던 부위의 긴장을 풀어준다. 주요 근육군은 다음 과 같다. 발, 종아리, 허벅지, 복부, 손과 아래팔, 위팔(이두근), 가슴/어깨/ 위쪽 등 영역, 목과 목구멍, 아랫볼과 턱, 윗볼과 이마.
- 각 근육 부위의 긴장을 풀 때 입이나 코로 숨을 내쉰다. 그러면 지금 경험하고 있는 이완의 느낌에 호흡을 불어넣을 수 있다.
- 눈을 뜰 준비가 될 때까지는 눈을 감는다.
- 이 연습을 마친 후 무엇이 다른지 평가해본다. 시간을 내어 근육 이완의 이점을 알아차리면 앞으로 활용할 가능성이 높아진다.

근육을 이완할 때 글로 적힌 지시문을 보고 따라 하기보다는 오디오 파일을 듣는 것이 좋다. 많은 내담자가 글로 적힌 지시문을 따라 하다 보면 근육을 이완하는 일에 집중하기 어렵다고 말한다. 즉, 이완을 충분히 느끼기도 전에 다음에 어떤 근육을 긴장했다 이완할지를 읽느라 연습이 순조롭게 진행되지 못한다. 반면에 많은 내담자가 위안이 되는 목소리로 안내받을 때 집중에 도움이 된다고 말한다. 오디오 파일을 사용하지 않는 경우, 신체 내 위치에 따라 근육군을 순차적으로 긴장 하고 이완하기를 권한다. 예를 들어, 나는 발에서 시작해 이마까지 체계적으로 몸을 훑어 올라간다. 이렇게 절차를 간단히 하면, 다음에 긴장시킬 근육을 결정하는 데 드는 정신 에너지를 최소화할 수 있다.

전략을 극대화하기 위한 세 가지 팁

대부분의 사람들은 이론적으로 이러한 전략이 합리적이라고 말할 것이다. 그러나 전략의 효과를 이해하는 것과 실제로 전략을 사용하는 것 사이에는 큰 차이가 있다. 지금부터 이러한 전략의 성공을 극대화하고, 전략 사용을 방해하는 장애물을 최소화하는 몇 가지 방법을 설명한다.

알림 전화

유산한 지 열흘 된 크리스틴은 잠을 자거나 TV 재방송을 보며 침대에서 대부분의 시간을 보내고 있다. 그녀는 열흘 동안 샤워를 한 번만 하고 식사도 이따금씩만 했다. 남편은 크리스틴을 걱정했지만 어떻게 도와야 할지 몰라 안절부절못했다. 남편은 임상 사회복지사인 크리스틴의 언니에게 이 소식을 전했고, 언니는 집으로 찾아와 크리스틴이 다시 스스로를 잘 돌볼 수 있도록 도와주었다. 크리스틴의 언니는 매일 아침 전화를 걸어 그녀가 침대에서 나와 샤워를 하고 아침을 먹게

했다. 그리고 크리스틴이 즐겁고 성취감을 느낄 수 있는 활동에 참여하고 있는지 확인하기 위해 그녀의 하루 계획을 점검했다. 물론 모든 사람들이 정신건강 전문가를 가족 구성원이나 친구로 둘 만큼 운이 좋지는 않다. 그러나 이 책을 읽은 가족과 친구들이라면 사랑하는 사람이 겪고 있는 고통스러운 순간을 극복하기 위한 전략을 당사자가 실행에 옮길 수 있도록 코치할 수 있을 것이다. 크리스틴의 언니처럼 전화를 해서 아침에 깨우고, 규칙적인 수면 시간을 유지하고, 하루를 준비하도록 도울 수 있다. 물론 당사자가 그렇게 하는 것이 자신에게 도움이 될 수 있고, 처벌이나 압력처럼 느껴지지 않는다는 동의가 전제되어야 한다. 또한 당사자가 하루 동안 기쁨이나 성취감을 느낄 수 있는 한두 가지 활동을 찾도록 도와주는 안내자 역할을 할 수 있다.

점진적으로 적용하기

자신을 돌보고 극복할 수 있는 다양한 전략과 방법 중 하나라도 체계적으로 적용한다면, 작지만 의미 있는 차이를 만들 수 있다. 그러나 이러한 전략과 방법들을 모아놓고 보면 압도감을 느낄 수도 있다. "먼저 무엇을 해야 하나요? 하루 종일 잠을 자다가 갑자기 규칙적인 시간에 일어나서 식사를 준비하고, 운동을 하고, 다른 사람들과 교류하는 일은 너무나 부담이 됩니다." 여기서 문제 해결의 원리가 사용될 수 있는데, 이에 대해서는 8단계에서 더욱 자세히 설명한다.

여기서는 자신을 돌보는 일을 어디서부터 시작할지 정하는 일에 대해 몇 가지를 제안한다. 특히 문제라고 인지되는 자기돌봄 영역이 존재하고, 이를 다룸으로써 눈에 띄게 안도감을 느낄 수 있다. 따라서 가장 많은 이익을 얻을 것으로 예상되는 영역부터 시작하는 것이 한 가지 접근법이다. 그러나 가장 문제가 큰 영역부터 손을 대면 쉽게 압도될 수 있으니 주의해야 한다. 또 다른 접근법은 다룰 수 있는 것부터 시작해 일부 행동 변화를 이행하고 이러한 변화가 자신의 기분과 일상 기능에 미치는 영향을 확인하는 것이다. 이 접근 방식은 감정적 고통을 관리**할 수 있다**는 자신감을 갖게 하고, 이렇게 되면 일부 다른 영역에도 도전해볼 가능성이 높아진다.

기본 아이디어는 완전히 새로운 규칙에 풀쩍 뛰어들기보다는, 이런 기술들을 점진적으로 적용하자는 것이다. 예를 들어, 크리스틴은 언니의 충고를 통해 낮 시간 대부분을 침대에서 보내는 것이 이익보다는 손해가 많음을 깨달았다. 그러나 크리스틴은 어떻게 이 습관을 고쳐야 할지 몰랐다. 그녀는 하루에 8시간만 자겠다는 계획보다는 며칠에 걸쳐 적용할 수 있도록 점진적인 계획을 짜려고 노력했다. 처음 3일 동안, 그녀는 정오에 깨서 저녁 8시까지 잠들지 않는 일에 집중했다. 그다음, 8시 기상을 목표로 기상 시간을 서서히 앞당겼다. 또한 잠드는 시간도 밤 10시로 점점 목표를 전환했다. 이와 더불어 지루함, 절망감, 좌절감 같은 감정을 회피하기 위한 수단인 수면을 줄이기 위해, 깨어 있는 동안 할 수 있는 몇 가지 활동을 찾아냈다. 핵심은 이런 변화들이 하룻밤 사이에 일어나는 것은 아니라는 점, 그리고 자기를 돌보고 견디는 데 노력을 기울이는 것 자체가 실제로 노력을 통해 얻는 결과보다 더, 혹은 적어도 그 결과만큼이나 중요하다는 점을 기억하는 것이다.

기적을 기대하지 말 것

앞서 운동하기 대목에서 언급했듯, 자기 자신에 대해, 그리고 앞서 제시한 자기돌봄과 버티기 전략의 효과에 대해 현실적인 기대를 갖는 것이 중요하다. 이러한 방법과 전략은 고통을 완화시킬 수는 있지만 없애지는 못한다. 당신은 여전히 어느 정도 나쁜 날을 겪을 수 있고, 때때로 이러한 방법과 전략을 거부하고 침대에 처박혀 있을 수도 있다. 계획에 차질이 있다고 해서 당신이 실패자이거나 초기 상태로 되돌아갔음을 의미하지는 않는다. 그저 심각한 상실로 고통받고 있는 한 인간일 뿐이다. 한편, 체계적으로 실행했을 경우 이러한 도구와 전략이 차이를 만들어낼 가능성이 매우 크다. 도구와 전략에 전념하고, 이들을 전체적인 맥락에서 보고 실천하는 동안에는 이들의 긍정적인 효과만 생각하고, 도움이 안 되는 것 같은 경험은 그냥 흘려 보내라. 그리고 어떤 순간에도, 심지어 엄청난 감정적 고통 속에서 완화를 경험하지 못하더라도, 당신의 몸과 마음을 위해 도움이 되는 무언가를 여전히 하고 있다는 것을 인식하라.

유산 이후
병원에 가야 할 때

유산을 경험한 사람들은 이후 몇 주 동안 후속 진료를 위해 산부인과 의사를 찾아가야 한다. 산부인과에 가는 것이 가장 미루고 싶은 일이라는 점은 충분히 이해한다. 고통스러운 기억과 감정이 되살아나기 때문이다. 1단계에서 언급했듯이, 임신한 다른 여성들과 함께 병원 대기실에 있는 것은 몹시 괴로운 일이다. **진료 예약을 잡거나 병원에 왔을 때, 직원에게 최근의 상실이나 외상에 대해 알려라.** 대개 다른 환자들과 떨어진 다른 장소에서 대기할 수 있도록 배려해줄 것이다. 약속을 기다리는 동안 태블릿 PC에 다운받아둔 매력적인 영화나 눈길을 끄는 소설과 같이 주의를 기울일 수 있는 것들을 준비해가도 좋다.

유산의 원인을 파악하기 위해 추가 검사를 견뎌야 할 수도 있다. 예를 들어, 유산을 경험한 일부 여성은 자궁의 구조와 나팔관의 모양이 비정상인지, 그리고 이런 이상이 유산의 원인인지 확인하기 위해 자궁난관조영술hysterosalpingography을 권유받을 수도 있다. 이 검사는 침습적이고 불편하며 다소 통증이 따를 수 있다. 난임 시술이나 유산을 할 때 받았던 침습적인 시술에 대한 고통스러운 기억이 떠오를 수도 있다. 이러한 감정적 경험을 미리 예상하고 '선제적으로 대처'해야 한다. 시술 전에 호흡 조절, 근육 이완이나 스스로 달래기를 시도할 수도 있고,

당신을 지지하는 사람과 함께 가서 시술을 받을 수도 있으며, 시술을 마치고 스파나 교외 드라이브 같은 '휴가'를 계획할 수도 있다.

일상으로 돌아가기 위한 자기 관리 계획

미리 계획하는 것은 지속적인 의료 서비스 이외의 상황에도 도움이 된다. 유산을 경험한 사람들은 이제 직장이나 학교, 자원봉사 활동으로 돌아가기 위한 준비를 할 것이다. 이렇게 일상으로 돌아갈 때, 유산 소식을 지인과 어떻게 공유할지, 갑작스럽게 비애와 슬픔이 북받쳐 오를 때 어떻게 처리해야 할지와 같은 여러 불안을 느낄 수 있다. 나는 내담자들에게 일상 활동을 다시 시작할 때 참고할 수 있는 자기 관리 계획 만들기를 권한다(〈표 2-4〉 참조). 자기 관리 계획에는 삶의 다른 시기에 유용했던 대처 기술뿐만 아니라 이 장에 설명된 많은 도구와 전략이 포함될 수 있다. '선제적 대처'와 관련된 이런 접근법은 급성 스트레스를 겪는 동안에는 특정 자기 관리 기법을 찾아내기가 어렵기 때문에 매우 유용하다.

장기간 감정을 다루기 위해 미리 계획을 생각하는 것 또한 중요하다. 감정적 고통의 날카로움은 시간이 경과함에 따라 무뎌지지만, 출산 과정에서 상실을 경험한 사람들은 엄청난 심적 고통을 지속적으로 겪으며 기분과 삶의 질에 영향을 받는다. 당신은 상실이나 외상과 관련된 감정적 동요를 겪는 때가 있을 것이고, 이 장에서 다룬 모든 전략이 이런 순간들을 견뎌내는 데 꾸준히 도움이 될 것이다. 하지만 순간을 견뎌내는 데 그치지 않고 장기간 감정을 돌보려면 두 가지 요소가 갖춰져야 한다. 첫째, 자기 관리 습관이 일상이 되어야 하고, 둘째, 의미 있고 만족을 주지만 임신과 직접적으로 관계가 없는 목표지향적인 활동을 시작해야 한다. 달리 말하면, 임신만이 만족스러운 삶의 유일한 원천이어서는 안 되며, 아이를 낳는 것(또는 아이를 더 낳는 것)과는 별도로 당신의 삶에 충족감을 주는 다른 많은 영역이 있어야 한다. 다음 장은 이러한 목표를 달성하기 위한 방법을 다룬다.

나의 자기 관리 계획

일상 활동을 재개하면서 나를 돌보기 위해 할 일은 다음과 같다.

1.

2.

3.

4.

일상 활동을 재개하면서 경험할 것으로 예상되는 감정적인 자극 요소는 다음과 같다.

1.

2.

3.

4.

자극 받은 감정적인 고통을 다루는 방법은 다음과 같다.

1.

2.

3.

4.

도움이 필요할 때 연락할 수 있는 사람.

1.

2.

3.

〈표 2-4〉 **자기 관리 계획**

2단계 치유의 출발점에 서기

91

3단계

다시 삶 속으로 다가가기

이제 유산을 겪은 지 몇 주가 지났다. 아마도 당신은 직장으로 복귀했거나, 자원봉사 활동을 다시 시작했거나, 학교로 돌아갔거나, 당신의 일상이었던 일부 활동에 다시 참여하고 있을 것이다. 이 과정은 회복 과정에서 대단히 중요한 단계다.

　규칙적인 일과는 목표와 체계를 만들어준다. 임신 관련 상실이나 정신적 외상을 경험하기 전에는 일상에서 만족감을 주던 것들이 지금은 슬픔에 가득 차서 부질없어 보일 수 있다. 상황은 달라졌고, 달라진 상황이 어떻게 정상으로 회복될 수 있을지 의아하다. 주변 사람들은 아무 일도 없었던 듯 자신의 삶을 살아가고 있는 것처럼 보인다. 정상적인 일상생활을 재개하려는 활동을 하는 중에도, 최근에 겪은 상실이나 외상이 지속적으로 고통스럽게 떠오를 수 있다. 만약 상실 후 초기 몇 주 동안 주변 사람들로부터 많은 지지와 공감을 받는다면, 이런 경험을 좀 더 늦게 겪을 것이다.

이러한 경험들이 언제 사라질지, 또는 무한정 지속될지 궁금할 것이다. 증상의 강도는 상실이나 정신적 외상이 떠오르는 특정 순간에 일시적으로 악화되기도 하지만, 결국 시간이 지나면서 점차 감소한다는 사실을 알아야 한다. 또한 삶의 질이 높거나 만족하고 있었다면 증상에 덜 사로잡힐 것이다. 많은 내담자가 상실이나 정신적 외상으로부터 **새로운 정상**을 만들어가는 이야기를 한다. 이 장에서는 새로운 정상을 만들기 시작하면서 꼭 알아둬야 할 것들을 다룬다.

나에게 가치 있는 일 실천하기

2단계에서 즐거움이나 성취감 또는 둘 다를 경험할 수 있는 활동에 참여하는 것이 중요하다고 설명했다. 이러한 활동을 많이 할수록 우울증과 다른 부정적인 감정에 빠져드는 것을 막아주는 완충 공간이 늘어난다. 당신은 주변 환경으로부터 긍정적인 강화를 얻으며, 당신의 문제나 일상생활에 대한 다른 요구 조건들에 압도되는 정도를 줄일 수 있을 것이다. 이 전략을 기술적 용어로 **행동활성화**라고 한다.

유산 이후 첫 몇 주간의 행동활성화는 대개 약간의 즐거움이나 성취감이라도 느낄 수 있는 **어떤 활동이든** 해보는 것이다. 당신이 활동을 계획하고 준비하는 데 많은 에너지와 동기를 사용할 수 없기 때문에, 단순하고 적용하기 쉬운 활동부터 해야 한다. 이런 종류의 간단한 활동으로는 영화 보기, 책 읽기, 친구와 커피 마시기 등이 있다.

그러나 이제는 삶의 질과 만족도를 향상시킬 수 있는 한 가지 이상의 흥미나 관심사를 체계적으로 추구하기 위해 전과는 다른 행동활성화를 생각해야 한다. 이는 자신이 가장 중요하게 여기는 가치에 기반해 자신의 삶을 살며 시간을 보내는 방법을 선택하는 것을 의미한다.

나의 가치와 의미 있는 역할 파악하기

가치가 이끄는 삶은 두 가지 차원에 따라 작동한다. 첫째는 자신에게 가장 중요한 역할, 즉 내가 **무엇을** 할 것인지이며, 둘째는 자신이 되고 싶어 하는 모습, 즉 이러한 역할들을 **어떻게** 수행할지다. 〈표 3-1〉에서 보듯이, 두 차원의 접점에서 가치가 이끄는 삶이 생겨난다. 즉, 자신이 가장 중요하다고 생각하는 역할에 일치하는 활동을 할 때, 그리고 동시에 자신이 되고 싶어 하는 모습에 따라 이런 활동을 실천할 때 가치가 이끄는 삶을 살 수 있다.

가장 중요하다고
생각하는 역할
(자신이 하고 있는 일)

**가치가
이끄는 삶**

자신이 되고 싶어
하는 사람
(이러한 역할들을
어떻게 수행하고 있는가)

〈표 3-1〉 **가치가 이끄는 삶**

이 책을 읽는 많은 독자는 자신이 바라고 중요하다고 생각하는 역할로 부모 되기를 꼽을 것이다. 만약 당신에게 아이가 있다면, 이는 더욱 논리적인 생각일 것이다. 그러나 이번 이야기의 핵심은 자신이 원하는 자녀의 수에 따른 역할을 정의하기보다는 아이가 하나든 둘이든 부모 역할에 중점을 두는 것이다. 아이가 없다고 해서 자신이 원하는 부모 역할을 포기할 필요는 없다. 대신 지금 당장 자신에게 의미 있는 다른 역할이 무엇인지 파악하기 바란다. 그리고 부모 역할에 대한 자신의 관점을 더 큰 가족의 관점으로 확장시켜보라. 이런 생각의 근거는 비록 아이가 없더라도 당신은 더 큰 가족의 소중한 구성원이며, 다른 가족을 지지하거나 그들로부터 지지를 받고 있음을 인정한다는 데 있다. 여기에는 형제, 자매, 부모, 조부모, 조카 또는 대자녀에 대한, 또

<〈표 3-2〉 **역할 원그래프 예시**

는 그들로부터의 지지가 포함될 수 있다.

　〈표 3-2〉는 중요한 역할들이 어떻게 우리의 정체성이나 자신을 바라보는 태도를 형성하는지 보여주는 원그래프다. 부모가 되고자 하는 바람이 당신의 원그래프를 압도적으로 많이 차지했을 가능성이 높다. 〈표 3-2〉의 왼쪽 원그래프는 이러한 경우의 극단적인 예다. 즉, 이 사람은 부모가 되는 것이 자신의 유일하고도 중요한 역할이라고 그렸다. 유산으로 인해 부모 역할을 잃어버릴 위험에 처한 그녀는 원그래프에 그녀에게 기대되는 다른 어떤 역할도 그려넣지 않았으며, 기쁨, 충족, 그리고 의미를 얻을 만한 다른 방안도 없었다.

　〈표 3-2〉의 오른쪽 원그래프는 한 사람의 중요한 역할들에 대한 좀 더 균형 잡힌 개념화를 보여준다. 이 원그래프를 그린 여성은 유산 후

자신의 삶이 결코 완전하다고 보지 않았다. 실제로 그녀는 부모가 되는 것이 좋은 아내나 가족 구성원이 되는 데 있어 일부분일 뿐이라고 생각하려 애썼지만, 해당 그래프의 조각 대부분이 실망스럽다고 했다. 하지만 자신의 정체감에 중요한 부분이라고 여기는 다른 역할들을 수행하고 있었다. 그녀는 도시에서 가장 큰 병원에서 물리치료사로 일하면서 자신이 성공한 전문가라고 자부했다. 정기적으로 10킬로미터와 하프마라톤 대회에 참가했으며 그리고 주말에는 집에서 한두 시간 정도 떨어진 곳으로 여행을 가거나 매년 한 번은 모험 여행을 갈 정도로 여행을 즐겼다. 또한 어쿠스틱 기타를 배우며 자신의 삶에서 음악이 차지하는 부분을 점점 더 넓히고 있었다. 이런 식으로 보면, 그녀는 유산으로 인해 원그래프의 25퍼센트에서 만족감을 얻지 못했지만 나머지 75퍼센트 덕분에 그녀는 유산 후 몇 주가 지나는 동안에도 풍부하고 의미 있는 삶을 살고 있다고 느꼈다.

나는 당신의 인생에서 의미와 가치를 부여할 수 있는 가장 중요한 역할들로 자신만의 원그래프를 개념화하고, 여전히 잘 돌아가고 있는 조각들을 확인하며, 부모가 되는 일과 상관없이 지금 할 수 있는 조각에 참여하고, 필요하다면 의미와 만족감을 줄 수 있는 새로운 조각들을 만들고 구축해가기를 바란다. 그럼 〈표 3-3〉에 자신의 원그래프를 그려보자.

중요한 역할들은 가치가 이끄는 삶이라는 공식의 한 요소일 뿐이

〈표 3-3〉 **나의 역할 원그래프**

자신의 삶에 가치와 의미를 주는 모든 역할을 떠올려보자. 원 전체(100퍼센트)를 자신의 전체 정체감으로 보고, 자신의 정체감에 있어 개별 역할들이 기여하는 정도를 백분율로 나누어보자. 그런 다음 자신이 부여한 백분율에 맞춰 원 안에 조각들을 나눠 그려보자. 각 조각에 이름을 붙이고 해당되는 백분율도 적어보자.

다. 〈표 3-1〉에서 제시했듯이, 이런 역할을 **어떻게** 구현할 것인지도 가치가 이끄는 삶을 살아가는 데 있어 역할만큼이나 중요하다. 평범한 활동을 하더라도 이러한 가치에 따른 행동을 하면 이로부터 얻을 수 있는 만족감을 극대화하는 데 도움이 될 것이다. 자신이 되고 싶어 하는 사람에 맞춰 행동하는 것 자체만으로도 만족스러울 수 있다. 많은 사람이 이전에 자신의 가치관을 생각해보지 않았으며, 자신이 되고 싶어 하는 사람과의 간격을 좁히는 데 어려움을 겪고 있다. 〈표 3-4〉를 보며 자신이 되고 싶어 하는 사람에 가장 근접하는 다섯 가지 특성을 선택해보자. 그런 다음 가장 중요하다고 생각하는 역할과 관련된 활동을 하든, 또는 일상적인 활동을 하든 이러한 특성에 따른 삶을 살아가려면 어떻게 해야 할지 생각해보자.

활동 모니터링: 나는 어떻게 시간을 보내고 있는가

자신의 상태가 좋지 않을 때는 가치가 이끄는 삶을 사는 것이 달성하기 어려운 목표처럼 보일 수 있다. 어디서부터 시작해야 할까? 인지행동치료 전문가들은 내담자들이 현재 시간을 어떻게 보내고 있는지, 그리고 해당 시간을 채우고 있는 활동이 즐거움이나 성취감과 어떻게 연관되어 있으며, 추구하는 가치에는 부합되는지 스스로 알아차리는 일부터 시작해야 한다고 말한다.

오늘부터 시간을 들여 사흘 동안 자신이 어떤 식으로 시간을 보내고 있는지 기록해보자. 이런 작업을 **활동 모니터링**이라고 한다. 주의할 점은 통상적인 일정을 보내는 날들을 선택해야 한다는 것이다. 그중 하루는 주말을 포함하기를 권하는데, 많은 사람이 가장 즐거운 활동을 주로 주말에 하기 때문이다. 이제 자신이 기록한 개별 활동을 다

다정한	재주가 많은	충실한	정직한
다른 사람으로부터 사랑받는	전문적인	근면한	종교적인
보살피는	인내심 있는	배려하는	친절한
용기를 주는	공동체 의식을 가진	운동을 좋아하는	음악을 좋아하는
예술적인	유능한	중심이 있는	사려 깊은
유심한	영향력이 있는	훌륭한	집중력 있는
창의적인	지혜로운	다재다능한	의사표현이 분명한
재미있는	독특한	효율적인	강인한
확고한	체력이 튼튼한	다른 사람과 연결된	자율적인
타인에 민감한	융통성 있는	적극적인	책임감 있는
바쁜	박식한	가정적인	성실한

〈표 3-4〉 **내가 되고 싶은 사람**

3단계 다시 삶 속으로 다가가기

음 세 가지면에서 평가해보자. (1) P^{Pleasure} 평가 항목은 해당 활동으로부터 얻은 즐거움(0=전혀 즐겁지 않음, 10=가능한 범위 내에서 가장 즐거움), (2) A^{Accomplishment} 평가 항목은 자신이 해당 활동에서 느낀 성취감(0=성취 없음, 10=가능한 범위 내에서 가장 큰 성취를 이룸), (3) V^{Value} 평가 항목은 해당 활동이 자신의 가치와 일치하는 정도(0=가치와 전혀 일치하지 않음, 10=가치와 매우 일치함)다. 그런 다음 하루의 마지막에 자신의 기분을 전반적으로 평가해보자(0=경험해본 기분 중 최악, 10=경험해본 기분 중 최고). 〈표 3-5〉는 아멜리아의 활동 모니터링 기록지다. 〈표 3-6〉의 활동 모니터링 기록지에 자신의 활동 내역과 해당 시간, 활동으로부터 얻은 성취감, 즐거움, 가치, 그리고 전반적인 기분을 적어보자.

일자와 요일: 2023년 9월 28일 목요일	P= A= V=
7시~8시: 기상, 아침 일과	P=2, A=2, V=0
8시~8시 30분: 출근	P=0, A=1, V=2
8시 30분~9시 30분: 팀 미팅	P=3, A=4, V=4
9시 30분~11시: 보고서 작성	P=3, A=9, V=7
11시~12시: 고객과 통화	P=3, A=6, V=6

12시~12시 30분: 동료와 점심 식사	P=8, A=3, V=8
12시 30분~13시: 상사와 미팅	P=2, A=6, V=7
13시~15시: 다음 프로젝트 관련 조사	P=4, A=9, V=8
15시~16시: 신규 직원 트레이닝	P=4, A=7, V=6
16시~17시: 다음 주 출장 계획 세우기	P=3, A=4, V=5
17시~17시 30분: 퇴근	P=0, A=1, V=2
17시 30분~18시: TV 보며 긴장 풀기	P=1, A=0, V=1
18시~18시 30분: 저녁 식사 준비	P=2, A=2, V=4
18시 30분~19시 30분: 저녁 식사	P=4, A=0, V=6
19시 30분~20시: 남편, 강아지와 함께 산책	P=4, A=4, V=7
20시~22시: TV 시청	P=3, A=0, V=1
22시 30분: 취침	P=2, A=0, V=5
하루 동안의 전반적인 기분	3

(P=즐거움, A=성취감, V=가치)

〈표 3-5〉 **아멜리아의 활동 모니터링 연습**

일자와 요일:	P= A= V=
하루 동안의 전반적인 기분	

〈표 3-6〉 **활동 모니터링 기록지**

이 활동의 목적은 스스로가 얼마나 가치와 일치하는 삶을 사는지에 대해 구체적인 결론을 이끌어내는 것이다. 우선 아멜리아의 활동 모니터링 연습을 함께 살펴보자. 무엇을 알아차렸는가?

첫째, 아멜리아의 기분은 10점 중 3점으로 매우 낮다. 그녀가 하루 동안 한 주요 활동은 직장에서의 업무, 집안일(저녁 준비와 식사, 강아지 산책), TV 시청이었다. 아멜리아는 아침 일찍 하는 활동(예: 아침 일상, 출근)에 대해서는 즐거움, 성취, 가치 점수를 낮게 주었다. 잠자리에서 일어나 출근하는 일을 자주 두려워했기 때문에 이러한 평가가 그녀에게는 크게 놀랍지 않았다. 직장에서의 활동은 그리 즐겁지 않았지만 많은 일에서 성취감을 느꼈다. 주목할 만한 예외는 동료들과 함께 보내는 점심시간이었다. 점심시간은 즐거웠을 뿐만 아니라 자신이 추구하는 가치와 매우 일치한다고 평가했는데, 이는 그녀 자신이 좋은 친구이며 남의 말을 경청하는 사람이라고 생각하기 때문이다. 또한 직장에서의 많은 활동이 자신이 추구하는 가치와 상당히 일치한다고 평가했다. 종종 직장에서의 일이 불쾌할 때도 있지만(예: 상사와의 미팅), 누구보다도 열심히 일한다고 자부하며, 회사에 의미 있는 기여를 한다고 믿고 있었다.

아멜리아가 퇴근 후에 어떻게 시간을 보냈는지 주목해보자. 퇴근길을 거쳐 집에 돌아오면 아멜리아는 긴장을 풀고 TV를 보다가, 남편과 집안일을 하고, 나머지 저녁 시간에 다시 TV를 보는 식으로 다소 체계없이 보냈다. 그녀가 남편과의 저녁 식사와 강아지 산책이 남편과 좋은 시간을 보낸다는 가치에 부합된다고는 하지만, 어떤 활동도 즐거움이나 성취감 점수가 4점을 넘지 못했다. 그녀도 자신의 평가에 다소 놀랐다. 밤에 TV를 보는 것이 쉬면서 긴장을 푸는 데 도움이 되는 활동이라고 생각했으나, 실제 평가 점수는 그렇지 않았다. TV 시청에 대한 즐거움이나 성취감은 적었으며, 적극적이고 실천하는 삶을 살겠다는 가치에 부합하지 않음을 깨달았다.

우울증의 행동이론에 따르면 즐거움, 성취감, 가치와 연관된 활동에 참여하는 것은 기분이 긍정적으로 변화하는 데 직접적인 영향을 미친다. 따라서 활동 모니터링을 하는 목적은 지금보다 더 큰 즐거움, 성취감, 가치와 연관된 활동을 할 수 있는 지점을 찾는 것이다. 아멜리아는 활동 모니터링을 통해 세 가지 결론에 도달했다. 첫째, 이른 아침이 특히 힘든데, 아침 시간에 일반적으로 하는 일상 활동은 기분에 도움이 되지 않는다. 둘째, 직장에서 일하는 동안 성취감과 가치를 느끼긴 하지만, 점심시간을 제외하고는 즐거움이 적다. 셋째, 저녁 활동을 통해 얻는 즐거움, 성취감, 가치는 기대보다 낮았다. 또한 적절한 자기돌봄을 하지 않고 있다는 사실도 깨달았다(예: 잠자리에 들기 전에 화장을 지우지 않고 세수도 하지 않으며, 외출복을 그대로 입은 채 잠들기도 한다).

이제 시간을 들여서 자신의 활동 모니터링 작업에서 결론을 이끌어내보자. 전반적인 기분에 관여하는 활동들은 무엇인가? 어떤 활동에서 더 큰 즐거움, 성취감, 가치를 느끼는가? 하루 중에 특히 자신을 돌보는 방법에 집중할 필요를 느끼는 순간은 언제인가? 이어지는 내용에서 이러한 정보를 이용해서 할 수 있는 것들에 대한 구체적인 지침을 소개한다.

활동 계획 세우기:
나의 가치와 일치된 삶을 살려면 어떻게 해야 할까

활동 모니터링 연습을 기반으로 즐거움, 성취감, 가치를 주는 활동을 시작할 수 있다. 인지행동치료에서는 이를 **활동 계획 세우기**라고 부른다. 활동 계획 세우기의 기본 개념은 아멜리아가 한 것처럼 활동 모니터링 연습을 이용해 즐거움, 성취감, 가치와 관련된 활동이 특히 미흡했던 시간대를 확인하고, 목표를 달성할 수 있는 추가 활동을 계획하는 것이다. 예를 들어, 아멜리아는 이른 아침 의미 있는 활동이 부족한 이유를 아침에 느끼는 두려움과 전신 무력감이라고 생각했다. 이를 해결하기 위해 남편과 30분 일찍 일어나 함께 식탁에 앉아 신문을 읽고 특별하게 블렌딩된 커피를 마시기로 결심했다. 두 사람은 매주 장을 보러 갈 때마다 커피를 시음하고 점수를 매긴 뒤 새로운 커피를 선택하는 식으로 커피 고르는 일을 게임처럼 만들었다. 그리고 직장에서 부족한 즐거운 활동을 해결하기 위해 자신의 일을 방해하지 않으면서 간단히 할 수 있는 즐거운 활동 두 가지를 계획했다. 오전 10시경,

컴퓨터나 전화로 하는 다른 업무를 잠시 멈추고 집에서 가져온 영양가 있는 요거트와 견과류 간식을 집중하며 먹어보기로 했다. 오후 2시 30분경에는 잠시 휴식을 취하며 가장 좋아하는 동료와 건물 밖 주변을 15분 동안 '파워 워킹'하기로 했다. 아멜리아는 이 추가 활동이 다른 사람에게 좋은 친구가 되어주고, 스스로 건강하고 활동적이어야 한다는 자신의 가치관과 조화를 이루었기 때문에 더욱 만족스러웠다.

아멜리아는 활동 모니터링을 완료한 뒤, 저녁에 하는 일상적인 활동과 TV 시청에 변화가 필요함을 깨달았다. 남편과 함께 저녁을 먹고 강아지를 산책시키는 시간을 가치 있게 여겼지만, 즐거움과 성취감은 크지 않다는 점이 의아했다. 그녀는 이러한 정보를 바탕으로 세 가지를 바꿨다. 첫째, 같은 요리를 반복하는 습관에서 벗어나 새로운 요리를 시도하기로 했다. 이러한 변화가 저녁 식사를 준비할 때 즐거움, 성취감, 가치를 높일 수 있고, 식사를 하는 동안 남편과 활발하게 대화할 주제가 될 것이며, 남편과 함께 남은 한 주 동안 특별한 요리를 만들 계획을 세우는 데 시간을 보낼 수 있을 것이라고 생각했다. 둘째, 강아지와 함께 밖에서 보내는 시간을 늘렸다. 때로는 남편과 함께 더 길고 경치가 좋은 산책로를 걸었고, 그렇지 않을 때는 늘 걷던 산책로를 걷되 마당에서 강아지와 좀 더 시간을 보내고 집에 들어갔다. 셋째, 잠자리에 들기 전에 할 수 있는 활동 목록을 늘렸다. 아멜리아는 재미있게 보던 프로그램이 있었기 때문에 매일 밤 한 시간씩 하던 TV 시청은 유지하기로 했다. 그러나 일주일에 한 번은 수업을 듣거나, 다른 지역에 살고 있는 고등학교나 대학교 시절의 친구들과 전화 통화를 하고, 현대 문학을 읽는 일 같은 즐겁고 가끔은 성취감까지 느낄 수 있는 몇 가지 다른 활동들을 찾았다.

아멜리아는 새로운 스케줄이 삶에 변화를 주었는지 확인하기 위해 2주 동안 자신의 활동과 기분을 계속 추적했다. 그녀는 자신의 기분이 3점에서 6~8점으로 상승한 것을 보고 기뻐했다. 이렇게 기분이 좋아진 이유는 기대할 수 있는 의미 있는 활동을 하고, 항상 자신에게 중요했던 친구들과의 사회적 접촉을 늘렸기 때문이라고 생각했다. 그녀는 자신의 임신과 출산에 대한 미래가 어떻게 될지 알 수 없었지만 남편이나 친구들과 강한 유대 관계를 맺고, 요리와 문예창작에 대한 열정을 키우고 있다는 사실에 위로받았다.

이제 자신의 활동 모니터링에서 도출한 결론을 바탕으로 몇 가지 활동을 계획할 차례다. 〈표 3-7〉은 이를 수행하는 데 도움을 줄 활동지다. 각 행마다 일정에 맞춰 작업할 활동을 하나씩 기록하라. 또한 활동에 할애할 시간을 명시하라. 마지막으로 활동을 통해 즐거울 것이라고 기대되는 경우 P를, 성취감을 느낄 것이라고 기대되는 경우 A를, 가치를 느낄 것이라고 기대되는 경우 V를 쓴다. 자신의 활동에서 즐거움, 성취감, 가치를 복합적으로 경험하는 경우도 많기 때문에, 해당이 된다면 중복해서 적어도 된다. 이 영문자를 사용하는 이유는 활동 계획을 수립하는 근거를 상기시키기 위해서다. 왜냐하면 활동에 참여하는 것이 어떤 경로를 통해 당신의 기분에 긍정적인 영향을 미치는지 명확하게 알려주기 때문이다.

활동	이 활동을 언제 할 것인가	P(즐거움), A(성취감), V(가치)

〈표 3-7〉 **나의 활동 계획**

나는 지난 수년 동안 인지행동치료를 해오며 성공적인 행동 계획 세우기를 위한 몇 가지 팁을 얻었다. 그 팁들은 다음과 같다.

· **활동별로 실행하게 될 시간대를 설정하라.** 예를 들어, 화요일 오후 2시에 어떤 활동을 계획하고 있다고 하자. 2시는 점점 다가오는데 하던 일이 끝나지 않아 계획을 실행하는 데 방해된다면 실망하기 쉽

다. 이런 일이 생기면 많은 사람들은 '흑백사고'의 오류에 빠진다(이 사고 패턴에 대한 자세한 설명은 4단계과 5단계에서 다룬다). 그리고 스스로에게 이렇게 말하기도 한다. "예정된 다른 활동을 해봐야 무슨 소용이 있어? 이미 첫 일정을 놓쳐버렸으니 오늘은 모두 다 망친 거야!" 활동을 계획할 때, 특정성과 유연성의 균형을 맞춰야 한다. 즉, 책임질 수 있도록 일정을 구체적으로 작성하는 것이 중요하다. "다음 주에 헬스장에 세 번 갈 거야"라고 말하는 것은 때가 언제인지 충분히 설명하지 못한다. 반면에 정확한 시간으로 제한하는 것은 항상 예기치 못한 일들이 생길 수 있기 때문에 융통성이 없을 수 있다. 따라서 **화요일 오후나 금요일 밤**과 같이 더 넓은 시간대로 활동 계획을 잡는다. 유연하게 일정을 계획했음에도 불구하고 활동을 놓칠 수 있다. 일상을 바꾸고 새로운 습관을 만들어가는 데는 시간이 걸린다. 물론 완전하게 활동을 **수행했다면** 자신을 칭찬하라. 당신은 최근에 힘들고 충격적인 경험을 했다. 완벽하지 못할 수 있음을 스스로에게 허용해주자.

· **대체 계획을 세워라.** 앞서 논의한 것과 같은 이유로 대체 계획을 세우는 것도 좋다. 대체 계획은 완전히 다른 요일, 다른 시간대로 활동을 옮기거나 계획된 활동을 시간 내에 하기 어려울 때 다른 활동으로 대체하는 것이다. 날씨에 영향을 받는 활동의 경우 대체 계획을 세우는 것이 특히 중요하다. 예를 들어, 화요일 오후에 달리기를 계획했는데 비가 온다면 수요일 오후에 달리거나 실내 운동으로 바꾸어 지역

체육관에서 필라테스를 배울 수도 있다. 넓은 시간대에 활동을 계획하는 것처럼 대체 계획을 사용한다면 예정된 활동에 차질이 생기더라도 유연하게 처리할 수 있으며, 계획한 활동을 할 수 없게 되더라도 실망하거나 흑백 논리에 빠지는 것을 막을 수 있다.

· **선택할 수 있는 활동 풀**pool**을 만들어라.** 많은 사람이 며칠을 앞두고 특정 활동을 계획하기보다는 의미 있는 활동을 위해 특정 시간대를 미리 비워두는 것을 더 선호한다. 활동을 계획하는 데 있어 이러한 접근 방식은 활동 계획의 유연성을 강화시킨다. 토요일 오후 한때에 의미 있는 활동을 하기로 계획을 세운 사람을 생각해보자. 날씨가 좋고 컨디션도 좋다면 하이킹을 갈 수도 있다. 하지만 감기에 걸려 몸이 좋지 않다면 차선책으로 불 앞에서 몸을 웅크린 채 기대하던 추리 소설 읽기와 같은 즐거움을 주는 활동을 할 수 있다. 이것은 아멜리아가 평일 저녁에 사용한 전략이다. 그녀는 일주일 중 하루는 문예창작 수업을 들었다. 그 외 다른 날 저녁에는 멀리 살고 있는 친구와 전화 통화를 했다. 또 다른 저녁에는 독서를 했다. 가끔 그녀는 창의적 글쓰기 수업을 위해 과제를 완성하기도 했다.

· **합리적으로 생각하라.** 일상을 변화시키기 위해 노력하는 동안, 자신이 소화할 수 있는 것보다 더 많은 것을 해내고 싶은 욕심이 들 수도 있다. 운동을 규칙적으로 일주일에 6일 하겠다고 결심했지만 이틀 후에 실망하고 포기하는 사람들이 얼마나 많을까? (처음부터 너무 많은 것

을 시도하지 않기를 바란다.) 자신이 여전히 끔찍한 사건에서 회복하고 있는 중이라는 사실을 기억해야 한다. 일상에서 작은 것부터 시작해 몇 가지 변화를 포함시키고 그것이 기분에 영향을 미치는 방식을 관찰해보자. 기분이 좋아지기 시작하면 자신의 가치관과 일치하는 활동을 더 많이 할 수 있다.

시작하기 어려울 때

유산에서 몸과 마음을 회복하는 동안, 이 장에서 설명하는 많은 것이 실천하기 어려워 보일 수 있다. 나와 내담자들 중 상당수는 그런 경험을 했다. 이번 내용에서는 행동활성화의 장애물과 이를 극복하는 방법을 설명한다.

"활동은 너무나 어려워. 나에게는 그냥 이런 능력이 없어." 이런 반응은 당신이 아직 완전히 회복되지 않았다는 사실에 비추어볼 때 충분히 이해된다. 하지만 스스로 실망하지 않도록 자신이 할 수 있는 것과 할 수 없는 것을 구분하고 합리적인 기대를 가지려는 자세도 중요하다. 심리학자 소나 디미지안Sona Dimidjian과 동료들의 연구는 행동활성화가 우울증을 극복하는 핵심 요소임을 명확하게 보여준다. 만약 활동을 시작하는 것 자체가 너무 힘들다면, 2단계에서 설명한 대로 기분이 더 나아질 때까지 단순한 즐거운 활동 한 가지와 단순한 성취 활동 한 가지에만 집중하는 식의 조치를 취할 수 있다. 또 다른 대안은 자신이 일상에서 했던 활동, 즉 즐거움, 성취감, 가치를 느낄 수 있는 활동을 적어보고, 그 활동들이 실천하기 얼마나 어려운지 0에서 10까지 점수(예를 들어, 0=전혀 어렵지 않음, 10=상상하는 한 가장 어려움)로 매겨본다. 그런 다음 시도하기 부담스럽지 않은 활동들(예를 들면, 0, 1, 2점)을 먼저 실천하고 좀 더 어려운 활동들로 옮겨간다. 세 번째 대안은 자신의 사회적 지지망에 있는 사람들을 나열해보는 것이다. 아마도 당신의 사회적 지지망에 있는 누군가는 기꺼이 활동 계획을 세우는 데 앞장설 것이며, 일단 세부적인 것들이 완성되면 당신도 참여할 수 있을 것이다.

"어떤 활동을 선택해야 할지 모르겠어." 상실, 외상, 슬픔, 우울은 당신이 필요로 하는, 잠재적으로 의미 있는 활동을 폭넓게 보지 못하게 하는 눈가리개 역할을 할 수 있다. 마치 터널 시야를 가진 것처럼 삶을 살아가는 데 있어 일상과 생활 습관 외에는 아무것도 보지 못할 수 있다. 가치가 이끄는 활동을 찾는 데 어려움이 있는 경우, 스스로에게 다음 질문을 해보자.

- 나의 가치와 가장 일치하는 활동은 무엇인가?
- 과거에 어떤 활동이 의미 있고, 가치 있다고 느꼈는가?

- 과거에 어떤 활동이 내 삶의 질과 만족도를 향상시켰는가?
- 내가 잘하는 것과 좋아하는 것은 무엇인가?
- 내가 항상 시도해보고 싶었지만 시도해본 적 없는 활동은 무엇인가?
- 내가 존경하는 사람들 중에 안정적이고 잘 적응하는 사람은 누구인가? 그 사람이 일반적으로 참여하는 활동에는 어떤 것들이 있는가?
- 가족과 친구들이 참여하는 활동에는 어떤 것이 있는가? 그들과 함께 그러한 활동을 할 수 있는가?

이 질문들을 통해 아멜리아는 일주일에 한 번씩 창의적인 글쓰기 수업을 듣기로 결심했다. 그녀는 늘 단편 소설을 쓰고 싶었지만 자신의 글쓰기 능력을 의심했기 때문에 글을 쓰기 위해 자리에 앉을 때마다 '집필 장애 상태'를 경험했다. 글쓰기 기술을 배우고 자신감을 향상시키는 데 수업이 도움이 될 거라고 생각했지만, 수업을 신청할 때마다 항상 '방해물'이 있는 것처럼 보였다(예: 직장에서 연장근무를 하고 있었다, 추운 겨울이라 집에서 편안한 저녁을 보내고 싶었다, 그 당시에는 돈을 쓰고 싶지 않았다). 그러나 유산을 경험한 후 "지금이 아니면 언제?"라고 스스로에게 질문하기 시작했다. 아멜리아는 문예창작이 자신의 슬픔을 표출하고, 가치 있는 실력을 개발하는 데 집중하고, 무슨 일이 있어도 남은 생애 동안 함께할 수 있는 열정을 키울 출구로 보았다.

일부 사람들은 이러한 질문에 대한 답을 고민한 후에도 의미와 가치를 일깨워줄 잠재력이 있는 활동을 찾는 데 여전히 어려움을 겪는다. 〈표 3-8〉는 몇 가지 생각의 예를 보여준다. 이러한 활동들은 일회성으로 끝나지 않는다. 오히려 시간이 지나도 추구할 수 있는 관심사, 취미, 열정이다. 이런 활동으로 준비가 안 된 당신을 압도하거나 압박하려는 것은 아니다. 핵심은 원그래프에 조각을 추가로 그려넣는 것이다 (〈표 3-2〉 오른쪽 부분 참조). 만약 임신과 출산이라는 도전적인 과제를 겪어야 한다면, 원하는 자녀의 수와는 별도로 인생에서 의미와 만족감을 주는 또 다른 원천을 갖게 될 것이다. 부모 되기에만 초점을 맞추던 당신은 이제, 재능과 포용력을 갖춘 다재다능한 개인으로 자신의 정체성을 확장시켜나갈 것이다.

- 미술 수업 듣기

- 새로운 기술 배우기(예: 코바늘, 뜨개질)

- 기존의 기술적 지식을 활용하고 계획 세우기

- 달리기 훈련하기

- 무료 급식소에서 자원봉사 하기

- 동물보호소에서 자원봉사 하기

- 라이브 음악 공연 보러 가기

- 정원 가꾸기

- 새롭게 집 꾸미기

- 주택 유지 관리 완료하기

- 단편 소설 쓰기

- 가족이나 친구를 만나기 위해 여행하기

- 북클럽에 가입하기

- 지역 박물관에 회원가입 하기

- 승마 수업받기

- 악기 연주 배우기

- 볼링 단체에 가입하기

〈표 3-8〉 **가치 중심적 활동 예시**

현재에
몰입하기

　정기적으로 할 수 있는 가치 있는 활동을 찾는 것은 쉽지 않지만, 예상치 못했거나 계획하지 않았던 기회가 찾아올 가능성은 늘 존재한다. 아마도 당신이 사는 지역의 극장에서 새로운 뮤지컬 공연을 할 수도 있다. 아마도 친구가 토요일 아침에 비즈 수업을 함께 듣자고 할 수도 있다. 아마도 당신이 다니는 교회의 목사가 영성 교육 클래스를 새로 시작할 수도 있다. 당신이 그럴 만한 기분이 아니더라도 일상생활에서 주어지는 이러한 기회를 수용하고 시도하길 바란다. 인생에는 우연이 존재한다. 그리고 그저 자신의 삶에 좀 더 몰입하려고 시도했던 이런 우연한 기회들이 나중에 열정으로 변하거나, 시도하지 않았다면 얻지 못할 지혜나 통찰력을 주거나, 삶의 가치를 의미 있게 향상시켜 줄 수 있는 사람을 만나는 계기가 되는 경우는 얼마든지 있다. 당신은 부재나 공허감을 극복하기 위해 싸우고 있을지도 모른다. 비록 이러한 활동들이 아이를 떠나보내거나 아이를 가질 기회를 잃어버린 공허함을 채워줄 수는 없지만, 당신에게 가치 있는 무언가를 줄 수는 있다.

삶에 다시
서서히 다가가려면

당신은 "이런 노력이 내 마음의 고통을 어떻게 해결해줄 수 있을까? 이렇게 하는 것이 항상 꿈꿔왔던 가족을 갖기 위해 내가 해결해야 할 진짜 문제를 피하는 게 아닐까?"라고 궁금해할 수 있다. 마음의 고통이 사라지기를 기대하는 것은 합리적이지 않다. 이 경험은 당신의 인생을 바꿔놓았다. 그러나 이 장에서 설명하는 전략들은 고통을 **회피**

하지 않고 삶에 의미 있는 활동에 **참여**하기를 장려한다. 그러나 상실이나 외상 이후 스스로를 고립시켰거나, 다른 경로로 인생의 즐거움과 의미를 찾지 못한 채 매몰되어 있으면 이런 참여가 쉽지 않다. 따라서 이런 식의 삶에 다가가기는 자신의 기분을 다루고 중심을 잡아나가는 데 도움이 될 것이다. 이뿐만 아니라 자신에게 기쁨과 의미를 안겨줄 근원을 다양하게 만들어, 어느 한 영역에서 실망감(혹은 파괴적인 상실까지도)을 경험했더라도 이를 극복하게 해줄 잘 발달된 다른 영역을 찾을 수 있다. 또한 이 장에서 설명한 전략들을 사용할 수 있는 상태가되었을 때, 당신은 더 나은 입장에서 향후 임신 계획을 세울 수 있을 것이다.

나는 삶의 마지막에 인생을 되돌아보며, 자신감과 열정을 가지고 잘 살아온 삶이었다고 말하고 싶다. 물론 앞으로도 도전과 시련, 좌절이 있을 것이다. 우리 자신을 의심하고, 후회하며, 상황이 달라지기를 바랄 때가 있을 것이다. 그러나 아이가 몇 명이 있는지와는 관계없이 만족스러운 삶을 살 수 있는 힘이 우리에겐 있다. 지금 당장은 그럴 수 없다고 생각할 것이다. 이 장에서 설명한 전략들은 상실이나 외상 후 공허함을 한 번에 하나씩 극복해나가는 단계를 밟아가는 데 도움이 될 것이다. 이 장의 핵심은 어떻게 시간을 보낼지 결정하는 매 순간마다 "지금 나는 나의 가치관에 부합되는 선택을 하고 있는가?"라고 자문하는 것이다.

4단계

상실에 대한 생각과 이미지 다루기

지금까지 스스로를 돌보고 유산이나 임신 관련 외상을 극복하기 위한 **행동**들을 살펴보았다. 그러나 유산을 다루는 데 있어 행동만큼이나 중요한 영역이 바로 **인지적** 영역이다. **인지**는 사고를 뜻하며, 지각, 해석, 추론, 판단, 기억을 포함한다. 인지와 행동은 서로 영향을 미친다. 예를 들어, 삶이 끔찍하다는 생각에 집중한다면 스스로를 격리시키거나 침대에만 머물러 있기 쉽다. 역으로 스스로를 고립시키거나 침대에만 머문다면, 이 자체가 삶이 끔찍하다는 생각을 강화시킨다. 이것은 인지-행동 고리가 당신에게 불리하게 작동하는 방식에 대한 일례다. 그렇지만 이런 인지를 잘 다루면 인지-행동 고리가 유리하게 작동할 수 있다. 이 장과 다음 장에서는 어떻게 하면 인지-행동 고리가 당신에게 유리하게 작동하는지를 설명한다.

유산을 경험한 많은 사람은 지난 일을 과도하게 반추하는 덫에 빠진다. 그들은 흔히 "만약에"라는 의문들(예: 만약에 내가 무언가를 해서 문제를 일으킨다면 어쩌나?)로 괴로워하며, 자신이 내린 임신과 관련된 선택들을 비난한다. 그뿐만 아니라 유산을 경험한 일부 사람은 상실과 관련된 실제 일들의 이미지(예: 조기분만에 들어가는 장면)가 급작스레 떠오른다고 보고한다. 이는 너무나도 정상적인 인지의 예지만, 방치한다면 행동활성화를 방해하고 감정적 고통에 빠지게 만든다.

이 장에서는 빠지기 쉬운 흔한 인지의 덫을 찾아내고, 이런 사고에 거리를 두고, 다른 관점을 가질 수 있는 특정한 제안들을 한다. 또한 이런 인지를 다루기 위해 **사고 수정**thought modification이라는 과정을 적용하는 방법을 소개한다. 사고 수정은 고통스러운 생각이나 이미지를 찾아낼 수 있도록 돕고, 이러한 생각이 얼마나 정확한지, 도움이 되는지, 적절한지를 평가하고, 필요하다면 좀 더 정확하고, 도움이 되고, 적절하게 생각을 수정하도록 한다. 이는 가장 정확하고, 유용하고, 적절한 방식으로 사고하는 것이 힘든 상황에서 추가로 겪게 될 감정 기복을 줄여줄 수 있다.

당신이 애써 참거나 장밋빛 안경을 써야 한다는 말이 아니다. 당신의 경험이 끔찍했다는 사실은 부정할 수 없다. 유산과 관련된 수많은 부정적인 경험을 솔직하게 인정하는 것이 중요하다. 그러나 이런 과정에서 부정적인 것들만 보는 좁은 시야를 갖기 쉽고, 그렇게 해서 경험을 전체적으로 이해하는 데 도움이 되는 다른 정보들은 무시하고 가장 최악인 부분들에만 초점을 맞춘다. 사고 수정은 이에 대한 다른 종류의 정보를 확인하고, 최근에 있었던 상실이나 외상에 대해 생각할 때도 이런 정보들을 잊지 않고 있음을 확신할 수 있는 기회를 준다.

흔히 겪는
인지 왜곡 여섯 가지

인지행동치료를 받는 내담자들은 **인지 왜곡**에 대한 교육을 받는다. 인지 왜곡은 부정확한 사고 패턴으로 인해 내담자가 중립적인 측면은 무시하고 상황의 부정적인 측면에만 지나치게 몰두하게 만들어 감정적 고통을 영속시킨다. 이러한 인지 왜곡은 **덫**이다. 덫을 떠올리면 일련의 의미와 이미지가 떠오른다. 덫은 사람을 꼼짝 못하게 한다. 덫은 중요한 목표를 달성하는 일을 방해한다. 덫에 걸린 사람은 자신이 어찌할 수 없는 무력한 상태라고 여기며, 다시는 미래도 희망도 없다고 느낀다. 이 장에서 설명하는 덫 역시 마찬가지다. 왜냐하면 이러한 덫은 내담자가 자신의 인생에 의미를 부여하는 것을 방해하며, 끝없는 애도의 늪에 빠지게 만들기 때문이다. 다음은 유산을 경험한 사람들이 최근에 겪은 상실이나 난임에 집착하면서 흔히 빠지는 몇 가지 덫이다.

개인화

개인화는 어떤 결과에 대해 다른 원인들을 무시하거나, 피할 수 없었던 결과임에도 과도하게 자신을 비난하면서, 스스로에게 지나친 책임을 부여하는 과정을 의미한다. 유산을 견뎌내고 있는 많은 사람은 상실이나 외상이 그들의 잘못으로 일어났다고 믿는다. 일부 여성은 금지된 음식을 먹은 것이 유산의 원인일 수도 있지 않겠냐고 묻는다. 또 다른 사람들은 이전의 중절 수술이나 성병 경험이 임신과 만삭까지 아이를 지키지 못하게 만든 것은 아닌지 의심한다. 한때 잘못을 저질러 자신의 부도덕한 과거를 자각하는 일부 사람은 유산이나 난임을 잘못된 과거에 대한 처벌이라고 믿는다. 정자 수가 적거나 혈액응고이상과 같은 고칠 수 없는 문제가 있는 경우에도, 유산을 경험한 사람은 상실과 외상이 자신의 잘못 때문에 일어났다고 믿는다. 개인화는 스스로 엄청난 죄책감과 부끄러움을 느끼며, 자신을 괜찮은 사람이나 가치 있는 사람으로 보는 관점에도 부정적인 영향을 미친다.

낙인찍기

개인화와 흔히 병행되는 덫으로 **낙인찍기**가 있다. 낙인찍기는 과도하게 엄격하고 가혹한 말로 자신을 단정 짓는 경향을 뜻한다. 유산을 경험한 어떤 사람들은 자신에게 결함이 있다고 생각하거나, 실패자 또는 낙오자라는 낙인을 찍는다. 이는 장점이나 성취는 인정하지 않는 이분법적 사고의 일례다. 자신을 이처럼 가혹하게 단정하면, 기분이 가라앉고 힘이 빠지며, 아무도 자신을 돕지 못할 것이라고 생각하게 된다. 이러한 낙인은 부정적이고, 도움도 안 되며, 다른 사람들과 자신을 비교하게 만든다. 왜냐하면 겉보기에 어려움 없이 아이를 가진 것 같아 보이는 여성들이 자신보다 장점이 많다고 결론 내리기 쉽기 때문이다. 한 내담자는 유산과 난임을 둘 다 겪고 있었는데, 아이를 가진 동료들에 비해 자신이 열등하다고 믿었다. 그녀는 전문가로서 매우 성공적인 삶을 살고 있었고 존경도 받았지만, 이런 낙인이 마음속에 매우 두드러져 있어 아이가 있는 여성을 볼 때마다 활성화되었다.

당위적 진술

당위적 진술은 일이 그러해야만 한다 또는 그렇게 되었어야만 한다는 식의 선언이다. 이런 생각을 하는 사람들은 높고 엄격한 기준과 기대치를 설정하는 바람에 인생에서의 굴곡을 받아들이지 못하며 실망과 좌절의 함정에 빠진다. 많은 주산기 여성은 자신이나 자신을 담당했던 의료진들이 아이를 살릴 수 있어야 했다거나 임신이 될 수 있는 다른 무언가를 했어야만 했다고 믿는다. 또는 매우 단순하게, "이런 일은 결코 일어나서는 안 돼", "아이를 가지는 일이 이렇게 복잡해서는 안 돼"라고 믿는다. 이론적으로 우리 대부분은 이러한 **당위적** 진술에 대해 동의할 것이다. 많은 커플들에게 임신이 그리 어려운 일이 아닌 것은 다행스러운 일이다. 그러나 이런 **당위적** 진술에 과도하게 집착하면 인생에는 많은 위험이 있고, 일이 늘 계획대로 되지 않는다는 점을 수용하는 데 방해가 되며, 결국은 지속적인 감정적 고통을 받게 된다.

독심술

독심술은 스스로가 자신에 대한 타인의 의견, 반응 또는 의도와 같은 다른 사람들의 생각을 알고 있다고 결론 내릴 때 발생한다. 독심술의 문제는 이런 생각이 가정임에도 불구하고 이를 타인에게 확인하지 않고 사실로 받아들인다는 것이다. 결과적으로 타인과 함께 있을 때 불편함을 느끼며, 그 사람을 피하기까지 한다. 유산을 경험한 사람의 독심술은 흔히 (1) 다른 사람들이 나를 불쌍히 여길 것이다, (2) 다른 사람들은 내가 뭔가 잘못되어가고 있다거나 결함이 있다고 믿는다, (3) 다른 사람들은 내가 반드시 '극복해내야 한다'고 믿는다는 염려에 집중되어 있다.

감정적 추론

감정적 추론은 지금 상황을 매우 나쁘게 느끼고 있어 모든 것이 끔찍하고 어떤 것도 제대로 되지 않을 것이라고 결론짓는 경우를 말한다. 유산 후 많은 시간 동안 일련의 힘든 감정을 경험할 것이라는 데는 의심의 여지가 없다. 가능하다면 삶의 다른 부분이나 미래로 이런 감정적 인상을 추상적으로 확장시키지 않은 채, 지금 이 순간의 감정에 머무는 것이 중요하다. 지금 좋지 않게 느끼고 있다고 해서 삶의 모든 것이 영원히 끔찍하고 앞으로도 그럴 것임을 의미하지는 않는다. 그리고 지금 상황을 나쁘게 느끼고 있다고 해서 당신이 또 다른 유산을 경험하거나 다시는 임신할 수 없을 것임을 의미하지 않는다.

임의 추론

임의 추론은 두 가지 사건을 연관시키는 경우를 말한다. 사실 두 사건은 실제적인 관계가 없으며, 하나의 존재가 다른 하나의 존재를 결정하지 않는다. 임의 추론은 종종 개인화와 함께 진행된다. 예를 들어, 한 여성이 유산에 대한 책임이 자신에게 있다고 믿는다면, 자신이 마신 레드 와인 한 잔이 유산의 절대적인 원인이 되었다는 한 치의 의심도 없는 결론을 내릴 수 있다. 실제로 특정 행동과 유산을 일대일로 관련짓는 것은 거의 불가능하다. 이렇게 임의 추론이 나타나면, 자신이 염려하는 행동이 유산을 일으키지 않았다고 말해줄 산과 의사에게 이런 사실을 확인받는 것이 도움이 된다.

또한 유산을 경험한 여성이 다른 사람들은 유산이나 난임을 경험하지 않았기 때문에 그들의 삶은 어쨌든 자신보다 더 성공했다고 믿을 때 임의 추론이 일어난다. 다른 사람들이 유산을 경험하지 않았다는 것이 그들의 삶이 완벽함을 의미하진 않는다. 실제로 유산 이후 일정 시간 동안은 유산이 성취에 대한 자신의 인식에 영향을 미칠 수는 있으나, 영원히 성취하지 못할 것이며 다른 사람에 비해 충만하지 않는 삶을 살 것이라고 받아들여서는 안 된다. 3단계에서 설명한 가치 있는 삶을 사는 기법에 대한 적용이 이런 생각에 반박하는 한 가지 방법이다.

사고 수정 과정

여러분 중에는 이러한 덫이 모두 자신에게 해당한다고 생각하는 사람도 있을 것이다. 그러나 당신만 그런 것이 아니다. 우리는 매 순간 많은 정보를 받아들이고 있기 때문에 이를 처리하기 위해 지름길을 택해야 한다. 이런 과정에서 덫들은 상당 기간 동안 많은 사람을 특징 짓는다. 그러나 일정 기간 감정적 동요를 겪고 있을 때면, 덫에 내재된 지름길의 방향이 부정적인 쪽으로 향한다. 이어지는 내용에서는 당신의 기분을 나쁘게 만들 가능성이 있는 사고 패턴을 확인하고 이를 해결하기 위한 검증된 과정을 소개한다.

고통스러운 생각과 이미지 확인하기

사고 수정의 첫 단계는 당신을 가장 고통스럽게 하는 생각과 이미지를 확인하는 것이다. 이 장에서는 유산에 따라 이어지는 즉각적인 생각뿐만 아니라 상실이나 외상 경험 자체에 대한 고통스러운 생각에 초점을 둔다. 다음 장에서는 좀 더 장기간에 걸친, 혹은 먼 장래와 관계된 고통스러운 생각과 이미지에 초점을 맞출 것이다. 한 번 더 강조하지만 이 장 전반에 걸쳐 **생각과 이미지**를 언급하고 있다. 많은 사람이 언어적 생각 형태로 고통스러운 인지를 경험하지만, 일부 사람들은 과거의 나쁜 기억을 떠올리는 것처럼 이미지 형태로 생각한다. 이 장을 읽고 연습하는 동안 당신의 생각을 확인하는 데 어려움을 겪는다면, 감정적 스트레스를 악화시키는 다른 정신적 이미지나 기억을 경험하고 있지는 않은지 스스로에게 물어볼 필요가 있다.

마음이 유독 동요하고 있음을 알아채는 바로 그 순간 자신의 마음에 무엇이 스쳐 지나가는지 알아내는 것이 가장 기본이다. 따라서 스스로에게 해야 할 가장 기본적인 질문은 "마음속에 무슨 생각이 지나갔지?"이다. 많은 경우, 당신은 앞서 기술한 어떤 덫을 떠올리게 될 것이다. 마음속에 지나가는 것이 무엇인지 속도를 줄이고 확인해봄으로써, 자신의 생각과 감정적 고통을 연결시킬 수 있을 것이다. 그리고 당신이 빠져 있는 덫이 자신의 감정적 고통을 악화시킬 가능성이 있음을 알 수 있을 것이다.

자신의 생각을 추적하는 한 가지 방법으로 인지행동치료 전문가들이 활용하는 **세 줄 사고기록지**three-column thought record를 사용할 수 있다(〈표 4-1〉). 사고기록지는 고통스러운 생각을 조직화하고 특정 상황에서 자극되는 생각과 감정 간의 관계를 명확하게 보여주는 도구다. 이런 생각을 인지하는 데 도움이 된다면 자신이 빠져 있는 덫을 적어볼 수도 있다. 경험을 정확하고 강렬하게 포착하기 위해 감정적 고통을 겪고 있는 순간에 가능한 빨리 상황, 생각, 감정을 기록하는 것이 가장 좋다. 사고기록지를 적기 귀찮을 수 있지만, 적어도 며칠 동안은 그렇게 해봄으로써 자신의 기분을 나쁘게 하는 생각의 본질과 빈도를 알 수 있

상황	사고	감정과 세기 (0=가장 약한 강도, 10=가장 센 강도)

〈표 4-1〉 세 줄 사고기록지

다. 물론 반드시 사고기록지를 사용하지 않아도 된다. 상황, 생각, 감정을 기록만 한다면 어떤 형태도 괜찮다. 어떤 사람들은 스마트폰에 기록하기도 한다. 다른 사람들은 엑셀 같은 프로그램을 선호하기도 한다. 또 다른 이들은 생각을 기록하는 데 쉽게 접근할 수 있는 스마트폰용 앱을 사용하기도 한다(예: 아이폰용 MoodKit).

〈표 4-2〉는 2단계에서 소개했던 수면장애를 겪고 있는 안젤라가 작성한 사고기록지의 예시다. 안젤라는 유산 이후 일반적으로 즐겁고 의미 있는 활동을 빠르게 재개하고 있었지만, 기분이 지속적으로 저하되어 있고 마치 먹구름이 낀 것처럼 느꼈다. 사고기록지를 작성하기 전까지 안젤라는 상실에 대한 자신의 생각들이 기분에 영향을 미치고 있음을 깨닫지 못했다. 이 장 후반부에서 안젤라가 알아차린 생각들을 어떻게 다루는지에 대해 더 자세히 설명한다.

"내가 무슨 생각을 하고 있는지 찾아내기 어려우면 어떻게 하나요?"

대부분의 사람은 자신의 생각을 알아차리는 습관이 없기 때문에 이 연습이 처음에는 어려울 수 있다. 그리고 앞서 언급했듯이, 언어적 형태가 아니라 이미지 형태로 생각할 수도 있다. 이런 심적 이미지에 접근하기 위해서 "상실이나 외상으로 인해 끔찍한 무엇인가를 기억하고 있는가?", "미래에 대한 무서운 결과를 상상하고 있는가?" 같은 질문을 스스로에게 해볼 수 있다.

또 다른 전략으로 자신의 마음을 통해 어떤 생각이 지나갈지 단순히

상황	사고	감정과 세기 (0=가장 약한 강도, 10=가장 센 강도)
병원 근처 드라이브	나는 행복을 빼앗겼어.	좌절(10)
상실이 머릿속에 반복적으로 떠오름	경고 신호를 좀 더 빨리 포착했어야 했는데.	슬픔(10), 자기연민(10)
직장 동료들과의 나들이	나는 산산조각 날 거야. 나는 누구도 볼 수 없어.	두려움(10)
백화점 아동복 코너를 지나가고 있음	내게 뭔가 이상이 있어. 유산의 원인이 내게 있어.	슬픔(10)
배우자가 조용히 앉아서 멍하니 바라보는 것 같음	내가 그를 망치고 있어.	슬픔(10), 후회(10)
절친과의 관계	그녀가 나를 불쌍히 보고 있어.	분노(7)

〈표 4-2〉 **안젤라의 세 줄 사고기록지**

추측해보는 방법이 있다. 내담자들은 대부분 그들이 알아차린 생각들이 상황에 의해 생겨난 합리적인 것이라고 말한다. 〈표 4-2〉 안젤라의 세 줄 사고기록지는 유산을 한 사람들이 흔히 하는 몇 가지 공통된 생각들을 나열하고 있다. 이 생각들 중 어떤 것이 더 친숙한가? 이런 생각들이 막연하게 친숙해 보이지만 여전히 명확하지 않다면, 이런 생각들에 이어서 떠오르는 좀 더 명확한 관련 사고들이 있는가?

이 장을 읽는 동안, 세 줄 사고기록지를 통째로 건너뛰고 고통스러운 생각으로부터 위안을 얻는 과정으로 넘어가고 싶은 유혹에 빠질 수 있다. 그러나 내 경험상, 감정적 고통과 가장 연관되어 있는 생각을 단순히 확인하는 데에도 연습이 필요하다. 연습을 건너뛰는 것은 스트레스의 근원과는 거리가 먼, 언저리에 있는 생각으로 작업하는 위험성이 있다. 이 장에서 설명하는 다른 연습들로 넘어가기 전에 세 줄 사고기록지 연습에 최소한 2~3일 정도를 할애하는 것이 좋다. 연습을 하는 동안 이어진 내용에서 설명하는 장벽에 부딪히는지 확인하고, 그 장벽을 넘기 위한 방법들을 사용하고 있는지 살펴야 한다.

"내가 어떤 생각을 하는지가 아니라, 어떻게 느끼는지에만 초점이 맞춰진다면 어떻게 하나요?" 감정적 고통에 사로잡혀 다른 어떤 것에도 집중하기 어려운 경우는 드문 일이 아니다. 감정적 고통에 빠져 그 어떤 것에도 집중하기 어려운 현실과 자신의 생각을 확인하는 익숙하지 않은 일 사이에서, 세 줄 사고기록지 연습과 함께 다른 연습을 더 해야 한다는 것은 분명하다.

자신이 생각이라고 간주한 것은 사실 느낌이지 생각이 아니라는 점을 확실히 알아야 한다. 요즘에는 "실패자로 느낀다"든지 "가치 없다고 느낀다"는 표현처럼, 생각과 감정을 혼동하는 언어를 자주 사용한다.

우리가 실패나 가치 없음을 감정이라고 이름 붙이지만 실제로 이런 말들은 생각에 해당한다. 스스로를 실패자나 가치 없는 사람으로 **지각하는** 것이다. 이런 경우 생각 자체를 비판적으로 평가하기보다는 자신을 실패자나 가치 없는 사람으로 곧이곧대로 받아들이기 쉽다. 어떠한 생각을 느낌이라고 이름 붙이고 있는 자신을 발견할 때 "내가 그런 생각이나 인식을 할 때 어떠한 감정을 느끼고 있는가?"라고 스스로에게 물어보라. 〈표 4-3〉은 유산한 사람들이 경험하는 흔한 감정적 상태다. 만약 당신이 경험하는 느낌이 이 목록에 없다면, 실제로는 사고 수정을 통해 해결할 수 있는 인지(예: 사고, 지각, 해석, 또는 판단)일 가능성을 고려해야 한다.

   "정리할 생각이 너무 많으면 어떻게 하나요?" 실제로 모두 다른 형태의 감정적 고통과 연관되어 있는 여러 가지 생각을 경험할 수 있다. 만약 그렇다면, 자신이 필요하다고 생각하는 만큼 사고기록지에 여러 줄을 작성하라.

   "내 감정적 고통과 관련된 근본적인 문제는 무엇인가?", "여기에 가장 핵심은 무엇인가?"라고 스스로에게 묻는 것도 하나의 팁이다. 이렇게 확인한 생각이 근본적인 주제나 믿음과 연결되어 있는 경우가 흔하다. 〈표 4-2〉에서 "나는 행복을 빼앗겼어, 나는 유산을 했기 때문에 다른 모든 사람들을 대할 수 없어" 같은 안젤라의 사고를 살펴보자. 안젤라는 이런 일련의 생각들 아래에 있는 근본적인 의미가 무엇인지 자문

우울한	슬픈	불안한	두려운
실망한	낙담한	극심한 공포	흥분한
부끄러운	죄책감	무서워하는	걱정스러운
불쾌한	비열한	겁먹은	불안정한
지겨운	짜증나는	침착하지 못한	괴로워하는
분노한	적대적인	고통스러운	실의에 빠진
화가 난	약이 오른	안타까운	슬픈
냉혹한	분개한	고민스러운	불행한
격앙된	극도로 화가 난	외로운	쓸쓸한
성이 난	절망스러운	깜짝 놀란	비통한
끔찍한	겁이 난		

〈표 4-3〉 **일반적인 감정 상태**

하면서 "나의 인생은 비극이다"라는 생각을 확인했다. 그녀는 이 생각이 특정 환경에서 반복적으로 올라오고 있음을 깨달았다. 이제 그녀는 자신을 따라다니던 먹구름에 이름을 붙일 수 있게 되었다.

고통스러운 생각과 이미지로부터 거리 두기

앞서 언급했듯이, 사고 수정의 목표는 단순히 생각을 긍정적으로 하는 것이 아니다. 유산에 긍정적인 요소가 거의 없다는 것은 말할 필요도 없다. 그러나 스스로가 확인한 생각을 비판적으로 평가하고, 이러한 생각을 지지하거나 반박하는 증거를 검토한다면, 아주 조금이라도 뾰족했던 생각을 둥글게 할 수 있는 다른 요인들이 있다는 점을 알게 될 것이다. 이런 비판적인 평가를 하고 나서 만약 자신이 생각한 것들이 부정확하고, 과장되고, 혹은 생각하지 못한 다른 측면이 있다고 판단되면 치료 전문가들이 말하는 **균형 잡힌 반응**, 즉 의심할 여지없이 괴로운 것은 물론, 다른 괴로움도 상쇄해 인정하면서 새로운 사고를 구성할 수 있다. 이런 훈련을 마치고 나서도 당신은 여전히 슬플 수 있으며 이전의 모습으로 돌아가지 못할 수 있다. 그러나 나는 당신의 감정적 고통의 강도가 조금이라도 줄어들어서, 스스로를 돌보며 즐겁고 소중한 활동을 하는 데 도움이 되는 결정을 내릴 가능성이 높아지길 바란다.

앞서 언급한 덫에 빠져 있는 것은 아닌지 스스로에게 질문하면서 시작할 수도 있다. 이렇게 문제 사고를 확인해 반응을 살펴보는 과정은 자신의 생각이 악순환에 빠지기 전에 생각의 속도를 줄이고, 생각을 살펴보는 적신호로 작용할 수 있다. 이뿐만 아니라 생각의 정확성이나 유용성을 평가하는 데 도움이 되는 다른 질문들도 할 수 있다. 다음은 생각으로부터 거리를 두고 평가를 시작하기 위해 스스로에게 할 수 있는 몇 가지 질문이다.

"이 생각을 지지하는 증거는 무엇인가? 이 생각을 반박하는 증거는 무엇인가?" 도움이 안 되는 생각들을 지지하거나 반박하는 증거를 찾을 때, 흔히 지지하는 증거보다는 반박하는 증거들이 더 많다는 점을 인지할 수밖에 없다. 안젤라는 이런 추론을 통해 "나는 행복을 빼앗겼어"라는 생각에 거리를 두고 균형감을 찾기 시작했다. 당연히 고통스러운 상실의 경험은 그런 생각을 지지하는 증거다. 그러나 그녀는 자신에게 큰 행복감을 주었던 삶의 많은 경험을 인정하기 시작했다. 예를 들면, 대학교를 졸업하고, 완벽한 배우자라고 생각했던 남편을 만나고, 서로 다른 시기에 사귀었던 여러 명의 가까운 친구들과 관계를 유지했던 것 등이다. 안젤라는 증거를 검토하면서 행복의 한 가지 요소만을 인정하려고 했고 자신의 삶에 이미 존재하는 다른 행복의 원천들이 많다는 것을 인정하지 못했음을 깨달았다. 유산은 분명 비극적이지만, 안젤라는 인생 전부가 비극적인 건 아니라고 인정했다.

〈표 4-4〉는 자신에게 도움이 되지 않는 생각들과 연관된 증거들을 적는 **증거기록지**다. 여기에는 감정적으로 고통스러운 생각, 지지하는 증거, 반박하는 증거, 증거 검토를 토대로 내린 결론을 적는다. 지지하는 증거를 적는 칸에는 "필요시 수정할 수 있음"이라는 주의 문구가 있다. 이 문구는 감정적으로 고통스러운 생각을 지지한다고 믿는 증거가

실은 사실이 아닌 증거일 때가 많기 때문에 적어두었다.

생각	생각을 지지하는 증거 (필요시 수정할 수 있음)	생각을 반박하는 증거	결론

〈표 4-4〉 **증거기록지**

이 점을 설명하기 위해 안젤라가 친한 친구에게 유산 소식을 전했을 때 친구의 반응을 생각해보자. 친구는 정말 유감이라고 말하고 그녀를 안아주었다. 그 후 안젤라는 사람들이 자신의 유산 사실을 알면 불쌍하게 여길 것이라는 생각을 평가하기 위해 증거기록지를 작성했다. 친구와의 경험을 자신의 예측을 지지하는 증거로 기록했다. 몇 주 뒤, 안젤라는 어머니에게 자신의 걱정을 이야기하며 친구와의 일을 이야기 했다. 어머니는 안젤라의 해석에 놀랐다. 사실은 친구 또한 어린 나이에 유산을 경험했고, 안젤라의 소식을 접하고 자신의 기억을 떠올렸다. 친구의 행동을 좀 더 정확하게 해석한다면, 친구는 안젤라에게 공감을 표현했던 것이지 불쌍하게 여기지 않았다. 이 예는 부정적인 예측을 뒷받침하는 증거로 사용된 '증거'에도 다른 해석이 존재할 수 있음을 일깨워준다. 이런 깨달음을 통해 안젤라는 오히려 자신이 겪고 있는 고통을 이해해줄 자격을 유일하게 갖춘 사람이 바로 그 친구라는 생각에 이르렀으며, 이후 그를 더 자주 찾아가 지지를 얻었다.

"다른 대안은 무엇인가?" 안젤라의 증거기록지는 한 사건에 대해 한 가지 의미에만 초점을 맞추고, 동등하거나 더 가능성이 높은 다른 의미들을 잊어버리는 것이 얼마나 쉬운지를 보여주었다. **귀인**attribution[*] 은 왜 사건이 일어났는지에 대한 우리의 설명이다. 유산한 사람들이 자신의 상실과 외상에 대해 만들어내는 귀인은 흔히 우울한 사람들이 만드는 귀인과 유사한데, 그들의 귀인은 사실상 내적이고, 일반적이며, 고정적이다.

안젤라의 사고기록지 내용을 다시 살펴보자. 그녀는 아동복 매장을

---

[*] 원인의 귀결의 줄임말로, 사람의 심리 상태나 그로 인한 결과(특정 행동, 사건)의 원인을 찾아 추론 혹은 귀결시킨다는 뜻이다. 이 책에서는 유산을 경험한 사람들이 유산의 원인을 어떻게 생각하느냐에 따라 감정이 바뀔 수 있음을 설명한다.

지나가면서 즉각적으로 "유산의 원인은 나에게 있어. 내게 뭔가 문제가 있는 거야"라고 자신에게 말했다. 안젤라는 유산의 유일한 원인으로 무작위적인 감염 같은 외적인 요소보다는 자신에게 뭔가 잘못이 있었다는 식으로 귀인했는데, 이는 내적 귀인의 일례다. 안젤라는 일련의 생각을 하면서, 스스로에게 "어떤 일도 내 마음대로 되는 게 없어"라는 말을 자주 했다. 이는 그녀가 경험한 구체적이고 독립된 사건에 대한 실망감이 아닌, 인생 전반을 지나치게 일반화한 귀인의 한 예다. 또 안젤라는 "이것은 절대로 바뀌지 않을 거야"라고 말한다. 이는 고정적인 귀인의 예시로 임신의 어려움이 일시적이라기보다는 미래에도 지속될 것이라고 여긴다. 안젤라가 인생의 혼란스러운 사건들에 대해 내적이고, 일반적이며, 고정적인 귀인을 하면 속상한 일을 훨씬 많이 경험하게 될 것이라는 점은 별로 놀랍지 않다.

내적이고, 일반적이고, 고정적인 귀인은 외적이고, 특정적이며, 일시적인 귀인과는 반대다. 예를 들어, 유산을 경험한 사람이 상실의 원인이 자신이 아니라 불행 때문이라고 귀인할 수도 있다(외적 귀인). 또 삶의 다른 영역은 실제로 잘 돌아가고 있음을 인지하면서, 상실을 하나의 국한된 좌절로 여길 수도 있다(특정 귀인). 또 많은 유산은 독립된 사건이며*, 많은 여성이 한 명 이상의 건강한 아이를 가지고 있다는 사실을 인정할 수도 있다(일시적인 귀인). 이런 형태의 귀인들은 부정적인 사건에 대해 내적이고, 일반적이며, 고정적인 귀인보다는 우울감을 덜 유발한다. 자신이 내적이고, 일반적이며, 고정적인 귀인을 하고 있다는 사실을 인식한다면, 자신의 생각이 의사가 제공한 정보처럼 근거가 있는 것인지 또는 자신이 여전히 감정적이기 때문에 이러한 귀인을 믿는 것(즉, 감정적 추론의 덫)은 아닌지 스스로에게 질문해 확인해야 한다.

나는 흔히 내담자에게 우리의 삶에서 경험하는 일들은 항상 여러 가지 원인으로 작동한다고 말한다. 물론 한 사건에 한 가지 원인만 있는 경우도 드물게 있을 수 있다. 그러나 마음을 상하게 하고 이해되지 않는 사건에 대한 설명을 찾으려고 안간힘을 쓰는 동안, 우리는 과도하게 단순화된 귀인을 만들어내는 덫에 빠진다. 그래서 나는 내담자들에게 "이 사건에 대한 다른 설명들은 없는지"를 스스로 묻도록 권한다. 이로 인해 부정확(예: 내적 귀인)하고 감정적 고통을 지속시키는 귀인들과 거리를 둘 수 있게 된다. 만약 내적이고, 일반적이며, 고정적인 원인 외에 다른 귀인을 찾기 어렵다면, 믿음이 가는 가족 구성원이나 친구에게 당신의 생각을 말하고 그들이 동의하는지 보는 것도 도움이 된다.

"이런 식으로 사고하는 것이 어떤 도움이 되는가? 단점은 없는가?"

지금까지는 생각을 지나치게 부정적으로 하며 감정직 고통을 시속시

---

* 이번 유산이 다음 번 임신에 영향을 미칠 확률이 높지 않다는 뜻이다. 일반적으로 유산을 한 번 하면 그 다음에도 또 하게 될 것이라는 불안감을 갖게 된다. 물론 어떻게 해도 임신이 되지 않고 반복적으로 유산되는 경우가 있지만 이는 드물다. 오히려 대부분의 유산은 독립적이고 개별적으로 일어난다.

키는 경우를 살펴보았다. 그러나 유산을 경험한 사람들이 실제로 매우 정확한 사고를 반추하는 다른 예들도 있다.

경구 약제로 실시한 인공수정 4회, 주사제로 실시한 인공수정 1회, 체외수정 4회를 모두 실패한 제인의 경우를 살펴보자. 제인은 두 번의 체외수정은 보험 혜택을 받았으나, 나머지 두 번은 전액을 모두 부담해야만 했다. 체외수정을 더 시행하기에는 경제적인 여력이 없었으며, 의사도 앞서 했던 네 번의 시도가 실패에 그친 것을 보면 다음번에도 성공할 확률이 낮다고 조심스럽게 설명했다.

공여 난자가 아닌 자신의 난자로 아이를 가지는 것이 제인에게는 매우 중요한 일이었으나, 이제 그녀는 이런 꿈이 실현되지 않을 수도 있을 가능성에 직면해 있다. 그녀는 심하게 좌절했으며 "나는 결코 내 난자로는 아이를 가질 수 없을 거야"라는 생각을 반복적으로 했다. 불행하게도 시간은 지나갔고, 이런 생각이 사실이 될 가능성은 점점 더 높아졌다. 아이의 생물학적인 어머니가 되어야 한다는, 그동안 꿈꿔왔던 출산에 대한 기대를 포기하고 애도해야 하는 지점에 다다른 것이다.

이러한 사실에 집중한 제인은 점점 더 감정적 고통에 빠졌으며, 마음의 폭을 넓혀 다른 선택지를 고려하지 못했다. 제인은 이 생각이 그녀를 움츠러들고 누워 있게만 한다는 것을 인정했다. 그녀는 가족들과의 모임에도 참석하지 않고, 정신건강 문제로 직장도 며칠을 쉬면서 자신을 고립시켰다. 게다가 이 책의 후반부(8단계)에 소개할 문제 해결 기술을 사용해 대안적 해결책을 찾기보다는 임신 이야기 자체를 회피했다.

일단 제인은 상황을 더 나쁘게 만드는 자신의 생각을 되새기는 구체적인 방식을 나열했다. 그러고 나서야 매번 똑같은 생각에 빠져버리는 것을 기억할 수 있었으며, 3단계에서 설명한 건강한 행동들이나 이 장에서 설명한 인지적 전략들을 사용하겠다는 동기도 높아졌다.

제인은 이런 인지행동전략들을 사용해 확인한 명확한 마음을 통해 자신의 가치를 분명하게 하고(예: 어떤 방식으로든 아이를 갖는 것보다 생물학적인 친자를 갖는 것이 더 중요한지), 대안적인 방식(예: 공여 난자 사용, 대리출산, 입양, 아이 없이 사는 것)의 장점과 단점을 평가했다. 그런 다음 제인은 생물학적인 관계가 없는 아이를 가지는 것이 난임 시술을 처음 받을 당시에 생각했던 것만큼이나 재앙은 아니라고 결론 내렸다.

"친구가 이런 상황이면 나는 어떤 조언을 해줄 것인가?" 때때로 생각을 감정으로부터 분리시키기 어려울 때가 있다. 감정은 매우 강력하고, 소모적이며, 부정할 수 없는 진실로 느끼게 해 우리를 압도한다. 이런 경우, 같은 상황에 빠진 친구에게 어떻게 조언할지 스스로에게 물어 자신의 감정과 거리를 두는 데 도움을 받을 수 있다. 이 질문을 통해 자신의 상황을 조금은 덜 개인적인 것으로도 만들 수 있다.

그러나 경계해야 할 것이 하나 있는데, 친구와의 부정적인 비교와 관련된 "그래, 그렇지만"식의 생각이다. "그래, 그러나 … 때문에 그녀의 상황이 나보다는 덜 끔찍해"라는 식으로 말하는 덫에 빠지기 쉽다. 경험상 "그래, 그렇지만"의 대부분은 진짜 사실이라기보다는 자신과 친구들 사이에 존재하는 차이의 의미에 대한 스스로의 해석이다. 같은 상황에 처한 친구에게 나는 어떻게 말할 것인지를 묻는 연습은, 당신이 친구에게 해줄 조언과 친구가 당신에게 해줄 조언의 기준이 달라야 될 이유가 없다는 것을 알게 해준다.

"만약 이런 끔찍한 상황에 있어야만 한다면, 나는 어떤 의미를 끌어낼 수 있을까? 나는 어떤 지혜를 얻을까? 어떻게 성장할 수 있을까?" 유산과 같은 경험에서 의미와 지혜, 개인적 성장을 이끌어내는 데에는 많은 방법이 사용될 수 있다. 어쩌면 다니던 병원의 친절한 간호사가 당신에게 인간의 선한 심성을 일깨워줄 수도 있다. 이 일이 있기 전에는 특별히 가깝다고 느끼지 않은 직장 동료가 전해준 진심 어린 마음일 수도 있다. 아마도 당신에게 자신도 끔찍한 유산을 경험했다고 털어놓는 이웃일 수도 있다. 때로 유산과 같은 사건을 통해 사람들이 진정으로 서로를 돌보고 있다는 것을 깨달으며 의미를 찾을 수도 있다.

다른 예에서 의미, 지혜, 개인적 성장은 품위와 위엄으로 역경을 헤쳐 나갈 때 생긴다. 유산을 경험한 사람들은 삶 속에 여전히 머무르고, 열정을 발전시키고 함양하며, 많은 축복에 감사를 표현하고, 즐거운 경험들을 음미하는 선택을 할 수 있다. 선택이 불가능할 것처럼 보이거나, 스스로 선택하기를 주저하는 많은 순간이 있을 것이다. 누구도 당신이 완벽하기를 기대하지 않는다. 그러나 당신은 적응적 방식으로 비극을 다루는 방법을 배워 큰 개인적 성장을 이룰 수 있다. 진실은 당신이 삶의 어떤 시점에 몇몇 다른 형태의 상실이나 실망을 경험할 가능성이 높다는 것이며, 그만큼 끔찍하긴 하나 이 경험은 감정적이고 심리적인 피해를 다루는 연습의 기회일 수도 있다는 것이다.

끝으로, 의미, 지혜, 개인적 성장은 당신에게 큰 의미를 주는 단체에 참여하면서 얻을 수도 있다. 나는 자신과 유사한 고통을 겪고 있는 사람들을 돕기 위해 유산, 조기 출산, 또는 기타 유사한 문제를 겪은 사람들을 돕는 단체에서 활동하는 여성들을 많이 만났다. 물론 자신의 경험에서 어떤 의미를 찾기 위해 단체를 만들 필요는 없다. 어쩌면 기존 단체에 자원봉사자로 참여할 수도 있다. 이것도 어렵다면 기존 단체에 돈을 기부할 수도 있다. 또는 단체나 삶에서 다른 종류의 역경(예: 빈곤, 노숙)을 경험한 이들과 함께 일하는 비영리 집단에 자신의 시간을 쓰거나 돈을 기부할 수 있다. 여기서 핵심은 당신보다 더 큰 조직에 의도적으로 참여하면 더욱 많은 의미를 얻을 수 있다는 것이다.

균형 있는 반응 개발하기

사고 수정의 목표는 궁극적으로 상황을 보는 관점을 좀 더 균형 있고 도움 되는 방식으로 개발해 기분을 개선하는 것이다. 앞에서 언급된 질문에 대한 답변을 고민해보자. 만약 자신의 답변 속에서 더욱 균형 있고 도움이 되는 방식으로 현재 상황을 보는 관점을 발전시킬 수 있다면, 이제는 이를 고려한 균형 있는 반응을 개발할 차례다. 균형 있는 반응은 앞에서 제기한 평가를 위한 몇 가지 질문에 대한 답변을 고려한 새로운 관점을 말한다. 대개 단순하고, 특정적이고, 직접적인 기존 생각(예: "이것은 공정하지 않아")과 달리, 균형 있는 반응에는 흔히 자신이 숙고했던 평가 질문에 대한 복합적인 답들을 대변하는 진술이 포함된다.

균형 있는 반응은 복잡해지기 마련인데, 이는 당신이 경험한 상실이나 외상에 복잡하게 얽힌 수많은 의미를 반영한다고 볼 수 있다. 균형 있는 반응은 설득력 있고, 신뢰할 수 있어야 한다. 그렇지 않으면 쉽게 묵살될 것이다. "그냥 잊어버려"나 "아무 일도 없을 거야" 같은 반응은 자신이 경험하는 고통이나 직면하고 있는 불확실성을 인정하지 않기 때문에 일반적으로 기분을 낮게 하는 데 도움이 되지 않는다.

균형 있는 반응은 어떻게 구성되는가? 원래 생각을 평가하기 위해 자신이 했던 질문에 대한 모든 답을 단순히 모아보는 것이다. 예를 들어, 〈표 4-4〉의 증거기록지를 사용했다면, 연습을 마칠 때 도출된 결론을 균형 있는 반응으로 볼 수 있다. 또는 균형 있는 반응은 원래 생각에 부합되지 않는 증거들, 대안적 설명들, 그리고 고통스러운 상황에서 얻은 지혜의 조합을 포함한 것일 수 있다. 모든 균형 있는 반응은 매우 많은 정서적 혼란과 관련된 원래의 생각과 거리를 두는 데 가장 도움이 된다고 생각되는 평가 질문에 대한 답변에 기초해 형성된다.

균형 있는 반응을 기록하기 위해 〈표 4-5〉의 **다섯 줄 사고기록지**에 자신의 생각을 채워볼 수 있다. 〈표 4-6〉은 안젤라가 작성한 다섯 줄 사고기록지 예시다. 세 줄 사고기록지처럼, 다섯 줄 사고기록지 또한 정서적 혼란을 경험한 상황, 마음속에 떠오르는 생각들, 경험한 특정 감정의 세기를 기록한다. 다른 점은 두 줄이 더 추가된 것인데, 넷째 줄에는 생각을 비판적으로 평가해 도달한 균형 있는 반응을 기록한다. 다섯째 줄에서 자신의 감정 강도를 다시 평가하는데, 이를 통해 자신의 기분을 다루는 데 실제로 이런 과정이 효과적이라는 증거를 얻는다.

상황	생각	감정과 세기 (0=가장 약한 강도, 10=가장 센 강도)	균형 있는 반응	새로운 감정과 세기 (0=가장 약한 강도, 10=가장 센 강도)

〈표 4-5〉 다섯 줄 사고기록지

상황	생각	감정과 세기 (0=가장 약한 강도, 10=가장 센 강도)	균형 있는 반응	새로운 감정과 세기 (0=가장 약한 강도, 10=가장 센 강도)
병원 근처 드라이브	나는 행복을 도둑맞았다.	좌절(10)	나의 외상은 항상 내 인생의 일부일 것이며 여기에 집중하면 슬플 거야. 그렇다고 해서 내 행복이 완전히 박탈당한 것은 아니야. 나는 여전히 남편과 친구들과 있을 때 기쁨을 느끼잖아.	좌절(3) 낙관(2)
상실이 머릿속에 반복적으로 떠오름	경고 신호를 좀 더 빨리 포착했어야 했는데.	슬픔(10) 자기연민(10)	유산을 막기 위해 내가 할 수 있는 일은 없었다고 의사가 수차례 말해줬어. 누구도 내가 아이를 떠나보낸 일을 비난하지 않고, 사람들은 그저 보살핌과 염려를 보일 뿐이야.	슬픔(7) 자기연민(0)
직장 동료들과의 나들이	나는 산산조각 날 것이다. 나는 누구도 볼 수 없다.	두려움(10)	2년 전에도 나는 나들이에 참석했어. 엄마가 죽고 같은 걱정을 하고 있을 때도 말이야. 엄마의 죽음에 대해 생각할 겨를도 없을 정도로 많은 일들이 일어났었지.	두려움(0)

4단계 상실에 대한 생각과 이미지 다루기

백화점 아 동복 코너를 지나가고 있음	나에게 뭔가 문제가 있어. 유산의 원인이 내게 있어.	슬픔(10)	의사가 임신에 있어 내가 잘못한 것은 없다고 했어. 상당히 많은 여성이 나와 같은 경험을 한다는 사실을 기억해야 해.	슬픔(4)
배우자가 조용히 앉아서 멍하니 바라보는 것 같음	내가 그를 망치고 있다.	슬픔(10) 후회(10)	유산은 내 잘못이 아니야. 내가 남편을 실망시켰다고 말했을 때, 남편은 항상 그건 사실이 아니라고 말했어.	슬픔(7) 후회(2)
절친과의 관계	친구가 나를 불쌍하게 본다.	분노(7)	친구가 나를 안아준 데는 다른 많은 이유가 있을 수 있어. 아마도 나의 유산이 그녀의 심금을 울렸을 수도 있어.	분노(1)

〈표 4-6〉 안젤라의 다섯 줄 사고기록지

상실에 대한 이미지 다루기

일부 여성은 유산을 심리적인 외상 사건으로 경험하며, 외상을 반복적으로 재경험하게 하는 갑작스럽게 떠오르는 기억, 플래시백 또는 악몽을 통해 사건을 지속적으로 떠올리는 경험을 한다. 이런 것들은 대개 무섭고 끔찍한 고통으로 경험된다. 이렇게 외상을 재경험하면 이런 증상들에 엄청난 의미를 부여해 실제보다 더 끔찍하게 느끼게 된다(예: "이것은 내가 미쳐간다는 것을 의미해"). 재경험 증상을 심각하게 받아들이는 태도는 이 장에서 설명하는 사고 수정 기법을 사용해서 다룰 수 있다. 예를 들어, 누군가 재경험 증상이 자신이 미쳐가고 있음을 의미한다고 믿는다면, 균형 있는 반응은 아마도 "나는 누구라도 다루기 어려울 끔찍한 경험을 하고 있어. 이런 경험은 일어난 일에 비추어볼 때 너무나 당연해" 같은 것일 것이다.

만약 갑작스럽게 떠오르는 기억, 플래시백, 악몽이 지속되면서 감정적 고통을 유발한다면, 이를 다른 방식으로 다루어볼 수 있다. 외상 전문가인 바바라 로스바움Barbara Rothbaum, 에드나 포아Edna Foa, 엘리자베스 헴브리Elizabeth Hembree에 의하면, 갑작스럽게 떠오른 이미지는 불완전하게 처리되기 때문에 지속해서 나타난다고 한다. 마치 책의 아무 페이지를 열어보고는 책이 마음에 들지 않아 곧바로 덮는 것과 흡사한 일종의 회피 반응이다. 이는 불행하게도 외상에 대한 생각과 느낌이 위협적이고 공격적인 형태로 남아 마음에 먹구름처럼 걸쳐져 있는 것과 같다. 이런 악순환을 극복하는 방식은 이미지를 다시 마주하는 것이다. 이번에는 회피하지 않고 안전한 환경에서 상실에 대한 자세한 기억을 떠올려본다. 그렇게 함으로써 기억이 고통스럽고 불쾌할 뿐이지 위험하지 않다는 사실을 배운다. 이 과정은 기억이 자신을 통제하지 않고 스스로가 기억을 더 많이 통제할 수 있도록 해준다. 이런 과정을 기술적인 용어로 **상상 노출**이라고 한다.

7단계에서 노출에 대한 기본적인 가설과 노출이 회피를 극복할 수 있게 돕는 방식에 대해 좀 더 이야기할 것이다. 많은 연구 증거가 노출 치료가 효과적임을 증명하고 있다. 만약 상실에 대한 경험이 반복적으로 떠오르고, 갑작스러운 이미지로 고통을 느낀다면, 이런 이미지와 기억을 처리하기 위해 상상 노출 작업을 같이 해줄 수 있는 인지행동치료 전문가를 찾아봐도 좋다.

내 삶과 정확하게 마주하기

생각은 교묘하다. 생각은 사실이 아니다. 이는 신경세포 활성에 따라 일어나는 단순한 정신적 사건일 뿐이다. 그러나 생각은 실제로 느껴지며 온 마음을 사로잡을 수 있다. 이 장에서 설명한 기법들은 자신이 마주한 삶의 상황을 가능하면 사실로, 정확하게, 그리고 도움이 될 수 있게 보도록 한다. 달리 말하면, 삶의 상황을 균형 있게 생각할 수 있게 돕는다. 한 번 더 말하지만, 당신의 유산 경험이 끔찍했다는 것에는 조금의 의심도 없다. 아마도 인생에서 겪을 가장 끔찍한 경험이었을 수도 있다. "역경 속에서도 최선을 다하고" 있는지 묻는 것이 오히려 터무니없는 행동이다.

그러나 경험상 상실이나 외상의 끔찍한 면에 폐쇄적으로 머물러 있으면, 의미 있고 성취 가능한 인생의 다른 부분들을 잊고 만다. 타인의 친절과 같이 용기를 북돋는 사소한 것들을 인정하는 태도를 잊는다. 자신의 기억이 고통스럽기는 하지만 위험하지 않다는 것을 모른다. 내담자에게 부정적인 생각과 관련된 부정적인 감정의 세기를 0에서 10점 척도(0점이 가장 약한 강도, 10점이 가장 센 강도)로 평가해보게 하면, 당연하게도 흔히 10점을 매긴다. 가능한 한 자신의 생각들을 좀 더 균형 있게 다룬 다음 부정적 감정의 강도를 다시 평가하도록 하면, 6~7점 정도로 줄어든다. 6점이나 7점을 좋은 기분이라고 말할 사람은 없다. 실제로 그렇지도 않다. 그러나 10점으로 평가할 때보다 6점이나 7점으로 평가할 때, 내담자들은 자기 스스로를 돌보고, 즐겁거나 의미 있는 활동에 훨씬 더 쉽게 몰입했다. 게다가 사고 수정은 일어난 일에 고정되어 있거나 되새기지 않고 지금 현재로 향하도록 당신의 초점을 바꾸는 잠재력이 있다. 스스로가 기쁨의 순간을 맛보게 하고 문제를 해결하도록 해준다. 9단계에서 과거보다는 현재에 초점을 맞출 수 있는 방법을 덧붙여 설명할 것이다.

5단계

미래에 대한 생각과
이미지 다루기

4단계에서 상실이나 외상 사건 자체와 그로 인한 즉각적인 영향과 관련된 혼란스러운 생각과 이미지에 대처하는 방법을 설명했다. 이번 장에서는 미래에 대한 혼란스러운 생각과 이미지, 특히 앞으로의 임신, 유산, 난임 시술 실패, 입양 또는 아이 없는 삶에 대한 생각과 이미지를 다루는 방법에 집중하고자 한다. 아이를 떠나보낸 많은 사람이 상실이나 외상 사건에 대한 생각과 이미지의 강도가 시간이 지날수록 감소한다는 것을 알게 된다. 다른 한편으로는 앞으로 수년 동안 임신, 난임, 입양과 관련된 결정에 직면해야 할 수도 있고, 이로 인한 불확실성을 견디기 어려워할 수도 있다. 이번 단계에서는 4단계에서 설명한 사고 수정 전략이 어떻게 미래에 대한 생각과 이미지에도 적용될 수 있는지를 설명한다. 또한 당신이 불확실성을 인정하고, 받아들이고, 수용할 수 있도록 몇 가지 방법을 제안한다.

미래를 부정적으로 만드는 여섯 가지 오류

상실이나 외상에 대해 생각해볼 때와 마찬가지로, 아이를 잃거나 난임 시술에 실패한 사람들은 그들이 직면할 불확실한 미래에 대한 덫, 즉 인지적 오류에 빠질 수 있다.

예언하기

예언하기는 미래를 예측하려는 경향성을 말한다. 인생에서 중요한 결정을 내려야 할 때 미래를 예측하는 것은 유용하고 적절하다. 예를 들어, 집을 구입하려면 돈 모을 계획을 미리 세워야 하고, 원하는 전문직을 가지려면 교육이나 훈련 계획을 미리 짜야 한다. 그러나 부정적인 결과가 생길 것이라는 생각과 순간적인 예측임에도 불구하고 그런 생각을 사실로 받아들일 경우 예언하기는 덫이 된다. 이런 경우 예측이 실현될지 판단할 방법이 없음에도, 이에 기초해 어떤 감정(대부분 심각하고 고통스러운 감정)을 느끼고 결정을 내린다. 결국 부정적인 결과를 거듭 생각하며 많은 정신적 에너지를 소모하게 된다. 그리고 부정적인 결과가 발생할 것이라고 생각하며 행동해 실제로 그러한 결과가 생길 가능성을 증가시키는 **자기실현적 예언**을 만든다. 예언하기 함정에 빠진 사람들은 자신의 운명이 그 최악의 결과를 경험하도록 결정되어 있다고 믿는다. 실제로는 극히 일부 사례에서만 최악의 결과가 발생함에도 말이다.

인공 수정*을 네 번이나 실패한 카렌을 생각해보자. 그녀는 앞선 실패로 인해 시험관 아기 시술**과 같은 다른 난임 시술도 효과가 없을 것이라고 확신했다. 그녀는 시험관 아기 시술을 진행하는 동안, 자신이 실패할 것이라고 확신했기 때문에 시술 과정이 몹시 고통스러웠다. 결국 그녀는 수개월간의 힘든 시간을 보냈으며 남편과의 관계에도 큰 타격을 받았다.

재앙화 사고

재앙화 사고는 사건의 중요성을 과장해 사건을 재앙이라고 여기거나 파국이라고 생각하는 태도를 말한다. 대부분의 독자는 "하지만 나에게 아이가 없는 건 정말 재앙이야"라고 생각하고 있을 것이다. 나도

---

*   배란기에 남자의 정액을 받아 처리를 한 후 자궁 속으로 직접 주입하는 시술이다.

** 채취한 정자와 난자를 체외에서 수정하고 이렇게 만들어진 배아를 자궁 내로 이식하는 방식으로, 정식 명칭은 체외 수정 및 배아 이식이며 줄여서 체외 수정으로 통한다.

비슷한 생각을 했었다. 아이를 간절히 원하는데도 갖지 못하는 사실이 얼마나 황폐하게 느껴질지에 대해 과소평가하고 싶지는 않다. 하지만 내 경험상 이런 재앙화 사고에 접어들 경우 일어날 수 있는 부작용은 **폭주 기관차 효과**다. 아이를 갖지 못하는 것에 대해 점점 더 끔찍한 결과나 최악의 시나리오를 상상하게 된다. 예를 들어, 카렌은 아이가 없다는 걱정에 연휴에 혼자 남고, 나이가 더 들어서는 요양원에서 자신을 제외한 다른 사람들은 자식이나 손녀, 증손녀가 면회 올 것이라는 상상으로 사고가 비약되었다. 그녀는 결국 아이가 없기 때문에 일생을 끔찍한 외톨이로 살게 될 것이라 결론지으며, 자신의 삶을 왜곡해 그 이미지 속에 빠져들었다.

흑백논리적 사고

흑백논리적 사고란 흑색 아니면 백색이라는 식의 양극단으로 사고하는 경향을 말한다. 전적으로 좋거나 나쁜 경험은 거의 없다. 흑백논리적 사고는 세상을 부정확하게 묘사하기 때문에 문제를 일으킨다. 게다가 흑백논리적 사고에 매몰되어 있는 사람들은 극단적으로 편향된 부정적인 생각을 하는 경향이 있으며, 자신은 실패자이며, 상황이 더 이상 나아질 수 없으며, 삶에 의미가 없다고 결론짓는다. 이는 모든 사람을 정서적으로 혼란스럽게 만드는 강력한 자기진술이다. 만약 '**항상**' 또는 '**절대로**'라는 단어를 사용하고 있는 자신을 발견한다면 흑백

논리적 사고의 오류에 빠져들고 있다고 생각해야 한다. 카렌이 아이가 없기 때문에 혼자일 것이고, 삶이 전혀 즐겁지 않을 것이라고 결론지었듯이, 미래에 대한 그녀의 재앙적인 이미지 또한 흑백논리적 사고방식을 띄고 있다. 엄마가 되지 못할 가능성이 있는 것은 사실이더라도, '혼자'가 된다는 결론은 그녀의 삶에서 배우자와 친한 친구들의 역할을 무시하는 것이다.

과잉일반화

과잉일반화는 부정적인 단일 사건이 끝없이 반복될 것이라고 여기는 경향을 말한다. 유산이나 신생아를 떠나보낸 경험이 있는 많은 여성이 이후의 임신에서도 동일한 사건이 벌어질 것이라 확신한다. 이들이 왜 이런 사고패턴으로 빠져드는지 이해하는 것은 어렵지 않다. 실제로 유산 경험이 있는 경우 그렇지 않은 경우보다 이후 임신에서 유산할 가능성이 높다. 하지만 대부분은 결국 성공적으로 임신하고 출산한다. 실제로 나는 유산이나 신생아 사망 이후의 임신 가능성에 대한 연구를 통해, **여러 번** 상실을 경험한 대부분의 여성이 여전히 성공적으로 임신을 하고 있다는 사실에 깜짝 놀랐다. 그러므로 힘들더라도 자신에게 지속적인 문제가 될 수 있다는 생각을 뒷받침할 만한 의학적 증거가 없다면, 상실이나 외상을 단일한 부정적 사건으로만 받아들이는 것이 중요하다.

나는 유산이나 임신 관련 외상을 경험한 사람들이 그들의 인생에서 **다른 많은 것들 또한 실패**로 이어질 것이라고 지나치게 일반화하는 경우를 보았다. 인생의 한 부분에서의 어려움이 반드시 삶의 여러 부분에서의 어려움을 의미하지 않는다는 점을 기억해야 한다. 이는 부정적인 부분에만 집중하고, 중립적이거나 긍정적인 삶의 부분들은 망각하기 쉽다는 것을 보여주는 또 다른 예다.

당위 진술

당위 진술은 이미 일어난 유산이나 외상 경험을 생각할 때뿐만 아니라 장래에 대해 생각할 때도 추악한 면모를 드러낸다. 많은 경우, 당위 진술은 자신의 삶이 '반드시' 어떠해야 한다고 생각할 때 나타난다(예: 두 명의 아이와 함께 흰색 울타리가 있는 집에서 살아야 한다). 4단계에서 언급한 바와 같이, 이러한 진술은 삶에서 예측하지 못한 사건이나 과제를 설명할 수 없기 때문에 문제가 된다. 또한 **당위 진술**은 유연성이 떨어지므로 이를 방해하는 스트레스 요인이 생기면 화를 내고, 실망하며, 불안하게 반응한다. **당위 진술**은 상황을 있는 그대로 수용하는 것을 막는다. 그렇기에 다양한 장애물들을 이해하고, 각 상황 속의 긍정적인 면에 집중하면서, 자신의 미래를 상상하는 방식에 대해 여러 가지 비전을 가져야 한다.

걱정에 대한 과잉 믿음

최근 콩코디아대학교 교수인 미첼 두가스^{Michel Dugas}와 동료들의 연구에 따르면, 사람들이 미래를 걱정하고 반복해서 생각하는 이유는 그것이 이익이 된다고 믿기 때문이다. 예를 들어, 어떤 사람들은 미래에 대한 걱정이 문제 해결에 도움이 된다고 믿는다. 그러나 실제로 미래에 대한 걱정은 명확히 체계적으로 사고하고 문제 해결에 필요한 모든 가능성을 살펴보는 데 어려움을 주기 때문에, 문제 해결을 방해할 정도의 상당한 불안감을 불러올 수 있다. 게다가 걱정은 해결책을 찾기 위해 직선적으로 진행되는 인지 과정이 아니다. 이것은 개인의 의식에서 미래의 재앙적 상황들에 대한 암시를 끊임없이 재탕해낼 뿐이다.

어떤 사람들은 걱정이 최악의 상황을 대비하고, 부정적인 감정을 어떻게든 조절해준다고 믿는다. 이는 마치 지금 부정적인 감정에 '투자'해서 최악의 시나리오가 실제로 현실이 될 때 '대가'를 덜 치를 수 있다고 믿는 것이다. 걱정이 실패를 예상해 거짓되거나 과장된 기대를 하지 않도록 해준다는 점은 사실이다. 하지만 이 주장은 미래를 걱정하는 시간 동안 많은 양의 부정적인 감정에 빠져 있다는 점을 무시한다. 따라서 걱정은 전혀 완충 역할을 하지 못한다. 오히려 끊임없고 과도한 부정적 감정을 발생시킬 뿐이다. 또한 걱정은 사람을 '머리 안에' 매여 있게 하기 때문에, 지금 이 순간을 감사하며 즐길 수 있는 기회를 빼앗아간다.

사람들이 미래를 걱정해야 나쁜 일이 생기는 것을 막을 수 있다는 이야기도 있다. "결국 걱정을 할 때마다 나쁜 일이 일어나지 않았어. 그러니 이번에도 나쁜 일이 일어나지 않도록 할 거야." 이러한 주장은 비합리적이다. 나쁜 일이 일어나는 비율은 전체에 비해 작은 부분에 지나지 않으며, 걱정하지 않더라도 최악의 상황이 일어나지 않을 가능성이 높다는 사실을 설명하지 못한다. 그러므로 이러한 믿음을 가진 사람들은 걱정과 최악의 상황이 발생하지 않는 것 사이에 서로 관계가 없음을 깨닫지 못하기 때문에 증명될 수 없는 가설에 지배받는다.

내가 본 임신 과정에서 상실을 경험한 사람들 대부분이 이론적으로 이것들이 잘못된 믿음이라는 사실을 이해했다. 하지만 아이를 임신하고 출산하는 일에는 너무 많은 것이 걸려 있어서 걱정할 수밖에 없다고 이야기했다. 임신, 출산에 대한 근심, 걱정과 두려움은 해소되기까지(아이를 하나 갖거나, 여러 명 갖거나, 아이를 가지지 못하거나) 몇 년 동안 지속될 수 있다. 하지만 이런 불확실한 시기에 스스로를 돌보려면 걱정에 균형 있게 접근하며, 인생의 만족감, 성취감, 그리고 의미를 찾는 일이 방해받을 정도로 걱정에 사로잡히지 않아야 한다.

불확실한 미래에 대한 걱정을 줄이는 방법

불확실한 미래에 대해 혼란스러운 생각과 이미지를 수정하기 위한 단계는 상실이나 외상 사건으로 인해 발생하는 생각과 이미지를 수정하는 방법과 매우 유사하다. 첫째, 혼란스러운 생각과 이미지를 찾는 것으로, 세 줄 사고기록지 같은 도구를 이용할 수 있다. 〈표 5-1〉은 카렌이 완성한 세 줄 사고기록지다. 그녀가 감정의 강도를 10점 만점에 10점으로 기록했는데, 이는 불확실한 미래에 대해 걱정할 때 흔히 볼 수 있는 결과다. 둘째, 자신의 생각을 평가하고, 필요하다면 더 균형 잡히고 정확하거나 도움이 되는 방향으로 생각을 바꾸는 것이다. 스스로에게 다음과 같은 질문을 할 수 있다.

"발생할 수 있는 최악의 일은 무엇인가? 최선의 일은? 가장 현실적인 일은?" 불확실한 미래를 걱정하는 경우 최악의 결과에 사로잡히기 쉽다. 최악의 결과를 생각하는 것만큼 가장 최상의 결과와 가장 현실적인 결과를 생각하는 시간을 갖는 것도 중요하다. 나 자신에게 적용하거나 내담자들에게 이러한 질문에 솔직하게 답하도록 안내했을 때, 많은 경우 가장 현실적인 결과는 최악보다 긍정적인 결과에 훨씬 더 가까웠다. 그리고 더 나아가 가장 현실적인 결과가 일반적으로 제일 타당하거나 기꺼이 받아들일 수 있는 결과임을 깨달았다.

상황	생각	감정 (0=가장 약한 강도, 10=가장 센 강도)
시험관 아기 시술이 성공할 확률에 대해 들었을 때	시험관 아기 시술은 성공적이지 못할 것이다.	불안(10) 절망(10)
시험관 아기 시술이 실패할 확률에 대해 생각했을 때	나는 끝났다. 언제나 혼자일 것이다.	두려움(10)
이웃집에서 열린 바비큐 파티에서 아이들을 보았을 때	나는 이웃들 사이에서 유일하게 아이가 없는 여성이 될 것이다.	불안(10) 우울(10)
남편이 저녁 시간에 다른 방에서 컴퓨터를 하고 있을 때	내가 이 모든 것에 너무 집착해서 그를 쫓아내는 거다. 나는 그를 잃고 말 것이다.	절망(10)

〈표 5-1〉 **카렌의 세 줄 사고기록지**

4단계에서 소개했던 제인은 난임 주치의가 자신의 난자를 이용한 시험관 아기 시술을 더 이상 시도하지 말자고 했을 때 스스로에게 위와 같은 질문들을 했다. 제인에게 최악의 결과는 아이를 낳지 못하는 것이었고, 최선의 결과는 이러한 확률을 극복하고 임신과 출산하는 것이었다. 그녀의 시술 실패 이력을 고려했을 때 가장 현실적인 선택은 기증 난자를 이용하거나 입양을 고려하는 것이었다.* 제인은 생물학적 혈연관계가 있는 아이를 갖지 못할 것이라는 사실에 실망했지만, 가장 현실적인 결과로 어떤 방법으로든 아이를 갖는 것이 더 중요하다고 결정했다. 또한 많은 사람이 아이를 입양하거나, 기증 난자를 통해 아이를 가지며, 이들이 자녀들과 건강한 관계를 맺고, 이러한 사실을 자녀들과 공유할 수 있는 방법이 많다는 것을 알게 되었다.

"가장 최악의 시나리오가 현실이 될 가능성은 얼마나 될까?" 우리는 미래를 걱정할 때 나쁜 일이 일어날 가능성을 과대평가하는 경향이 있다. 최근 한 내담자와 상담을 했는데 그녀는 아이가 다니는 유치원에 총을 든 사람이 들이닥쳐 자신의 아이가 희생되지 않을까 하는 걱정으로 겁에 질려 있었다. 아이가 유치원에 가서 친구들과 지내고 싶다고 말해도 보내지 않고 집에 있게 할 정도로 불안이 심했다. 그녀에게 펜실베이니아주의 학생 수를 예측하고, 주에서 발생한 총격 사건의 수를 고려해 이런 일이 일어날 가능성을 계산해보게 했다. 그녀는 계산을 통해 아이가 총격 사건으로 사망할 확률이 2.5억분의 1가량이라는 것을 알았다. 또한 아이가 유치원에 종일제로 다니지 않는다는 점을 고

---

* 한국의 경우 정자와 난자 기증을 매우 제한적인 상황에만 적용하고 있으며 2023년 기준으로. 정자와 난자 기증 시스템이 확립되어 있지 않다. 기증 정자의 경우에는 구하기가 비교적 어렵지 않으나, 기증 난자의 경우 자매나 가까운 가족의 도움이 없으면 구하기가 어렵다 (참고: .https://news.sbs.co.kr/news/endPage.do?news_id=N1007157575&plink=ORI&cooper=NAVER).

려했을 때 충격 사건으로 사망할 확률은 8억분의 1 정도였다. 이런 비극이 일어날 가능성을 완전히 배제할 수는 없지만, 내담자는 그런 가능성으로 인해 아이가 적절한 사회적·정서적 발달을 유도할 수 있는 활동에 참여하지 못함으로써 받는 피해가 더 클 수 있음을 깨달았다.

유산이나 임신 관련 외상이 발생할 가능성은 아주 낮지 않다. 그럼에도 불구하고, 이 장의 앞부분에서 말했듯이 나는 연구를 통해 아주 많은 여성이 한 번 이상의 충격적인 상실을 겪고도 성공적으로 임신을 하고 있음을 알게 되었다. 그저 그렇게 느껴지지 않을 뿐이지, 상실을 겪은 이후에 임신 확률이 떨어질 가능성은 분명 거리가 멀어 보인다(즉, 감정적 추론). 반대로, 일반적으로 단일 난임 시술 성공률은 50퍼센트보다 훨씬 적다(기증 난자를 사용하는 경우는 예외). 이런 가능성은 분명 많은 사람을 낙심하게 한다. 하지만 1회 임신 성공률만 놓고 본다면, 난임 시술을 받은 여성이 그렇지 않은 여성에 비해 임신할 가능성이 의미 있게 높다는 중요한 사실을 기억해야 한다.

만약 앞에서 내담자가 활용했던 가능성 계산하기가 도움이 된다면 이 전략을 사용해라. 그러나 가능성을 계산하는 것이 도움 되지 않는다고 생각한다면(아니면 마음속으로 계산만 계속 반복하게 된다면) 다음 내용을 계속 읽어보자. 최악의 시나리오가 일어날 가능성과 후유증을 분석하는 데 다른 방법이 더 적합할 수 있다. 또는 이러한 질문들을 복합적으로 생각하는 것이 불확실한 미래에 대한 당신의 걱정을 해소하는 데 가장 적합한 방법일 수도 있다.

"최악의 결과가 실제로 얼마나 나쁠 수 있을까?" 이 질문은 유산이나 난임이 거의 모든 사람에게 매우 나쁜 상황으로 간주되기 때문에 이상하게 들릴 수 있다. 그러나 어떤 경우에는 적절한 질문일 수 있다. 아멜리아는 적어도 아이 네 명이 있는 대가족을 이루는 꿈을 아주 오래전부터 갖고 있었다. 지금 그녀는 한 명의 아이를 갖기 위해 고군분투하고 있으며, 꿈에 그리던 대가족을 이루지 못할 상황에 처해 있다. 그녀는 이 상실을 받아들이는 데 시간이 좀 걸렸지만, 자녀가 하나 있는 소가족도 장점이 많다는 사실을 깨달았다. 예를 들면, 가족 규모가 적을 경우의 경제적인 영향을 생각하기 시작했다. 자녀가 한 명일 때, 부부가 자녀의 대학 등록금을 전부 지불하고도 은퇴 후에 자녀가 그들을 돌볼 걱정을 하지 않을 정도로 충분히 저축할 수 있다는 점이다. 최악의 결과가 일어난다면 당연히 슬픔을 견뎌야 하지만, 자신이 간과한 예상치 못한 긍정적인 면이 있을 수 있다.

"만약 최악의 결과가 일어난다면 어떻게 대응해야 하는가?" 이는 매우 중요한 질문이다. 최악의 결과를 두려워하는 많은 사람은 일반적으로 그들의 삶이 무너지거나 공허하며, 어떻게 대처해야 할지 방법을 계획하는 데 실패할 것이라 생각한다. 이렇게 생각하면 당연히 최악의 결과가 매우 위협적으로 느껴진다. 그러므로 최악의 결과가 일어날 경우에 대처하기 위해 무엇을 할지 구체적으로 생각해보는 탈재앙화 계획(2단계에서 다룬 탈재앙화 진술과 유사한)을 세워야 한다. 많은 사람이 탈재앙화 계획을 세우며 자신이 그렇게 찾고 있던 통제력과 예측 가능성을 가질 수 있음을 알게 된다. 비록 최악의 결과가 원하는 것과는 거리가 멀지만, 탈재앙화 계획은 이런 역경을 견뎌내고 처한 상황을 최대한 활용하도록 도와준다.

〈표 5-2〉는 아멜리아의 탈재앙화 계획으로, 그녀가 자녀를 기르는 구체적인 방식뿐만 아니라 아이를 한 명밖에 가질 수 없는 경우 유의해야 할 사항들이 요약되어 있다. 아멜리아는 탈재앙화 계획을 세운 후 많이 안도했다. 꿈꿔왔던 삶과 많이 다르겠지만, 그녀는 자녀를 한 명만 갖게 되더라도 이것이 세상의 끝이 아니며, 가족은 친밀하고, 서로를 지지하고, 아이가 다른 사람들과 의미 있는 관계를 발전시킬 수 있다는 것을 보증하는 여러 방식을 알게 되었다.

만약 자신이 아이를 한 명도 가지지 못할 것이라고 걱정하는 경우에는 다른 종류의 탈재앙화 계획을 만들 수 있다. 아이를 가지지 못할 경우, 자신이 추구할 수 있는 가치 있는 활동들을 기술해보자. 열정과 의미, 친밀한 관계로 가득 찬 삶의 비전을 만들어보자.

"A면 반드시 B가 되어야 하는가? 또는 A는 B와 동급인가?" 이 질문은 특정 사건이 심각한 (그리고 대개 부정적인) 의미를 가지거나 끔찍한 결과로 이어질 운명이라고 믿는 사람들에게 좋은 질문이다. 예를 들어, 제인의 경우 난임으로 고생하는 자신이 부족한 여성이라는 생각이 들

- 많은 아이를 가지고 싶었던 나의 꿈을 잃은 것을 애도하는 시간을 가지자.

- 이웃들과 아이의 학교에서 함께 많은 시간을 보내도록 노력하자.

- 내 아이가 사촌들과 특별한 관계를 가질 수 있도록 많은 노력을 하자.

- 우리 세 명이 즐기고 기대할 수 있는 특별한 가족 전통을 만들자.

- 내 아이에 대한 감사를 표현하는 시간을 충분히 가지자.

- 아이의 대학 계획과 우리의 은퇴 준비를 위해 돈을 현명하게 투자하자.

- 아이가 한 명일 때 가질 수 있는 장점을 기억하자(경제적으로 우리는 아이의 활동 모두를 전적으로 지원할 수 있을 것이다).

〈표 5-2〉 **아멜리아의 탈재앙화 계획**

어 힘들어했다. 그녀는 스스로에게 난임으로 힘겨워하는 것과 여성으로서의 부족함이 같은 의미인지 물어보았고, 난임과 자신의 성격은 어떤 관계도 없으며, 여전히 스스로가 성공적이고 가치 있는 사람임을 입증할 많은 자질이 있음을 깨달았다. 이와 대조적으로 아멜리아는 외동으로 자란 아이는 버릇이 없고, 미숙하고, 외로움을 탈 것이라고 걱정했다. 그러나 그녀는 이와 관련한 글을 읽고 나서 이런 걱정이 입증되지 않은 사실임을 알았고, 오히려 좋지 못한 결과가 생기지 않도록 자신이 할 수 있는 것들을 찾아보는 탈재앙화 계획 수립에 집중했다.

"자동적 사고를 믿었을 때 나타나는 효과는 무엇인가? 생각을 바꾸면

일어나는 효과는 무엇인가?" 실제로 위험성이 너무 높을 때는 도움이 되지 않는 부정적인 생각을 버리기가 엄청나게 어려울 수 있다. 많은 사람이 아이를 가지거나 임신 시도를 그만둘 결심을 하기까지, 몇 달에서 심지어 몇 년 동안이나 임신, 상실, 난임 시술에 대한 생각에 사로잡혀 있었다고 이야기한다. 자신이 이런 상황이라면 스스로에게 다음 질문들을 해보자. "자동적 사고를 믿었을 때 나타나는 효과는 무엇인가? 생각을 바꾸면 일어나는 효과는 무엇인가?" 이 질문에 대한 자신의 답을 비판적으로 검토해보자. 그 답이 대부분 정확하더라도 그 생각으로 인해 스스로 좌절하고 지금 이 순간의 삶에서 멀어지고 있음을 인지할 수 있다. 당신의 생각을 바꾸거나, 적어도 '만약에'가 아닌 다른 무언가에 집중하는 것은 자신이 겪은 끔찍한 상실이나 외상에도 불구하고 약간의 즐거움과 만족감을 얻고, 배우자와 다시 연결되며, 자신이 겪은 고통의 의미를 찾고 있음을 의미한다.

"나는 무엇을 해야 하는가?" 당신은 이미 여러 가지 방식으로 할 수 있는 모든 것을 하고 있을 것이다. 임신 중이라면 건강하게 먹고, 술과 약물을 멀리하며, 감염을 일으킬 수 있는 특정 음식을 피하고 있을 것이다. 만약 난임으로 힘들어한다면 정보를 모으기도 하고, 임신 관련 전문가에게 자문을 구하며, 진단검사를 하고 있을 것이다. 이처럼 이미 상황을 해결하기 위해 많은 노력을 하고 있기 때문에 이런 질문이 별다른 도움이 되지 않을 것이다.

한편, 당신이 생각지 못한 뭔가를 **저지를 수** 있다는 생각에 스트레스를 받을 수도 있다. 예를 들어, 카렌은 아이를 갖는 데 너무 집착해서 배우자와 거리가 멀어지고 있다고 걱정했다. 아이가 생길지, 생기지 않을지 예측할 수 없는 상황에 더해서 배우자와의 관계 상실을 걱정하면 더 불안할 수밖에 없다. 하지만 카렌은 이런 불편한 관계에서 무엇을 해야 할지 스스로에게 질문하면서 과거에 배우자와 함께 어려운 시기를 극복했고, 약간의 조정을 통해 결국 관계를 회복했던 경험을 기억해냈다. 그녀는 남편의 삶, 특히 직장 내 스트레스를 어떻게 관리하고 있는지에 관심을 보이려고 노력했으며, 주말 동안 스트레스를 풀어줄 커플스파를 예약했고, 매주 한 번은 '밤 데이트'를 나가자고 제안했다. 남편은 이런 사랑 표현을 잘 받아줬으며 그들의 관계는 다시 회복되었다. 카렌은 임신과 관련된 미래의 불확실성으로 지속적인 스트레스를 받아왔지만, 이런 어려운 시기라고 해서 남편과의 관계를 돌보지 못할 이유는 없다고 결론 내렸다.

균형 있는 반응 개발하기

4단계에서 살펴본 것처럼, 이런 평가 질문들을 사용하는 이유는 균형 있는 대처 방법을 개발하려는 목적 때문이다. 균형 있는 대처는 단순히 긍정적으로 생각하라는 이야기가 아니다. 유산이나 난임 상황에서 긍정적으로 생각하는 것은 비현실적이다. 오히려 일련의 평가 질문에 대한 자신의 반응에 기초해 균형 있는 반응을 생각하고, 직면한 상황에서 발생한 복잡한 문제들을 다루는 데 신경 써야 한다. 다음은 카렌, 제인, 아멜리아가 사고 수정 연습을 통해 개발한 균형 있는 대처 방법들이다.

- 카렌: 시험관 아기 시술은 성공적이지 못할 것이다(자동적 사고). → 난임 클리닉에서 준 자료들을 살펴볼 때, 시험관 아기 시술은 여전히 승산이 있다. 두 차례 보험 적용을 받을 수 있기 때문에 시험관 아기 시술을 적어도 2회는 더 받을 수 있다. 만약 이것도 실패하면 입양을 고려한다. 아직 갈 길이 멀지만, 우리가 아이를 가질 수 있는 방법은 한 가지 이상이다(균형 있는 반응).

- 카렌: 나는 주변에서 아이를 갖지 못한 유일한 여자가 될 것이다(자동적 사고). → 이 진술은 사실이 아니며, 나는 흑백논리적 사고의 오류에 빠져 있다. 길 건너에 사는 이웃도 40대인데 아이가 없다. 그 부부는 여행을 다니고 자신들의 관심 분야에 열정을 쏟으며 멋진 삶을 살고 있다. 게다가 나는 시험관 아기 시술을 아직 시도해보지도 않았다. 따라서 나는 아직 일어나지도 않은 일에 사로잡혀 있을 뿐이다(균형 있는 반응).

- 제인: 나와 내 아이가 생물학적으로 혈연관계가 아니라는 것은 비극이다(자동적 사고). → 나는 생물학적으로 나와 관계를 맺은 아이를 갖고 싶었다. 하지만 나에게 아이가 있는 것이 가장 중요하다. 생물학적인 혈

연관계가 아니더라도 아이를 가질 수 있다. 많은 여성이 동일한 일을 겪고 있고, 그들의 자녀와 친밀하고 단단한 관계를 형성하고 있다(균형 있는 반응).

- 카렌: 나는 아이를 갖는 것에 집착하는 바람에 남편과 멀어지고 있다(자동적 사고). → 최근에 우리 관계에 갈등이 있었다. 하지만 우리는 결혼식에서 행복할 때나 힘들 때나 서로 함께하기로 맹세했다. 우리는 이전에도 어려운 시기가 있었지만 항상 버텨냈다. 나는 우리가 힘든 시간을 보냈을 때 어떻게 조율했는지, 그리고 지금도 동일하게 조율할 수 있다는 사실을 알고 있다(균형 있는 반응).

- 아멜리아: 외동아이는 버릇없고, 미숙하며, 외로울 것이다(자동적 사고). → 연구에 따르면 외동아이가 형제가 있는 아이보다 더 버릇이 없거나, 미숙하거나, 외롭지 않다고 한다. 실제로 외동아이들이 형제가 있는 아이들보다 부모와 더 가깝다는 내용을 읽은 적이 있다. 나는 아이와 아주 친밀한 관계를 갖기를 원한다. 이웃의 여러 가족들과 학교에서 친밀한 관계를 맺는 것처럼 내 아이가 다른 사람과 친밀한 관계를 가질 수 있도록 내가 할 수 있는 여러 가지 일에 집중하자(균형 있는 반응).

좋은 일이 일어날 가능성에
마음을 열자

많은 사람이 불확실성을 불편하게 여긴다. 영화 내용을 모르거나 어떤 리뷰도 읽지 않고 영화를 보러 가는 것 같은 사소한 불확실성에도 우리는 불편해한다. 아이를 갖는 일의 경우, 불확실성이 100배는 더 증폭된다. 아이를 갖는 것을 삶의 가장 중요한 단일 목표라고 생각하며, 그 꿈이 이루어질지 아닐지 모르는 상태를 견디기 어려워한다. 사람이 불확실성을 받아들이는 데 어려움을 겪는 이유는 불확실성을 통상 부정적 암시(원하던 결과는 일어나지 않을 것이고, 파괴적인 상실이나 비극을 경험할 것이며, 그들에게 던져진 문제들을 다루지 못할 것이라는 생각 등)로 받아들이는 경향 때문이다. 그러나 불확실성이 나쁜 일이 일어날 것이라는 말과 동일한 의미가 아니라는 사실을 깨달아야 한다. 불확실성이라는 동전의 다른 한 면은 좋은 일이 일어날 수 있는 길을 열어주는 문이 있다. 좋은 일이 일어날 가능성에 마음을 열면 불확실성이 부정적인 결과를 초래할 것이라는 예측과 관련된 감정적인 고통과 균형을 맞출 수 있다.

우리가 인생에서 불확실성을 받아들이는 일은 꼭 필요하다. 왜냐하면 역설적이게도 불확실성만큼 삶에서 확실한 것은 없기 때문이다. 불확실성에 더 익숙해지는 한 가지 방법은 결과가 불확실한 상황에 의도적으로 자신을 노출하는 것이다. 영화의 줄거리를 몰라도, 리뷰를 읽지 않았어도 영화를 보러 가자. 새로운 식당에 가보자. 퇴근할 때 도로가 막힐지도 모르지만 새로운 경로로 가보자. 긴 연휴에 똑같은 해변이나 호텔을 찾는 대신 새로운 곳에서 지내보자.

이러한 단순한 작업이 임신과 관계된 미래의 엄청난 불확실함과 무슨 상관인지 궁금해할 수 있다. 나도 비슷한 반응을 보였다. 이런 작업들의 중요한 목표는 불확실성에 더 익숙해지는 것이다. 불확실한 상황에 자신을 노출할수록 그런 상황을 덜 위협적으로 느낀다. 또한 불확실한 상황의 결과가 놀랍게도 긍정적이라는 증거를 모을 수도 있다. 이러한 경험들은 임신과 관계된 불확실한 미래같이 더 실제적인 상황에 직면했을 때 긴장감을 완화시킨다.

사고 수정이 효과적인 이유

4단계에서 설명했듯이, 사고 수정이 효과적인 이유는 가능하면 정확하고 균형있는 사고를 할 수 있게 도와주기 때문이다. 임신과 관련된 불확실한 미래에 직면했을 때, 사고 수정은 스스로 (1) 원하지 않는 사건이 일어날 가능성에 대해서 현실적으로 생각하고 있음을 확인하고, (2) 탈재앙화 계획을 개발해 최악의 결과가 발생하더라도 어떻게 대응할지 정확히 인지하고 있으며, (3) 과거에 어떻게 문제를 극복하고 대응했는지 정확히 이해해 이것을 어떻게 현재에 적용할지 고려하고, (4) 최악의 결과가 생긴다 해도 이 또한 결국에는 의미 있는 삶에 기여한다는 것을 수용하도록 돕는다.

임신과 관계된 불확실한 미래에 대해 '만약에'라는 생각에 지나치게 사로잡히기 쉽다. "만약 또 다시 유산을 한다면? 만약 항상 꿈꿔왔던 수의 자녀를 가지지 못한다면? 나의 생물학적 자녀를 가질 수 없다면? 자녀를 전혀 가질 수 없다면?" 누구도 '만약에'라는 이런저런 생각들을 반추하는 당신을 비난하지는 못할 것이다. 하지만 결국에는 이러한 집착이 삶의 중심이 되고, 배우자와의 관계, 다른 가족 구성원들과 친구들과의 관계, 직업, 다른 분야에서의 열정같이 또 다른 즐거움과 의미를 줄 수 있는 원천으로부터 자신을 멀어지게 할 것이다.

다시 말해서, 임신과 관계된 미래에 내재되어 있는 불확실성에 대한 투쟁은 현재의 삶과 자신을 멀어지게 한다. 이는 우울이나 불안과 같은 감정적 고통에 당신을 취약하게 만들 뿐만 아니라, 향후 임신 시도와 난임 시술을 고통스럽게 만든다. 그런 비극적인 상실로 인해 삶이 흔들려야 한다면, 당신이 마땅히 누려야 할 삶의 여정에 놓여 있는 즐거움과 기쁨의 순간 또한 누릴 수 있기를 바란다. '만약에'라는 미래에 집착하지 않고 현재를 살고 있을 때에만 기쁨의 순간을 알아차릴 수 있다. 9단계에서 이를 달성하기 위해서 현재에 충만한 삶을 살아가는 방법을 구체적으로 다룬다.

다른 사람들과 상호작용하기

유산을 경험한 사람들은 다른 사람들과의 상호작용을 매우 어려워한다. 다른 사람에게 유산 소식을 어떻게 전해야 할지 고민하는 것에서부터, 다른 사람들이 무신경한 말을 할까 봐(실제 늘 일어나는 일이다) 걱정하거나, 임신 중이거나 건강한 자녀를 둔 친구와 지인에게 어떻게 반응할지 걱정하는 것까지 다양한 염려를 한다. 다른 사람과의 상호작용을 영원히 하고 싶지 않을 수도 있다. 하지만 결국 직장에 복귀하고, 쇼핑을 하고, 가족, 친구들과 연락하는 일상적인 활동을 다시 시작한다.

이 장에서는 다른 사람과 상호작용을 할 때 발생할 수 있는 일반적인 문제를 설명한다. 별 도움이 되지 않는 의사소통 방식과는 대조적인 자기주장적 의사소통 방식인 '커뮤니케이션 입문*'부터 시작해보자. 다른 사람과의 불편한 상호작용을 다루는 방법으로 자기주장적 의사소통이 있다. 사고 수정 전략이 자기주장적 의사소통에 도움이 되기 때문에, 5단계에서 배운 사고 수정 전략과 관련지어 살펴본다. 이 장의 마지막 부분에서는 사회적 고립에서 벗어나 사회적인 지지를 활용해 기분을 전환하고 회복을 촉진할 수 있는 방법을 설명한다. 이 장을 통해 좀 더 구체적인 상호작용 방법을 이해하고, 중요한 말을 할 때 자신감을 가지길 바란다. 유산 이후 사람들과 첫 상호작용을 하는 것은 결코 쉬운 일은 아니지만, 이러한 전략들이 자신을 돌보고 다른 사람들과 관계를 유지하는 데 도움이 될 것이다.

커뮤니케이션 입문: 자기 의사를 정확하게 표현하기

이 장에서 설명하는 대부분은 자기주장적 의사소통 방식의 예시다. **자기주장**이란, 다른 사람들의 욕구와 권리뿐만 아니라 자신의 욕구와 권리를 분명하게 인정하는 태도로 의사소통하는 것을 의미한다. 이

---

* 미국 대학에서는 교과 과정을 구분하기 위해 숫자를 사용하는데, 기초에 해당하는 강좌에 101을 주로 붙인다. 따라서 원문의 communication 101을 커뮤니케이션 입문으로 번역했다.

는 다른 사람들의 욕구와 권리를 짓밟거나 무시하지 않으면서, 자신의 욕구와 의견에 대해 스스로에게 솔직해지는 것이다. 다시 말해서 자기주장적 의사소통은 균형 잡힌 의사소통 방식이다. 나는 이전 두 장에서 균형 있는 사고를 지지했듯, 균형 있는 의사소통을 옹호한다. 자기주장을 하는 사람들은 자신감 있고, 거짓이 없으며, 진정성 있게 자신을 표현한다. 그들은 상호작용할 때 "나는 내가 느끼는 감정이나 원하는 것을 말할 수 있는 권리가 있다. 그리고 동시에 다른 견해를 가진 사람들을 존중한다"는 태도를 보인다.

자기주장적 의사소통은 수동적, 공격적, 그리고 수동공격적 의사소통과는 대조적이다. **공격적** 의사소통은 대개 다른 사람의 관점과 의견을 무시하면서, 다른 사람보다 자신의 욕구와 권리를 주장할 때 발생한다. 공격적인 사람들은 자신의 욕구가 타인의 욕구보다 더 중요하며, 자신의 시간이 타인의 시간보다 더 소중하다고 생각한다. 공격적 의사소통 방식을 사용하는 사람들은 종종 다른 사람들에게 거만하거나 위협적으로 보인다.

반면에 **수동적** 의사소통은 자신의 욕구와 권리를 주장하지 못하고 다른 사람이 자신의 행복과 관련된 결정을 내리는 것을 허용할 때 발생한다. 수동적 의사소통 방식을 사용하는 많은 사람은 다른 사람들과 갈등을 피하고, 거절당하거나, 버림받지 않기 위해서 그렇게 해야 한다고 믿는다. 때로는 자기주장을 하면 다른 사람들의 감정을 상하게 하고 죄책감을 느낄 것이라고 믿기도 한다. 다른 사람에게 부탁하거나 자기 의견을 주장할 자격이 없다고 생각하기도 한다.

마지막으로 **수동공격적** 의사소통 방식은 자신의 욕구를 다른 사람에게 직접적으로 말하지 않고, 미묘한 행동으로 전달하는 것을 의미한다. 수동공격적 의사소통을 사용하는 사람들은 다른 사람에게 겉으로는 의사를 표현하지만 실제로는 다른 의미를 갖고 뒤에서 은밀하게 자신의 욕구를 충족하려 한다. 어떤 사람들은 수동공격적 성향을 가진 사람들을 교묘하게 사람을 조종하거나 '음흉한' 사람이라고 하는데, 내 경험상 그들은 의도적으로 다른 사람을 조종하려고 하지 않는다. 오히려 수동적 의사소통 방식을 사용하는 사람들처럼 대립하는 것을 싫어하고, 자기주장적 의사소통 방식을 사용하는 사람들처럼 자신의 욕구는 충족되어야 한다고 믿는다. 의사소통의 핵심은 상호작용에 대한 기대와 실제 그들 사이에서 일어나고 있는 해석의 차이를 가능한 좁힐 수 있도록, 최대한 직접적이고 분명하게 소통하는 것이다. 이는 유산 후 회복 중인 경우처럼 의사소통이 특히 어려울 수 있는 상황에서 가장 큰 도움이 될 것이다.

이러한 의사소통 방식의 이면에 있는 많은 요인은 타인과의 갈등과 관련된 믿음, 자기에 대한 믿음 같은 신념이라는 점에 주목해야 한다. 신념 또한 4단계와 5단계에서 자동적 사고를 다루는 방법으로 설명한 사고 수정 전략을 이용해 평가할 수 있다. 사고 수정 전략을 사용해 자신의 생각에 방향을 잡아주면 스스로 중심을 잡는 데 도움이 되며, 결과적으로 다른 사람에게 중요한 메시지를 전달할 때 최선의 반응을 한다. 예를 들어, 유산으로 인해 속상해하는 사람을 보살펴야 한다는 신념이 있다면, 사고 수정 전략을 통해 "나는 이 충격적인 시기에 나 자신을 먼저 돌볼 권리가 충분히 있어. 그리고 다른 사람들에게도 그들만의 방식으로 스스로를 돌보라고 격려할 거야" 같은 더 균형 있는 관점을 채택할 수 있다.

또 다른 중요한 점은 의사소통이 명시적인 언어, 미묘한 언어, 비언어적인 부분으로 구성되어 있다는 점이다. 다시 말해서 **무엇을** 말하느냐보다 **어떻게** 말하느냐가 중요하다. 자신이 무엇을 말할지(예: 명시적인 언어적 의사소통)를 고려할 때, 자신의 목소리 톤, 크기, 말하는 속도, 억양(예: 미묘한 언어적 의사소통)을 인식하는 것이 도움이 된다. 이러한 요소들이 의사소통하는 내용과 일치한다면, 메시지가 더 효과적으로 전달된다. 반대로 의사소통하는 내용과 일치하지 않는다면, 메시지 전달 효과는 감소된다. 예를 들어, 자신의 요청(예: "혼자만의 시간을 갖고 싶어")을 떳떳하게 말하는 대신 혼잣말을 하듯 말끝을 흐린다면 오히려 상대방에게 허락을 구한다는 뉘앙스로 전달되기 쉽다.

나는 당신이 제대로 된 의사소통 교육을 받기 위해 이 책을 찾은 것이 아님을, 그리고 지금이 의사소통 기술에 완벽을 기할 때도 아님을 안다. 내가 이것을 공유하려는 이유는 다른 사람들과 가능한 한 효과적으로 의사소통하고, 같은 말을 반복하는 횟수를 줄이고, 다른 사람들이 이해할 수 있도록 분명하게 말해, 당신의 요청을 수용할 가능성을 극대화시키기 위해서다. 지금은 의사소통을 어떻게 하면 좋을지에 대한 방법뿐만 아니라 의사소통하려는 내용도 정확하게 파악하기 어려울 수 있다. 따라서 이 장이 당신에게 좋은 팁이 될 수 있기를 희망한다.

타인의 반응에 적절하게 대처하는 여섯 가지 방법

유산 후에 다른 사람들과 상호작용을 하다 보면 많은 난관에 부딪힌다. 유산 소식을 사람들에게 반복해서 전하다 보면 유산을 지속해서 상기시키는 꼴이 된다. 게다가 사람들의 반응을 통제할 수도 없다. 유산의 심각성을 이해하기 매우 어렵기 때문에 사람들이 따를 수 있는 사회적으로 정해져 있는 각본도 없다. 이는 다른 사람들이 당신의 기분을 더욱 나쁘게 만드는 말도 할 수 있다는 뜻이다. 사실 누군가가 당신에게 많이 공감하며 세심하게 반응했더라도, 그 사람이 잘못 말했거나 잘못된 행동을 했다는 느낌이 들 수도 있다. 한동안 다른 사람들이 하는 그 어떤 말도 위로가 되지 않는다고 느낄 수 있다. 다음 내용에서는 유산을 경험한 사람들이 일반적으로 이야기하는 몇 가지 시나리오를 함께 나누고자 한다.

다른 사람들과 소식 공유하기

유산 후 직면하게 될 첫 번째 과제는 다른 사람들과 소식을 공유하는 일이다. 이들 대부분은 당신이 가족이나 친구들 모임에 태어난 아이를 데리고 등장하리라고 기대했을 것이다. 이 과제가 당연히 힘들겠지만, 결국에는 소리 내어 말해야만 한다. 당신은 말을 내뱉으면서 자신의 정서적 반응도 관리해야 한다. 그러고 나서도 아마 소식을 들은 타인의 정서적 반응까지 돌봐야 한다고 느낄 수도 있다. 사실 인생의 최저점에 있는 당신이 이 모든 것을 신경 쓴다는 것은 과도한 일이다.

가족. 많은 사람들이 가족은 무조건 자신을 지지할 것이라 생각하지만, 가족에게 유산 소식을 전하는 일이 특히 더 어렵다. 당신의 부모와 배우자의 부모는 태어날 아이의 할아버지, 할머니가 되기를 고대했을 것이다. 그들은 태어날 아이의 삶에서 자신들이 원하던 역할을 하고 싶어 했을 것이다. 그러므로 그들 또한 상실감을 느낄 것이다.

이 장에서 꼭 기억했으면 하는 한 가지는 **당신이 유산에 대한 다른 사람들의 반응을 책임질 필요가 없다**는 것이다. 나는 유산한 사람들이 사랑하는 사람이 속상해하는 것을 보고 많은 죄책감을 느끼고, 자신을 돌보기보다 그들을 위로하는 데 더 많은 시간을 보냈다는 이야기를 자주 듣는다. 그들도 슬퍼하고 감정적 고통을 경험할 수 있다. 그러나 지금 최우선 순위는 자신을 돌보는 것이다. 그들 스스로를 돌보는 최선의 방법을 찾아내는 것은 바로 그들의 책임이다.

유산 소식을 실제 말로 옮기기는 쉽지 않다. 어떤 사람들은 신뢰할 수 있는 가족 한 명에게 소식을 전한 다음, 그 가족이 다른 가족들에게 알리도록 한 것이 도움이 되었다고 한다. 또 다른 사람들은 친정 가족들에게는 자신이 소식을 전했지만, 배우자의 가족에게 전하는 일은 배우자에게 맡겼다고 한다. 어떤 방법이든 자신에게 효과적인 의사소통 방법을 선택하면 된다.

당신은 가족에게 둘러싸여 있고 싶을 수도 있지만, 잠시 그들과 떨어져 있고 싶을 수도 있다. 다시 말하지만 이러한 결정에 옳고 그름은 없다. 오직 자신만이 무엇을 할 준비가 되었는지 알 수 있다. 가족과 직접 만나기 전에 혼자만의 시간을 갖고 싶다면 "나도 이 일이 가족으로서 우리 모두에게 얼마나 힘든 일인지 알고 있어요. 그리고 지금 나에게 가장 도움이 되는 것은 일어난 모든 일을 소화할 수 있도록 며칠의 시간을 갖는 거예요. 내가 여러분과 함께할 준비가 되면 알려드리겠습니다"라고 말할 수 있다. 이러한 요청은 다른 사람에게 괜찮은지 허락을 구하는 것이라기보다는 선언에 가깝다고 볼 수 있다. 이는 자기주장적 의사소통의 한 예시이기도 하다.

이 예시에는 이 장 전체에 걸쳐 설명한 많은 제안에서 설명한 것처럼 몇 가지 핵심 요소가 있다. 첫 번째 문장 "나는 이 일이 가족으로서 우리 모두에게 얼마나 힘든 일인지 알고 있어요"를 살펴보자. 이 문장은 가족 구성원들이 느낄 수 있는 고통을 알아주고 인정하는 것이다. 흔히 사람들은 인정받고 이해받고 있다고 느낄 때 당신의 말을 좀 더 열린 태도로 듣는다. 이제 두 번째 문장 "지금 나에게 가장 도움이 되는 것은 일어난 모든 일을 소화할 수 있도록 며칠의 시간을 갖는 거예요"를 살펴보자. 이것은 당신의 부탁을 분명하게 밝히는 자기주장적 진술의 예시다. 이 진술은 명확하지만 위협적이지 않은 태도로 해야 함을 유의하자. 다른 가족들에게 "뒤로 물러서"라는 메시지를 주는 것이 아니라, 당신에게 가장 도움이 되는 것이 무엇인지 설명하는 말이다. 마지막으로 "내가 여러분과 함께할 준비가 되면 여러분께 알려드리겠습니다"를 살펴보자. 이 문장은 다음 단계의 한계를 명확하게 한다. 당신이 준비가 되었을 때 그들에게 알리겠다고 함으로써 당신이 우선권을 갖게 된다.

내담자들과 자기주장적 의사소통 방식을 개발하는 작업을 하면, 그들은 이런 접근법이 이론적으로는 타당하다고 동의하지만 실제로 실행할 수 있을지 의심한다. 많은 내담자들의 가족은 틀에 박힌 의사소통을 하며, 그들도 이런 가족에게 경직된 반응을 한다. 당신의 어머니는 주로 가족을 돌보는 역할을 할 수 있다. 당신의 아버지는 최선이 무엇인지 안다고 믿는 가족의 우두머리일 수 있다. 당신의 언니는 '현실적인' 사람일 수 있다. 당신의 남동생은 '철이 없는' 사람일 수 있다. 가족들의 이런 역할과 패턴은 당신의 과거 경험에 기반해 형성된다. 여기서 제안하는 의사소통 방식이 가족 내에서 당신의 역할에 따라 해오던 의사소통 방식과 일치하지 않을 수 있다. 어쩌면 위기 상황인 지금 이 방식을 사용하는 게 어색할 수 있다.

그러나 다른 한편으로는 이 장에서 설명하는 의사소통 전략이 성공할 것이라고 속단하지 않길 바란다. "무슨 소용이 있지? 어차피 어떤 식으로든 듣지 않을 거야"라고 결론 내릴 수도 있기 때문이다. 이런 회의적인 결론은 당신이 자기주장적 의사소통을 사용할 가능성을 감소시키고, 고유한 욕구를 충족시키지 못할 가능성을 높인다. 유산 후와 같이 중요한 시기에는 가족 구성원들이 책임감을 느끼고 당신의 자기주장적 의사소통을 존중할 것이라고 믿어보자. 그리고 만약 그들이 나서지 않더라도, 당신은 여전히 자신의 주장을 펴고, 요구를 전달하고, 경계를 설정할 권리가 있다.

친구들. 어떤 면에서는 가족보다 가까운 친구들에게 유산 소식을 전하는 것이 더 쉬울지도 모른다. 당신은 이미 그들에게 가장 깊은 감정, 희망, 소망, 그리고 꿈들을 이야기해왔을 수도 있다. 또한 친구들은 가족보다 당신의 아이에 의미 부여를 덜 할 수도 있다. 그들은 2단계에서 논의한 즐거운 활동에 참여하도록 도와줄 수도 있고, 4, 5단계에서 설명한 균형 잡힌 사고를 하도록 코치 역할을 할 수도 있다.

내 경험에 비추어보면, 친구들과의 상호작용에 잠재적으로 문제가 생길 수 있는 두 가지 상황이 있다. 이러한 상황은 유산 소식을 공유한 직후뿐만 아니라 그 이후에도 생길 수 있다. 첫 번째는 일부 친구들의 반응과 지지가 마음에 들지 않는 경우다. 예를 들어, 친한 친구가 소식을 듣고 당신에게 전화해 응원해주었는데, 그리고 나서 몇 주 동안 그 친구의 연락이 없을 수 있다. 이렇게 힘든 시기를 보내는 당신에게 친구가 왜 연락하지 않는지 궁금하고 상처받을 수 있다. 심지어 생각했던 것만큼 친한 친구가 아니었다고 결론지을 수도 있다.

4단계에서 제시했던 사고 수정 질문인 "다른 설명이 있을 수 있는가?"를 기억하자. 이 친구와 헤어지기로 결정하기 전에 다른 대안은 없는지 비판적으로 살펴보자. 이 사건이 친구에게 가족의 죽음과 같은 회피하고 싶은 기억을 자극한 것은 아닐까? 친구가 지금 엄청난 양의 스트레스를 받고 있는 건 아닐까? 친구가 사회적으로 미숙해 어려운 상황에서 어떻게 반응해야 할지 잘 모르는 건 아닐까? 내 경험상, 많은 친구가 어떤 말을 하고 무엇을 해야 할지 몰라서 그런 경우가 대부분이다. 그들은 자신들이 상황을 더 악화시키는 건 아닌지, 어쩌면 당신을 괴롭히는 건 아닌지, 또는 가족이 해야 할 역할인데 주제넘게 행동하는 건 아닌지 고민할 수 있다. 친구가 당신에게 어떤 방법으로든 연락해주면 좋겠지만, 그들이 연락하지 않는 이유가 적어도 배려나 관심이 부족해서는 아닐 것이다. 이렇게 친구 입장에서 생각해보면 분노, 실망감, 상처를 줄이는 데 도움이 된다. 설령 문제가 된 친구가 상황이 어려워졌을 때 사라졌던 적이 있었다고 해도, 지금 당장 우정을 유지할지 말지를 결정하려고 고민하지 말자. 당분간은 자신에게 손을 내민, 그리고 자신의 애도 과정 속으로 받아들일 수 있는 사람과의 연결을 유지하는 데 집중하자.

문제가 될 수 있는 두 번째 상황은 친구가 임신 중이거나 어린 자녀가 있을 때다. 친구가 있어 진심으로 행복하지만, 당신이 갖지 못한 것을 끊임없이 상기시키기 때문에 친구가 곁에 있는 것이 딜레마다. 게다가 당신에게는 임신과 출산 과정을 함께 밟고 있는 몇몇 친구들이 있을 수 있는데, 그들 모두 쉽게 아이를 가지는데 본인만 예외로 보일 수 있다. 일례로, 친구의 베이비샤워에 참석해야 하는데 도대체 이 일을 어떻게 헤쳐 나가야 할지 걱정할 수도 있다.

임산부나 자녀가 있는 여성들 대부분이 당신의 괴로움을 이해할 것이다. 이런 친구들은 당신이 당분간 자신들과 거리를 두고 싶어 할 것이라고 생각할 수 있다. 민감하지만 이것이 자기주장적 의사소통이 필요한 또 다른 상황이 될 수 있다. 당신은 이렇게 말할 수 있다. "네가 소중한 친구이고, 너와의 우정이 나에게는 아주 큰 의미라는 것을 알아줬으면 좋겠어. 그리고 지금 당장은 아이를 생각나게 하는 것들이 나에게는 너무 버거워. 당분간은 내 페이스에 맞춰 연락해도 괜찮을까?"
이 대화에서 먼저 확인해주기, 그다음 현재 진행 과정을 설명하기, 그리고 경계를 분명히 해 요청하기의 구성 요소들을 살펴보자. 미리 자신의 상황을 확인하고 설명하며 자신의 요청을 전함으로써 친구에게 당신이 우정을 소중하게 여기고, 평상시보다 연락을 잘 하지 못하는 것을 개인적인 의미로 해석해서는 안 된다는 것을 확인시켜주고 있다.

물론 거리를 두던 친구와 일정 시간이 지나면 다시 연락해야 한다. 당신은 진정한 친구로서 다른 사람들도 욕구가 있다는 것을 알아야 한다. 우정은 힘들 때도 경험을 공유하고 지지해주는 것이다. 이 책에서 설명하는 인지행동전략들은 당신이 그렇게 할 수 있도록 도와줄 것이다.

동료들. 대부분이 동료들과는 친구만큼 친하지 않지만, 동료들(그리고 때로는 고객들)에게 소식을 전하는 것은 그 이상으로 어려울 수 있다. 왜냐하면 집 밖에서 일하는 경우, 그들은 임신 초기부터 당신을 지켜봐온 목격자이기 때문이다. 유산을 한 많은 여성은 더 이상 임산부가 아니라는 것이 확연히 드러나는 모습으로 직장에 복귀하기를 두려워한다. 그들은 동료들의 불쌍해하는 얼굴, 숨죽인 목소리, 발소리를 죽이고 걷는 모습을 상상한다. 게다가 임신한 친구들과 마주칠 때처럼 비슷한 문제가 있을 수 있다. 임신 중이거나 어린 자녀를 가진 동료가 있다면, 계속해서 유산을 상기하게 될 것이다.

동료들에게 유산 소식을 전하는 방법이 친구나 가족들보다는 단순하고 직설적일 수 있다. 유산한 많은 사람이 상사에게 이메일을 보내고, 그 사람이 다른 사람들에게 알리는 방식을 취한다. 꽃, 이메일 또는 음성메시지 같은 어느 정도의 애도 표현은 수용할 준비를 하자. 그러나 이러한 행동들이 진심 어린 마음이라 할지라도, 당신이 경험한 유산과 외상에 대한 기억을 동시에 상기시키고 자극할 수 있다.

지인들. 유산을 경험해보지 않은 사람이라면 지인들과 유산 소식을 공유하는 것이 왜 그렇게 힘겨운지 이해할 수 없을 것이다. 그들은 그저 아는 사람일 뿐인데, 그들이 어떻게 생각하는지가 왜 중요할까?

반복적으로 유산을 경험한 여성들은 가끔 만나는 사이여도 자신이 임신한 사실을 아는 지인들과 만나는 일을 심하게 걱정한다. 그들은 다음과 같이 시나리오가 진행될 것이라고 상상한다. 그들은 우연히 지인을 만날 것이며, 지인은 임신에 대해 물어볼 것이다(또는 더 이상 임신하지 않은 것처럼 보여 당황스러워하지만, 이런 표현을 할 타이밍은 아니다). 그리고 지인과 유산 소식을 공유하는 어색한 순간이 될 것이다. 그들은 지인 앞에서 또는 만난 직후에 무너질 것이고, 이후 몇 시간 동안 산산조각 나는 것 같은 끔찍한 후유증을 경험한다.

이런 경우를 대비해 사전에 일반적인 답변을 준비하는 것이 도움이 될 수 있다. 어떤 소통 방식이 적절할지 결정하는 것은 오직 자신에게 달려 있다. 어떤 사람들은 임신이 제대로 유지되지 않았다고 솔직하게 말한다. 어떤 사람들은 임신이 제대로 유지되지 않았고, 어떻게 지내고 있는지까지 말한다. "힘든 시간이었지만 견뎌내고 있어요"라고 말하는 식이다. 또 다른 사람들은 임신이 제대로 유지되지 않았다고 말한 다음 "당신은 어떻게 지내고 있는지 알려주세요"라고 말하며 대화 주제를 돌린다. 당신이 세세한 내용을 설명하거나 미래의 임신 계획을 알려줄 책임이 없다는 것을 기억하라. 내 경험으로는 대부분의 지인들이 당신을 배려하고, 당신의 반응을 지지한다. 몇몇 사람들은 도움을 주고 싶어서 하는 말이지만 당신의 기분을 상하게 할 수 있다(예: "저런, 아이를 가장 많이 원하는 사람들이 항상 아이를 못 가지더라고요").

지인들이 나름대로는 지지하려고 노력한다는 것, 그리고 자신이 원하면 바로 대화를 끝낼 수 있다는 것만 기억하자. 드문 경우지만, 대답할 준비가 안 된 부적절한 질문을 받을 수도 있는데, 당신은 "관심 가져줘서 진심으로 감사합니다. 지금 당장은 그 일에 대해 자세히 말하는 게 불편합니다. 내가 아직도 이 모든 것을 해결하려고 노력하고 있음을 이해해주시기 바랍니다"라고 적극적으로 대답할 권리가 있다.

소식을 공유하는 일에 대한 남성의 관점. 남성 역시 여성과 마찬가지로 가족, 친구, 동료, 고객이나 지인에게 말할 때 동일한 문제와 마주한다. 그들이 직접 유산한 것은 아니지만, 임신 사실을 아는 사람들이 남성에게 물어볼 수 있다.

남성들은 다른 사람들과 유산 소식을 공유할 때 몇 가지 독특한 문제를 겪는다. 한 남성 내담자가 나에게 "굳이 밝혀야 할 이유가 있지 않는 한, 남자들은 동료들에게 임신 사실을 알리지 않습니다"라고 말한 것처럼 말이다. 따라서 남성들도 분명히 유산에 대한 영향은 받지만, 여성에 비해 타인을 덜 의식할 수 있다. "내가 그냥 조용히 기운 없이 걷고 있으면 사람들이 저를 두고 '그 사람에게 무슨 일 있나?'라며 궁금해하겠지요"라며 내담자가 말했다. 이런 종류의 이야기는 아내의 유산을 경험한 남성들이 종종 보고하는 "그들 자신의 고통은 잘 보이지 않는다"라는 인식에 기여한다.

유산 이후 남성들은 때로는 "어떻게 지내세요?"라는 가장 간단한 질문에 깊은 의미를 부여한다. 자세히 밝히고 싶지 않아서 "별일 없습니다"라고 늘 하던 반응을 할 것인가, 아니면 정말로 자신이 어떻게 지내고 있는지 알릴 것인가? 이 장 앞부분에서 언급했듯이, 남성들은 질문에 적절하다고 생각하는 대답을 선택할 수 있다. 이렇게 겉보기에 악의가 없는 질문에는 옳은 반응도 그른 반응도 없다. 이전 단락에서 이야기한 남성 내담자는 이 질문에 답할 준비가 되어 있었다. 그는 "별일 없습니다"라고 답하기보다 "버티고 있는 중이에요"라고 대답했다. 이 대답을 들은 사람이 더 이상 묻지 않으면 내담자는 더 이상 반응하지 않아도 된다. 그러나 대답을 들은 사람이 추가로 "괜찮아요?"라고 질문하면, 내담자는 "최근 집안에 안 좋은 일이 있는데 지금 당장은 나를 돌보면서 다시 일어서려고 노력하고 있어요"라고 대답했다. 이런 반응을 통해 내담자는 지인이나 오랜 친구에게 지나치게 자세히 이야기하지 않고도 자신의 애도를 존중하고 있다고 생각했다.

'잘못된 말을 하는' 사람들에게 대응하기

유산 소식에 대해 좋은 뜻에서 한 말이지만, 부정확하고 무신경하거나 무시하는 듯이 들리는 때가 있다. 나는 일부러 상처를 주려고 그렇게 말하는 사람들을 본 적이 없다. 오히려 유산을 경험한 사람에게 미칠 영향을 진정 고려하지 않고 불쑥 내뱉는 경우가 더 많았다. 다음은 당신에게 상처가 될 수 있는 잘못된 말들의 예시다.

- "모든 일에는 이유가 있기 마련입니다."
- "신의 뜻입니다."
- "다시 시도하고 노력하면 됩니다."
- "아이가 더 컸을 때 잃어버렸다면, 고통이 얼마나 더 심했을지 생각해 보세요."
- "나도 예전에 유산을 경험했습니다. 당신이 어떤 기분인지 정확하게 알고 있습니다(사실 그 사람의 유산과 나의 유산의 성격이 다름)."
- "입양하면 됩니다."

- "어떤 사람들은 부모가 될 수 없어요."

- [해당되는 경우] "젊으시잖아요. 다시 임신할 거예요."

- [해당되는 경우] "적어도 아이가 하나는 있잖아요."

상실에 대한 이런저런 반응의 근본적인 문제는 다른 사람이 (1) 당신이 어떤 기분일지 다 알고 있다거나, (2) 이런 상황에서 어떻게 하는 것이 최선인지 알고 있다거나, (3) 당신의 마음을 진정시키고 상황을 제대로 파악하도록 뭔가 중요한 말을 해주고 있다고 믿는다는 데 있다. 이러한 말들은 부적절하고, 짜증나고, 마음을 아프게 한다. 4단계와 5단계에서 설명한 사고 수정 전략을 활용해 이러한 진술을 평가할 수 있다는 점을 기억하자. 일단 스스로가 이런 말을 하는 사람이 무신경하고 도움이 되지 않는다고 결론 내린다면, 주변 사람들의 지지가 가장 필요한 시기라고 해도 자신의 지원망에서 이 사람을 차단시킬 가능성이 높다. 이 사람이 시기적으로 부적절한 말을 했더라도 도와주려는 의도가 있다고 결론 내린다면, 자신의 지원망에 계속 남겨둘 가능성이 높다. "이 사람이 이렇게 말한 이유를 어떻게 설명할 수 있을까?"라고 스스로에게 묻는 방법이 균형 있는 견해를 유지하도록 돕는다.

이러한 유형의 말을 문제로 삼을지 말지에 대한 결정은 자신에게 달려 있다. 누군가가 자신에게 불쾌감을 주는 말을 하면 그에 대응할 권리가 있다. 하지만 어떻게 행동하는 것이 '옳은지', 무엇이 '효과적인

지', 제대로 판단하고 있는지 분명히 하고 싶어 할 수도 있다. 누군가의 말을 문제 삼는 것이 본인에게도 손해가 될 수 있기 때문이다. 그 사람을 사회적 지원망에서 제외하는 결정을 내릴 수도 있다. 그 사람이 당신에게 힘이 되는 지지를 보내지 않았으니 지원망에서 제외하는 것이 나을 수도 있지만, 신중하게 결정하길 바란다. 이런 선택이 어려운 시간을 보내고 있는 당신의 감정적 고통을 더욱 악화시킬 수 있다. 그러므로 그들의 말 때문에 화가 나더라도 정서적 안정을 위해 그냥 놔두는 것이 최선일 수 있다.

다른 한편으로, 당신은 유산에 대해 무신경하게 말하는 사람들에게 반응하기로 마음먹을 수도 있다. 대부분 이렇게 결정하는 이유는 (1) 그들이 겪고 있는 애도와 태어나지 못한 아이를 기리기 위해서거나, (2) 다른 사람에게 유산이 어떤 것인지 가르쳐주기 위해서거나, (3) 그렇게 하지 않으면 그런 말에 마음 졸이고 반복적으로 곱씹고 있을 것이 자명하므로 자신을 돌보기 위해서다. 만약 무신경한 말에 반응하기로 결정했다면 두 가지 원칙을 유념하길 바란다. 첫 번째 원칙은 **다툴지 말지를 현명하게 선택하자**다. 회복하고 성장하는 데 사용해야 할 소중한 에너지를 여러 '다툼'에 허비하지 말아야 한다. 두 번째 원칙은 이 장의 앞부분에서 설명한 자기주장적 요소를 포함시키는 것이다.

이 장에서 설명한 자기주장적 반응의 공통점이 무엇인지 생각해보자. 첫째, 일반적으로 상대방의 관점을 인정하거나 그들의 의견이 관심과 걱정에서 시작되었다고 이해하는 말로 시작한다. 둘째, 자신의 요청을 명확하게 설명한다. 셋째, 주로 긍정적인 강화를 제공하거나, 지나치게 굽신거리지도 공격적이지도 않으면서 자신의 요청에 대한 추가적인 근거를 제시한다. 이러한 자기주장적 진술을 하는 동안은 차분하고 고른 어조의 목소리와, 전달하려는 메시지에 상응하는 적절한 비언어적 행동을 한다. 그런 다음 무감각한 말에 "제가 잘 극복할 수 있도록 도움을 주기 위해 걱정하고 배려해주셔서 감사합니다. 하지만 제가 배운 한 가지는 유산을 바라보는 방식에는 옳고 그름이 없다는 거예요. 저는 당신의 경험과는 다른 방식으로 유산을 극복하고 있고, 제 페이스에 맞춰 이해하려고 노력할 것입니다"라고 말할 수 있다.

임신에 대한 질문 방어하기

시간이 지나면 다른 사람들이 당신에게 다시 임신을 시도할 것인지 질문할 수 있다. 이러한 질문은 모든 종류의 걱정과 불안을 불러온다. 이런 걱정과 불안은 대개 5단계에서 설명한 '만약에'라는 식의 질문에 사로잡혀 있기 때문이다. 게다가 당신이 임신하기 어렵거나, 시간이 많이 걸리는 난임 시술을 받고 있거나, 임신 시도를 중단하는 것이 최선이라고 결정한 경우, 이런 질문은 오래된 상처를 다시 들춰낸다.

장차 아이를 다시 가질지에 대한 질문을 다양한 방식으로 방어할 수 있다. 어떤 사람들은 "무슨 일이 일어날지 지켜봐야죠"라고 하며 모호한 반응을 선택한다. 다른 사람들은 "우리는 가족을 현재 상태로 유지하기로 결정했어요"라며 직접적으로 말한다. 또 다른 이들은 말해도 괜찮은 주제와 그렇지 않은 주제에 대해 선을 긋는 것이 최우선이라고 결정한다. 특히 가족이나 친한 친구가 아닌 누군가가 이런 질문을 할 때 그러하다. 이러한 경우에 "저를 걱정해주시는 마음은 감사합니다만, 이 문제는 여러 가지 쟁점이 복잡하게 얽혀 있는 것 같습니다"라고 자기주장적 반응을 할 수 있다.

내 경험상, 자녀가 한 명인 커플이 자녀가 없는 커플보다 출산 계획에 대해 더 많은 질문을 받는 것 같다. 이는 많은 커플이 두세 살 터울의 자녀를 가지려고 한다는 것과, 자녀가 한 명이면 형제자매가 있는 자녀에 비해 사회적·정서적으로 불이익이 있을 수 있다는 고정관념에서 비롯되었다고 생각한다. 여러 가지 이유로 "언제 동생을 낳을 건가요?"라는 말을 계속 들으면 고통스러울 수 있다. 예를 들면, (1) 첫째를 임신하거나 출산하는 것이 너무 힘들었거나, (2) 둘째를 갖기 위해 많은 시간과 에너지와 자원을 투자했으나 갖지 못했을 경우가 있다. 이때 이렇게 대답할 수 있다.

- "질문은 감사하지만, 우린 이대로도 괜찮아요."
- "질문은 감사하지만, 아이를 하나 가진 것만으로도 멋지고 행운이 깃든 가족이라고 생각합니다."

- "질문은 감사하지만, 가족의 형태와 크기는 다양하며 모든 것에 딱 맞는 크기란 없다고 생각합니다."
- "일은 늘 일어나기 마련이죠. 그런 와중에도 우리는 우리 아이와 정말 즐겁게 지낼 거예요."

불행한 일이지만 때로는 아이를 한 명만 낳는 것에 부정적인 의견을 비치는 사람이 있다. 흔히 이런 사람들은 난임치료의 가능성, 임신 중 자신을 가장 잘 돌볼 수 있는 방법, 수면훈련이나 배변훈련에 가장 좋은 방법 등 출산의 여러 측면에 대해서도 자신만의 의견을 내는 사람들이다. 또한 자녀가 한 명이면 버릇없고, 사회적으로 미숙하고, 외롭고, 쓸쓸할 수 있다고 말할 것이다. 다행히 심리학자 수잔 뉴먼^{Susan Newman}의 연구에 의하면, 이런 걱정은 모두 타당하지 않다. 즉, 자녀 한 명과 형제자매가 있는 자녀 사이의 성격적 특성과 삶의 결과는 비슷했다. 실제로 일부 연구에서는 자녀 한 명이 형제자매가 있는 자녀보다 부모와 더 건강한 방식으로 친밀했다. 이는 자녀를 한 명만 가질 수밖에 없는 부모에게 용기를 주는 연구 결과다. 아이를 하나만 낳는 것을 부정적으로 생각하는 사람에게 다음과 같이 대답할 수 있다.

- "걱정해주셔서 감사하지만, 우리는 여러 가지 요소를 고려해서 결정했고, 상당히 만족하고 있습니다."

- "걱정해주셔서 감사하지만, 저희가 이 주제에 관한 연구를 살펴보았는데 자녀가 한 명이라도 괜찮다고 나왔습니다."
- "걱정해주셔서 감사하지만, 우리는 아이를 갖게 되어 더없이 행복하고, 우리가 할 수 있는 한 최고의 부모가 되기 위해 전념할 것입니다."
- "걱정해주셔서 감사하지만, 가족의 형태와 크기는 다양하고 모든 것에 딱 맞는 크기란 없다고 생각합니다."

예비 부모들과의 상호작용

앞에서 유산 이후 임신 중인 친구들과의 상호작용에 대해 설명했다. 그러나 임신한 친구나 동료, 고객, 지인, 낯선 사람 등 예비 부모들과 예상치 못하게, 특히 가임기 동안 계속해서 만나는 것은 불행한 현실이다. 앞으로 몇 달, 심지어 몇 년 동안 이러한 상호작용에서 '괴로움'을 느낄 수 있다. 7단계에서 스스로 조절할 수 있는 속도로 예비 부모들과의 접촉을 점차 늘리는 일에 대해 좀 더 다룬다. 이 장에서는 예비 부모들과 상호작용하는 방법을 설명하려고 한다.

기억해야 할 한 가지는 예비 부모들에게 짧고 간단한 축하의 말이나 지지하는 표현만 전달해도 충분하다는 점이다. 누군가 자신의 출산 예정일을 말한다면, 자세한 내용은 묻지 않은 채 "축하합니다. 멋진 소식이네요"라고 말해도 된다. 누군가가 당신에게 자기 아들에 관한 재미난 이야기를 들려준다면, 추가 질문을 하지 않고 "아이가 정말 사랑스럽겠어요. 이 순간들을 즐겁게 보내세요" 정도면 된다. 누군가가 자신의 아이에 대한 불만을 이야기한다면, 더 자세한 질문을 하거나, '그래도 그녀는 아이를 낳아서 운이 좋다'는 생각을 떠올리지 말고 "요즘 딸 때문에 많이 힘들어하시는 것 같네요"라고 말할 수 있다. 단순함을 유지하라는 대원칙에 깔려 있는 철학은, 당신이 애도를 지속적으로 처리하는 동안 관계를 유지하면서 효과적으로 자신을 돌보는 일도 동시에 해야 한다는 것이다.

그러나 당신이 다른 사람의 임신이나 자녀에 대해 자세히 질문하고 더 많은 대화를 나누고 싶다면, 그렇게 해도 좋다. 친구들과 그 자녀들의 삶에 참여함으로써 행복감과 소속감을 느낄 수 있다.

과거에 알고 지냈던 사람들과의 상호작용

과거에 알고 지냈던 사람들과 만나면 늘 하는 질문 중 하나가 "아이가 있나요?"이기 때문에 이런 만남이 불편할 수 있다. 난임으로 어려움을 겪고 있다면 이 질문에 "아니요"라고 대답하기가 매우 힘들다. 만약 당신이 유산, 신생아 사망, 사산 또는 어린 자녀의 사망을 경험했다면, 이를 인정할 수 있을까? 이런 상황에서 일부 사람들은 추가 질문을 받지 않기 위해 (또는 과거에 알고 지냈던 사람들에게 유산 사실이 알려지는 것을 원치 않기에) 아이를 떠나보냈다는 말을 아예 하지 않는 편이 가장 효과적이라고 생각한다. 또 다른 사람들은 유산을 인정하는 것이 아이를 존중하는 길이라고 강하게 믿기도 한다. 가장 좋은 방법을 선택할 권리는 자신에게 있다. 어떤 결정을 내리든 이를 반영한 자기주장적 답변을 미리 생각해 준비하기를 권한다.

별도의 협상 요청하기

난임치료를 받는 사람들은 치료에 많은 시간을 써야 하고, 월경 주기 중 중요한 때가 되면 만사를 제치고 진료 일정을 지켜야 한다. 이는 모든 사람에게 스트레스다. 만약 매일 출근하는 일을 한다면 시간 조정이 더 쉽지 않다. 일정 조정이 어려울 경우, 휴가를 신청하기 위해 직장 상사에게 상황을 설명해야 할 수도 있다. 달리 관계를 유지할 필요가 없는 직장 동료에게까지 임신에 관한 사적인 정보를 알리는 어색한 일도 생긴다.

난임치료를 위해 일정 조율이나 휴가 여부를 결정할 수 있는 상사에게 어느 정도의 정보를 공유할지는 스스로가 결정할 수 있다. 많은 여성이 자신의 요청이 받아들여지려면 약간의 정보를 공유하는 것이 도움이 된다는 점을 안다. 구체적으로 난임치료를 받고 있다고 이야기할 수도 있고, 아니면 좀 더 일반적인 의학 검사나 시술을 받고 있다고 설명할 수도 있다. 난임치료를 위해 휴가를 신청하는 것도 부담이지만, 자신의 근무시간이나 업무의 일부를 대신 담당할 동료에게 부탁하고 그 과정에서 똑같은 말을 반복해야 하는 것도 부담이다. 이런 모든 경우에서도 자기주장적 의사소통의 원칙은 유효하다. 적절한 정도의 전후 사정을 알리고, 요청하고, 긍정적인 강화가 일어나도록 실천한다.

당신에게 거슬릴 만한 질문에 대한 답변을 준비해도 좋다. 동료들이 더 자세히 물어볼 수도 있고, 진료는 어땠는지 물어볼 수도 있다. 이런 질문에 어떻게 대답할지 미리 생각해두면 당황할 가능성이 매우 낮아진다. 근무 분위기에 따라 다르겠지만, 당신의 상황을 얼마나 공개하는 게 좋을지 생각할 수도 있다. 만약 당신의 이야기가 뒷담화의 주제가 되는 환경이라면, 당신의 상황을 알고 있는 동료들에게 비밀로 해달라고 부탁할 수 있다.

배우자와의 관계

배우자도 유산을 경험했기 때문에, 유산으로 인한 당신의 상태를 가장 섬세하게 이해해줄 것이라고 당연히 기대할 수 있다. 어떤 부부는 유산 이후 서로에게 큰 위로를 얻는다. 그러나 서로 단절된 느낌을 받는 부부도 있다. 이번에는 배우자와 단절된 느낌을 받는 이유와 이 어려운 시기에 관계를 유지하고 향상시킬 수 있는 방법을 설명한다.

배우자는 다른 방식으로 애도한다

유산을 경험한 사람들이 흔히 하는 걱정 중 하나는 어울리지 않는 애도다. 남편은 난임 문제를 극복하기 위해 문제 해결 방법을 찾거나, 감정을 표출하고 다른 활동을 탐색하거나(예: 일, 스포츠), 단순히 스스로 '그냥 넘기겠다'는 의지로 상실을 해결하는 경우가 많다(물론 항상 그렇지는 않다). 반대로 아내는 끊임없이 감정 변화를 겪으면서, 잃은 아이에 대한 기억을 되새기면서, 그리고 다른 사람들과 유산에 대해 이야기하면서 상실을 해결하는 경우가 흔하다(역시 항상 그렇지는 않다). 임신은 남성의 자존심보다 여성의 자존심과 더 복잡하게 연관되어 있기 때문에 남성은 문제 해결 방식으로 유산 경험에 대처하고 여성은 감정적으로 대처한다는 고정관념이 있다. 하지만 흥미롭게도, 여성도 남성만큼 문제를 해결하는 방식을 사용한다. 실제로 사회학자 아서 그레일 Arthur Greil의 연구에서는 남성은 그들이 어떤 문제에 직면하든 해결을 위해 문제에 접근하는 반면, 여성은 자신의 정체성에 대한 위협이라 생각하고 문제에 접근한다고 밝혔다.

물론 이러한 설명은 일반화이며, 성별에 따른 고정관념을 강조하고 싶지 않다. 애도 과정이 서로 뒤바뀐 부부도 많고, 동성애 커플의 경우 전통적인 성 역할에 따른 애도 과정을 갖기도 하지만, 그렇지 않은 경우도 많다. 그럼에도 불구하고 많은 커플이 각자 다른 방식(그들이 처음 헌신적인 관계를 맺었을 때 기대하거나 알아차리지 못했던)으로 슬퍼하고, 서로 다른 스타일 때문에 당황하고, 어쩌면 지지받지 못하고 단절되었다는 느낌까지 받는다. 이러한 차이가 결혼이나 관계를 갈라놓지는 않겠지만, 기대를 무너뜨리지 않고 잘못된 의사소통을 최소화해 두 사람 모두 만족하는 절충안을 찾기 위해서는 이 차이를 인정하고 존중해야 한다.

양쪽 모두 서로를 돌봐야 한다고 느낀다

전부는 아니라도 많은 경우 남편은 임신한 아내를 위해 강해져야 한다고 생각한다. 앞서 언급한 남성 내담자는 만삭에 가까운 아이를 사산한 아내를 돌보기 위해 큰딸을 전담해서 돌보고(등교 준비하기, 점심 준비하기, 저녁 시간과 주말에 함께 놀기, 목욕 시키기 등), 집안의 심부름과 잡일도 모두 하고, 아내를 진정시키기 위해 '같이 있어 주는' 등 모든 것을 해야 한다고 생각했다. 그는 자신의 슬픔을 해결하는 데 시간을 할애하지 않았다. 그는 아내와 단절된 느낌이 들지는 않았지만 (그리고 상실이 그들을 갈라놓을 수 없다고 결심했지만), 영원히 이렇게 살 수는 없을 것 같다고 인식했다. 바로 이때부터 그는 자신의 애도를 다루기 위해 개인 치료를 받기 시작했으며 아내와 딸과의 관계를 건강하게 유지할 수 있었다.

임신을 두고 배우자와 생각이 다른 경우

유산은 배우자에게 다른 유형의 행동을 자극할 수 있다. 아이를 갖기 위해 가능한 한 모든 노력을 하기로 결정할 수도 있고, 지금의 자녀만으로도 충분하다고 결정할 수도 있다. 배우자는 (1) 난임 치료를 진행할지 여부, (2) 기증 난자나 기증 정자를 사용할지 여부, (3) 난임 시술에 필요한 비용, (4) 입양 여부와 같은 여타의 난임 관련 문제에 동의하지 않을 수 있다. 만약 다시 임신하더라도, 양수천자*를 받을지 여부와 같은 산전 관리 방법에 동의하지 않을 수 있다.

이 문제가 더욱 어렵게 느껴지는 이유는 대부분의 커플이 이러한 결정에 직면할 상황에 빠질 것이라고 예상하지 않으며, 따라서 이런 문제를 상의한 적이 없기 때문이다. 사전에 이에 대해 상의했다고 해도, 유산의 후유증을 겪는 동안 한쪽 또는 양쪽 모두 입장이 바뀔 수 있다. 자신의 의사를 따라주지 않는 상대방이 아이를 가지는 것을 막아서고 있다고 느끼면 분노에 사로잡히기도 한다. 이런 분노는 한때 만족스럽고 견고했던 관계의 다른 영역으로 퍼질 수 있다.

배우자와 단절된 경우 해야 할 일

유산 이후 관계를 더욱 밀착시켜줄 마법의 약은 없다. 가깝고 연결

---

* 태아 염색체 정보를 얻기 위해 임신 16~18주 무렵에 복벽에 주사 바늘을 찔러넣어 양수를 채취하는 방법이다.

된 관계로 다시 돌아가는 데에는 시간과 노력이 필요하다. 그러나 핵심은 있다. 바로 의사소통이다. 서로를 냉대하거나, 회피하거나, 배우자 없이 혼자 다른 활동에 빠지는 것은 감정의 골을 깊게 만든다. 당신은 배우자가 말하는 내용을 항상 좋아하지 않을 수 있으며, 배우자도 당신이 말하는 내용을 항상 좋아하지 않을 수 있다. 그러나 처음부터 함께 개방적이고, 정직하며, 정중하게 의사소통한다면, 단절을 회복할 수 있고 서로에게 필요한 도움을 줄 수 있다.

다음은 단절된 관계를 회복하는 데 도움이 되는 제안들이다.

- **자신의 애도 방식을 분명하게 드러내라.** 배우자가 당신의 애도 행동을 다른 것으로 오해하기 쉽다. 예를 들어, 당신이 유산을 상기시키는 것을 회피하는 경향이 있다면, 상대방은 자신이 하는 만큼 신경을 쓰지 않는다고 오해할 수 있다. 당신이 애도하는 방식을 명확히 하는 것은 서로의 이해를 증진시키는 방법이다.
- **유산을 애도하는 방식이 하나만 있는 것이 아님을 이해하라.** 배우자가 당신과 다른 방식으로 애도하는 것은 정상적이며, 이를 존중해야 한다. 때로는 상대방의 방식이 불편하게 느껴질 수 있다. 이럴 경우, 상대방의 애도 방식을 참고 견디는 것과 상대방을 존중하면서도 당신의 필요를 충족시키기 위해 요청하는 것 사이에서 균형을 유지하는 게 중요하다.
- **배우자의 행동에 대한 추측을 명확히 하라.** 많은 커플들에서 발생하는

의사소통의 오류는 상대의 행동 배경에 있는 의도를 (부정확하게) 추측하는 데서 시작된다. 말하자면 "당신이 말하는 내용을 나는 이런 것이라고 생각해요. 이것이 당신이 의도인가요? 아니면 내 오해인가요?"라는 식의 접근법이다. 이러한 의사소통은 각자의 추측을 솔직하게 털어놓고 각자의 행동 배경에 있는 동기와 기대를 양측 모두 명확히 하는 데 도움이 된다.

- **문제 방향성을 관계에 초점을 맞추어 적용하자.** 문제 방향성은 문제, 불일치 또는 갈등을 특정 방향으로 움직이게 하는 일련의 인지적인 틀을 의미한다. 향후 임신과 관련해 의견 차이는 매우 격양될 수 있으며, 결과적으로 각자 자기-중심적인 문제 방향성을 취하게 된다. 즉, 어떤 대가를 치르더라도 자신이 원하는 방법으로 문제를 해결하려고 한다. 무엇이 관계 회복에 좋은가의 관점에서 문제를 다룰 수 있도록 서로 힘을 합치고 방향을 재설정한다면, 함께했던 팀워크 관계를 되찾을 수 있다. 물론 각자 자신이 간절히 원하던 해결책에 집착한다면 이를 실천에 옮기기는 어렵다. 궁극적인 해결책은 타협일 수 있음을 염두에 두는 것이 중요하다. 또한 해결책이 결정되었다면 각자의 역할에 전적으로 헌신하고 이행하는 것도 중요하다.

- **차분하고 침착한 목소리로 말하라.** 이 장의 앞부분에서 차분하고 침착한 목소리를 언급했는데, 이는 배우자와의 단절된 관계를 다루는 데 있어 가장 중요하다. 실제로 배우자와의 의견 충돌은 매우 쉽게 일어날 수

있지만, 차분하고 침착한 목소리로 말하면 의견 충돌이 고조되는 것을 예방할 수 있다. 또한 이런 목소리를 통해 상대의 관점을 존중하는 태도와 경청하려는 의지가 전달되기도 한다. 이 모든 요소는 단절된 관계를 개선하고 문제 해결 가능성을 높인다.

- **자기주장적 의사소통의 핵심을 기억하라.** 이 장 전반에 걸쳐 강조하고 있는 자기주장적 의사소통의 모든 포인트가 배우자와의 단절된 관계를 복구하는 데 적용된다. 특히 요청을 할 때 상대방의 관점을 먼저 인정한다면, 서로를 존중하고 협력하는 일에서 큰 차이를 만들 수 있다. 게다가 요청에 대한 구체적인 근거를 제시한다면, 배우자가 당신이 왜 그러는지 이해하는 데 도움이 될 수 있고, 근거를 제시하지 않았다면 얻지 못했을 중요한 정보를 제공할 가능성이 있다. 반대로 관계를 연결하는 데 방해가 될 수 있는 공격적, 수동적, 또는 수동공격적 의사소통 방식을 사용하지 않도록 조심하라. 당신과 배우자는 유산을 겪고 이미 상처받기 쉬운 상태다. 서로 담을 더 쌓는 방식보다는 서로 취약한 상태임을 알고 돌봐주는 방식으로 행동하는 것이 중요하다.

- **공정하지 않은 싸움을 피하라.** 많은 관계 및 부부 치료 전문가들이 '공정하게 싸우기'를 다르게 정의하지만, 여기서는 의사소통을 급속하게 저해하는 두 가지 주요 행동 패턴에 초점을 맞추어 설명한다. 한 가지는 과거의 '마음의 앙금'을 가져오는 것이다. 지금의 문제는 엄청난 상실로 인해 발생한 관계의 단절이라는 것을 기억해야 한다. 물론 마음의 상

처로 취약한 시기에는 과거 서로에게 주었던 오래된 상처 또한 쉽게 떠오른다. 지금 두 사람은 유산을 애도하면서 서로를 지지해야 하는 매우 어려운 과제에 직면해 있으므로, 문제를 더 복잡하게 만들어서는 안 된다. 또 다른 한 가지는 대인관계의 대가인 존 가트만John Gottman 박사가 이름붙인 **인신공격**과 관련된 행동 패턴이다. **인신공격**이란 상대의 성격에 대해 부정적으로 말하는 성향을 일컫는다. 예를 들면, "당신은 이기적이고 항상 당신만 생각해요", "당신은 너무 약해서 사소한 일에도 감정을 주체하지 못해요"가 있다. "당신은 항상"이나 "당신은 절대로"가 포함된 말을 사용하거나, 배우자를 부정적인 성격적 특성에 가두려고 한다면, 당신은 인신공격에 가담하고 있는 것이다. 인신공격의 극단적인 예는 욕하고 비겁하게 모욕적인 말을 하는 것이다. 인신공격은 상대방을 방어적으로 만들고 문제를 해결하지 못하기 때문에 비생산적이다. 또한 취약함을 나누어야 할 배우자에게 불안한 환경을 조성한다.

• **유대감을 촉진할 수 있는 행동을 하라.** 배우자와의 관계를 개선하는 데 개방적이고 효과적인 의사소통이 매우 중요하지만, 화합과 친밀함에 부합되는 다른 행동을 실천하는 것도 중요하다. 5단계에서 소개한 카렌이 배우자와 단절된 느낌이 들어 유대감을 회복하기 위해 매주 밤에 데이트를 했던 것을 떠올려보자. 효과적인 의사소통 기술은 관계 회복을 위해 '당당하게 이야기하는' 데 도움이 되며, 함께하는 활동(특히 즐거움이나 의미 있는 활동들)을 '실제 행동으로 옮기는' 데 도움이 된다. 실

제 행동으로 옮기는 방법에는 신체적 친밀감을 높이는 것(성관계만 있는 것은 아니다), 부부 모두 즐겼던 활동을 함께하는 것, 길게 여행을 떠나는 것들이 있다.

나를 지지하는 사람을 활용하자

당신은 사회적 지지망에 포함된 사람들과 상호작용해야 하기 때문에 이번에는 관계망을 활용하는 부분을 설명하려 한다. 이 부분이 중요한 이유는 다른 사람들의 긍정적인 사회적 지지가 우울, 불안, 다른 정서적 혼란에 대한 완충 역할을 할 수 있기 때문이다. 긍정적인 사회적 지지란 판단하지 않고, 경청하고, 정보와 자원을 제공하는 것 등을 의미한다. 자신이 지지망에 있는 사람으로부터 긍정적인 사회적 지지를 받고 있다고 지각한다면, 그런 지지가 본인에게 도움이 된다고 느끼는 것이다.

2단계에서 간단하게 커피 한 잔을 마시거나 집에서 한두 시간이라도 함께 지낼 수 있는 사람에게 연락을 취해볼 것을 제안했다. 이런 제안을 하는 이유는 유산을 이해하고 애도 과정을 시작할 수 있도록 도움을 줄 사회적 지지를 받기 위해서다. 시간이 지남에 따라 스스로 준비가 되면, 사회적 지지망의 범위를 넓힐 수 있고, 활용도도 높일 수 있다. 많은 노력이 필요해 보이고, 그만한 가치가 있을지 확신이 들지 않을 수도 있다. 당신은 임신을 했는지, 어린 자녀가 있는지, 또는 유산 직후에 기대했던 것만큼 도움이 되었는지에 따라 누구를 당신의 사회적 지지망에 포함시킬지 선택하고 결정해야 한다. 그러나 장기적으로 보았을 때 관계를 확대하는 것이 당신의 삶 자체에 좀 더 넓게 연결되어 상실 이외의 다른 것에 관심을 기울이도록 돕는다. 이러한 활동은 사람들이 당신을 사랑하고 당신의 행복에 관심 갖고 있다는 점을 상기시킨다. 이는 당신이 너무 외롭다고 느끼는 시기에 공동체 의식을 키워줄 것이다.

지금까지 긍정적인 사회적 지지망에 초점을 맞추었지만, 다른 사람들로부터 부정적인 사회적 지지를 경험할 때도 있다. **부정적인 사회적 지지**는 자신에게 도움이 되지 않거나 피하고 싶다는 생각이 들게 하고, 우울, 불안, 정서적 혼란을 악화시킬 수 있다. 이 장에서 앞서 설명한 것처럼 한계를 설정하고 선을 그어야 할 모든 권리는 자신에게 있다. 그 사람의 노력이 좋은 의도였고 어쩌면 목표와 적합하다고 생각할 수 있다. 그러나 받아들일 준비가 되지 않았다면, 당신은 준비가 되지 않은 것이다.

궁극적인 목표: 스스로 돌보기

자기주장적 의사소통은 다른 사람에게 요청하고, 거절하고, 한계와 경계를 정하는 등 원하는 목표를 달성할 가능성을 최대화하기 때문에 효과가 있다. 스스로가 원하는 것을 분명하게 밝히고, 동시에 다른 사람들이 다른 관점을 가질 수 있다고 존중하며, 그 사실을 솔직히 인정한다. 이런 의사소통 방식은 타인을 구석으로 밀어넣어 방어적인 반응을 키우는 것과는 반대로, 상대도 나름의 관점을 가지고 있다는 것을 인정해 그들을 대화로 끌어들인다.

자기주장적 의사소통은 특히 유산 이후에 효과적이다. 왜냐하면 다른 사람에게 맞추거나 다른 사람이 '반드시' 해야 한다고 생각하는 대로 행동하는 것이 아니라, 자신을 먼저 돌봐야 하기 때문이다. 나는 이것이 임신 중이거나 어린 자녀를 둔 가족, 친구, 동료들과의 관계를 지켜줄 수 있는 잠재력이 있다고 굳게 믿는다. 잠시 동안 그들과 대면할 수 없을지도 모른다. 그리고 그들 대부분이 분명 당신을 이해하겠지만, 서로 소원한 기간이 길어지면 관계에도 영향을 미칠 수 있다. 주변 사람들에게 애도 과정이 어떻게 진행되고 있는지 정확히 알리고, 당신도 그들을 생각하고 있다고 표현한다면 그들도 기다릴 것이다. 이를 통해 자신에게 필요한 공간을 얻고 몸과 마음이 준비되었을 때 비로소 관계를 다시 시작할 수 있을 것이다.

이 장의 많은 예시를 통해 자신에게 시간이 필요하다는 사실을 다른 사람에게 알리는 방법을 설명했다. 내 경험상, 이것은 유산을 경험한 사람들이 가장 많이 하는 요구다. 하지만 당신은 자신의 경험을 공유하고 감정을 보여주기 위한 다른 요구 사항이 있을 수도 있다. 진심 어린 관심을 보여주는 누군가와 당신의 유산을 이야기하는 것이 치유에 도움이 될 수 있다. 눈물이 날지도 모른다. 그러나 이러한 공유 경험은 자신을 아끼는 사람과의 관계를 성장시킴과 동시에 자신의 애도를 처리하는 데 도움을 준다.

7단계

정면 돌파 연습하기

유산과 외상을 경험한 여성의 경우 임산부, 아이, 어린이와 한자리에 같이 있기가 어렵다는 점을 이 책 전반에 걸쳐 여러 차례 언급했다. 셀 수 없이 많은 내담자가 사회적 모임, 공원, 상점, 그리고 특히 아이들의 생일 파티, 베이비샤워, 세례 성사를 피하기 위해 상당 기간 숨어 지냈다고 한다. 만약 이런 경우라면, 자신만 그런 것이 아님을 명심하라. 최근에 상실을 겪었다면, 당신은 가까스로 살아가기 위해 필요한 일을 하고 있으며, 상실을 일깨울 만한 것과 함께 있는 일이 당신에게는 너무나 자극적이다. 그러나 회피는 시간이 갈수록 부작용을 불러올 수 있으며 실제로 정서적 스트레스의 강도를 높인다. 이 장에서 회피의 이유와 이를 어떻게 극복할 수 있는지 정확하게 안내한다.

정서적 회피의
악순환

화가 날 때 기분이 나아지기 위해 조치를 취하는 것은 당연하다. 그리고 삶의 고통스러운 순간이 떠오른다면, 이와 관련된 생각을 없애기 위해 할 수 있는 뭔가를 하는 것도 당연하다. 삶에서 고통스러운 시기를 떠올리는 자극이 제거될 때, 일시적으로 안도하거나 정서적인 혼돈의 강도가 줄어든다. 그러나 이런 혐오적인 정서 상태가 제거되면서 오히려 회피 행동이 강화된다. 〈표 7-1〉은 이런 악순환을 보여준다. 피하면 피할수록 감정적 고통이 감소되고 회피는 더욱 강화되며, 이는 다시 장래에 회피할 경향성을 더욱 증가시킨다. 이뿐만 아니라 고통스러운 시간을 생각나게 하는 것들과 직면하는 일에 두려움과 혐오가 기하급수적으로 증가한다. 왜냐하면 이런 것들을 다룰 수 있는 법을 배울 수 없기 때문이다. 즉, 상실을 상기시키는 것들을 피하면 감정적 고통은 일시적으로 줄어들지만, 두려움과 혐오는 부메랑이 되어 돌아온다.

이 악순환의 고리를 깨기 위해서는 자신이 피하고 있는 고통을 상기시키는 것들이나 촉발인자와의 접촉을 시작해야 한다. 이런 과정을 기술적인 용어로 **노출**exposure이라고 한다. 이 말이 끔찍하게 들리고, 결코 하고 싶지 않은 일이란 것을 잘 안다. 그러나 상실을 떠올리게 하는 것

감정적인 고통의
원천으로부터 회피

감정적 고통　　　　　　　　　　　일시적인 완화

새로운 학습 부족

〈표 7-1〉 **감정적 고통과 회피의 악순환**

들과 마주치고 싶지 않아서 전전긍긍하고, 회피 행동을 일삼는 것이
인생의 여러 면을 좀먹고 있다면, 세상과 새로운 접촉을 시작해야 한
다. 즉, 괴로움을 상기시키는 것들과 접촉하고, 진정으로 참고, 대처할
수 있음을 스스로 입증해야 한다. 침투적 사고*에 대한 노출은 4단계에
서 간단히 언급했다. 여기서는 외적인 자극들(예를 들어, 장소, 사람, 그 외
상실이나 외상과 관련된 기억을 상기시키는 것들)과 접촉하는 노출에 초점을

---

*　고통스러운 사고, 감정, 신체 반응 등 우리의 몸 안에서 올라오는 내적 자극의 일종으로, 이 책
　의 4단계에서 이에 대처하는 사고 수정 방법을 배웠다. 이번 장에서는 외적 자극에 대한 실제
　노출을 다룬다.

맞춘다. 그러나 두 가지 형태의 노출 모두 기본 원리는 동일하다.

유산을 경험한 많은 사람은 자신이 어린아이들과의 접촉을 참기 어려울 것이라고 믿으며, 아이를 보면 무너지거나, 엄청나게 두려워하거나, 미쳐버릴까 봐 걱정한다. 그러나 노출은 다른 방식의 학습 기회를 제공한다. 노출을 통해 스스로 대처**할 수 있고** 강렬한 감정을 참아내는 방법을 배운다. 자신이 예측했던 끔찍한 결과는 일어나지 않았고 약간의 성취감 같은 다른 감정 경험을 할 수도 있다는 사실을 배운다. 4단계와 5단계에서 소개한 생각의 덫을 떠올려보자. 상실을 떠올리게 하는 것들을 접촉했을 때, 당신이 생각하는 일이 벌어질 것이라는 어떤 예측을 할 수 있다. 이런 사고는 예언자적 오류, 재앙화, 흑백논리 같은 형태의 생각의 덫에 해당된다. 노출은 이런 사고를 시험하는 하나의 방법이며, 최악의 결과가 일어나지 않는다면 앞으로 상실을 떠올리게 하는 것들을 직면하는 데 있어 자신의 행동을 이끌어줄 중요한 정보를 획득하게 된다. 만약 회피를 지속한다면, 이러한 새로운 학습 과정을 스스로 포기하는 것이다.

노출은 결코 쉬운 과정이 아니다. 지속적인 노력이 필요하며, 대부분의 사람들은 회피해왔던 촉발인자나 기억을 떠올리게 하는 것들과 직면하면서 일시적인 고통의 증가를 경험을 한다. 따라서 노출을 통해 얻을 수 있는 이점을 생각해보는 것이 중요하다. 왜냐하면 회피 경향이 너무 강해서 극복하기가 어려울 때, 이런 이점에 집중하면 동기를 더욱 끌어낼 수 있기 때문이다. 사회적 지지망의 중요한 일부인 친구나 가족을 피하고 있는가? 이전에 비해 밖으로 나가는 일이 크게 줄고 스스로를 집에 고립시키고 있는가? 상실을 떠올리게 하는 것들과 마주치지 않기 위해 불필요한 일이나 외출을 계획하는 데 많은 시간을 쓰고 있는가? 또는 상실을 떠올리게 할 단서들이 언제 나타날지 몰라 두려움에 떨고 있는가? 무엇보다 중요한 질문으로, 이런 방식의 삶이 최선이라고 생각하는가?

결론은 회피가 삶의 일차적인 동기가 되면 적극적인 삶을 살아갈 기회를 잃어버리고, 2단계와 3단계에서 설명한 장점을 획득할 수 있는 기회를 놓치기 쉽다. 일상생활에서의 촉발인자와 상실을 떠올리게 하는 것들에 대한 노출 훈련은 회피 지향성에서 접근 지향성으로, 또는 자신의 가치에 상응하는 삶을 살아가도록 인생의 방향을 돌려놓는 데 도움을 줄 것이다.

가장 쉬운 일부터 적어보기

이 과정이 벅차게 보일 것이며 말이 쉽지 생각처럼 잘 되지 않음을 충분히 이해한다. 서두르지 말고 자신의 속도에 맞춰 진행할 수 있음을 알았으면 한다. 만약 이 과정을 억지로 하고 있다면, 노출이 중요하다는 것을 받아들이고 기꺼이 임하는 것보다는 효과가 떨어진다.

노출의 기본 개념은 처음에는 시도하기 쉬운 것부터 시작해서 점진적으로 어렵게 생각하는 촉발인자와 상실을 떠올리게 하는 것들을 직면해가는 것이다. 일단 작은 자극에 익숙해지면, 좀 더 어려운 촉발인자나 상실을 떠올리게 하는 것들로 관심을 돌린다. **위계목록표**를 사용해 가장 쉬운 것부터 어려운 자극까지 목록을 만들 수 있다. 다음의 지침 단계를 참고하자.

1. 유산과 관련된 괴로움이 떠올라서 피하고 있는 모든 상황, 이벤트, 장소를 생각해보자.

2. 각각의 상황, 이벤트 또는 장소에 따른 정서적 동요나 두려움의 정도를 10점 척도로 평가해보자(0점은 정서적 동요나 두려움이 없는 것이며, 10점은 **정서적 동요나 두려움이 가장 큰 것이다**).

3. 정서적 동요나 두려움의 정도를 기준으로 점수가 가장 낮은 항목부터 시작해 높은 항목까지 순서대로 나열해보자.

2단계에서 소개했던 크리스틴의 예를 떠올려보자. 그녀는 유산 이후 우울감에 빠져 있었으나 침대에서 나오기 위해 자신이 할 수 있는 일에 집중하려고 노력했다. 시간이 지나면서 많은 일상적인 활동을 다시 시작할 수 있었으나, 임신한 여성이나 영유아들과의 만남을 회피하기 위해 많은 고통을 감수하고 있었다. 그녀는 조카의 베이비샤워에서 점진적인 노출을 해보기로 결정했다. 베이비샤워에 참석하지 않으면 가족들이 자신에게 실망할 것이라는 생각과 베이비샤워에 간다는 것만으로도 두렵다는 생각이 동시에 들었다. 행사는 몇 주나 남아 있었다. 그녀는 그 몇 주 동안 다른 임신한 여성들이나 어린아이들과 함께 있는 연습을 하기로 결심했다. 처음으로 한 일은 위계목록표를 작성하는 것이었다(〈표 7-2〉).

1. 식료품 가게에서 쇼핑(2)

2. 여섯 살 아이를 둔 친구와 함께 점심 먹기(3)

3. 몇몇 아이들이 참석하는 파티에 가기(4)

4. 주말에 초등학교 근처를 운전해서 지나가기(5)

5. 아이들과 함께 가족에 관한 영화 보기(6)

6. 두 살 아이를 둔 친구와 점심 먹기(7.5)

7. 아이 옷을 파는 가게에 들어가기(9)

8. 아이들이 있는 시간에 초등학교까지 운전해서 가기(9)

9. 공원에서 뛰어놀고 있는 아이들을 벤치에 앉아 바라보기(9.5)

10. 베이비샤워 참석(10)

〈표 7-2〉 **크리스틴의 위계목록표**

크리스틴의 위계목록표에서 한 가지 눈에 띄는 점은 창의성이다. 목록에는 가야 할 장소(예: 식료품 가게, 아동복 가게), 아이들을 볼 수 있는 장소(예: 학교, 인근 공원), 다른 연령대의 아이들이 있는 여성들과의 상호작용, 봐야 할 영화가 포함되어 있다. 일부 항목이 유사해 보이지만 그 결과는 다를 수 있음에 주의해야 한다. 예를 들어, 크리스틴은 위계목록표를 만들면서 학교 주변을 운전하는 것이 어려울 수 있고, 어떻게 거기까지 갈지 상상하기도 어렵다는 점을 인지했다. 그러나 그녀는 학교에 가는 시간대에 따라 나타나는 두려움의 정도가 다르다는 점을 깨달았다. 주말에는 학교에 가더라도 아이들을 만날 수 없지만, 등교하는 아침 시간대에 가면 많은 아이를 볼 것이라고 예측했다. 크리스틴은 주중 아침보다는 주말에 학교를 지나쳐 간다면 두려움과 정서적 동요를 덜 경험할 것이라고 예상했다. 그녀는 주말에 학교에 가보는 것을 발판 삼아 아이들이 등교하는 주중에도 학교에 갈 수 있을 것이라고 보았다. 학교에 가는 시기가 크리스틴이 연습을 다양화한 하나의 방법이듯이, 그녀는 위계목록표에서 다른 변수들도 추가할 수 있다. 예를 들면, 학교 지나가 보기에 고등학교, 중학교, 초등학교, 유치원 같은 다양한 형태의 학교를 포함시키는 것이다. 아무래도 초등학교나 유치원보다는 중고등학교에서 두려움이나 정서적 동요가 덜할 수 있다.

가능한 한 효과적이고 포괄적인 위계목록표를 작성하기 위한 몇 가지 팁이 있다. 첫째, 컴퓨터 문서(예: 워드나 엑셀 표)에 작성하면 훨씬 유연하게 목록을 조정할 수 있다. 물론 최선을 다하겠지만, 위계목록표를 만들 때 자신이 회피해왔던 모든 촉발인자나 상실을 떠올리게 하는 것들을 생각해내기는 어려울 것이다. 일상생활에서 자극에 직면하고 나서야 자신이 회피해왔던 또 다른 상황, 이벤트, 장소를 알아차릴 수도 있을 것이다. 이럴 때 전자문서를 사용하면 나중에도 두려움의 정도에 따라 적절한 위치에 항목을 끼워넣기 쉽다. 둘째, 가능하면 언제라도 다시 도전해볼 수 있는 항목을 많이 포함시키려고 노력해야 한다. 크리스틴의 위계목록표에서 세 번째 항목인 소수의 아이들이 참석하는 파티에 가기를 살펴보자. 크리스틴은 약 2주 정도 뒤에 있을 파티에 초대받았고, 이곳에 갈 생각을 하고 있기 때문에 이 항목을 포함시켰다. 그러나 이 항목은 그런 이벤트가 예정되어 있을 때만 연습할 수 있다. 때때로 있을 수 있는 일부 이벤트들을 목록에 넣는 것은 문제가 되지 않지만, 언제라도 시행할 수 있는 다른 항목들이 반드시 포함되도록 해야 한다.

위계목록표에 단지 임신한 여성이나 아이들과 만날 수 있는 상황, 사건, 장소만 포함되어야 하는 것은 아니다. 여기에는 병원, 예배당, 떠나보낸 아이의 묘지같이 자신이 회피하고 있는 상실이나 외상의 기억을 일깨우는 것들도 포함될 수 있다. 만약 고통을 상기시키는 어떤 것을 회피하면서 일상생활에 지장이 생기거나 오히려 감정적 고통이 악화된다면, 당연히 이를 위계목록표에 포함시켜야 한다. 안젤라는 위계목록표에 산과 의사에게 말해보기, 병원 중앙 로비에 가보기, 유산 소식을 듣고 다른 사람들이 보내온 카드와 이메일 메시지 끝까지 읽어보기를 포함시켰다. 위계목록표에 무엇을 포함시키고 무엇을 제외할지 결정할 때 기본 원칙은 다음과 같다. (1) 이런 상황, 이벤트, 장소를 피하는 일이 내 인생을 방해하거나 나의 감정적 고통을 악화시키는가? (2) 이런 상황, 이벤트, 장소가 앞으로도 반복적으로 생길 것이며, 따라서 피하기보다는 기꺼이 경험하기 위해 시도하고 학습할 수 있는가? (3) 이런 상황, 이벤트, 장소를 피하는 것이 나의 핵심가치와 어긋나는가?

위계목록표를 만들기 위해 자리에 앉았는데 정확히 어떤 것을 포함시켜야 할지 모를 수도 있다. 괜찮다. 회피 행동은 종종 미묘하며, 때로 회피를 꾸준히 유지하는 방향으로 삶에 영향을 미친다. 만약 이런 경우라면, **자기-모니터링** 활동이 도움이 된다. 이 방법은 이런 상황에서 당신이 경험하는 정서적 동요나 두려움, 생리적인 반응과 부정적인 생각들, 정서적 동요나 두려움을 줄이기 위해 시도하는 행동 같은 동반된 현상들, 그리고 이런 대처법이 효과적인지 아닌지의 정도를 전향적으로 추적 관찰하는 것이다.

〈표 7-3〉은 자기 모니터링 기록지의 예다. 자기 모니터링의 목표는 생활하면서 자신의 감정적 고통을 일으키는 사례, 이에 대한 내적 반응, 그리고 행동적 반응이 실제 도움이 되는 정도를 알아채는 것이다. 자기 모니터링으로 자신이 회피 반응을 하고 있는 상황을 확인할 수

있고, 이러한 상황에서 마음을 스쳐 지나가는 생각을 알아챌 수도 있다. 이 생각들은 4단계와 5단계에서 설명한 사고 수정 기법으로 다룰 수 있다. 이처럼 이 책에 소개한 전략과 기법들이 일반적으로 따로 떼어 사용되지 않는다는 사실을 보여준다. 오히려 여러 기법을 결합해 적용함으로써 유산 후 회복과 애도 과정에서 다양한 도움을 받을 수 있다.

감정적으로 힘든 상황 또는 유발 요인	감정 반응과 감정의 강도	신체적인 반응	생각	대처 방법 (회피?)	대처 방법의 결과

〈표 7-3〉 **자기 모니터링 기록지**

일상이 자유로워지는
노출 연습

위계목록표를 만들면 체계적인 방식으로 노출을 시작할 수 있다. 자신이 하나씩 하게 될 노출을 선택하는 데 있어 위계목록표를 지침으로 사용하라. 위계목록표에서 가장 수위가 낮은 항목부터 시작해서 점진적으로 올라가는 것이 논리적이나, 미셸 크래스키Michelle Craske의 연구에 의하면, 위계목록표에 있는 항목들을 무작위 순서로 시도했을 때 학습 효과가 가장 오래 지속됐다.

노출을 시작하기 전에, 노출에 따른 감정적 고통을 얼마나 견딜 수 있을지 확신하는 정도를 정해보자(0점은 확신이 없음, 10점은 가장 강하게 확신함). 이에 더해, 당신이 생각할 때 노출을 견딜 수 있는 시간의 길이뿐만 아니라 노출하는 동안 생길 수도 있는 좋지 않은 일에 대해 예측해보자. 노출을 하는 동안 자신의 상태를 점검할 뿐만 아니라, 앞서 소개한 평가를 주기적으로 실시해 확신의 정도가 증가하는지 살펴보고 부정적 예측이 일어나는지 모니터링해보자.

감정적 고통을 크게 경험하더라도 노출하는 동안 고통을 견뎌낼 수 있다고 확신하는 정도가 증가한다는 점을 관찰할 수 있고, 예측했던 다른 부정적인 결과가 일어나지 않는다는 점도 알 수도 있다. 그리고 처음에 예측했던 시간보다 더 오랫동안 피하고 싶었던 상황이나 자극에 접촉한 채로 머물러 있었다면 노출을 끝낼 수 있다. 그 다음 노출에 따른 감정적 고통을 견딜 수 있는지 최종적으로 확신 정도를 평가한다. 이러한 작업을 통해 두려운 자극과 상황이 있어도 참을 수 있음을 스스로에게 증명할 수 있으며, 다른 해로운 결과가 일어나지 않는다는 점을 경험하면서 새로운 학습을 하게 된다.

노출을 마치고 나면 자신의 성취를 돌아보는 시간을 가지길 바란다. 당신은 회피하던 상황과 자극에 다시 뛰어드는 큰 시도를 했다. 만약 계획대로 되지 않거나 앞 문단에서 설명했던 결과를 얻지 못했다고 자신을 다그쳐서는 안 된다. 이것이 하나의 과정임을 명심하라. 이런 훈련을 단순히 시도만 해도 진지하게 회복의 경과를 밟고 있는 것이다. 그러다 보면 연습할 수 있는 다른 기회들도 생길 것이다.

한 번 노출할 때 두 가지 이상의 상황을 엮어서 노출하는 것이 중요하다. 매번 노출할 때마다 감정적 고통을 견딜 수 있다는 확신이 점점 커질 것이다. 그뿐만 아니라 새로운 학습을 공고히 할 수 있게 될 것이며, 그렇게 함으로써 과거의 두려움(예: "나는 몇 달간 무너지고 우울할 것이다") 대신에 새로운 학습(예: "나는 이 상황을 이겨낼 수 있어")이 활성화될 가능성이 커진다. 〈표 7-4〉는 진도를 알아낼 수 있는 노출기록지의 일례이며, 〈표 7-5〉는 크리스틴의 노출기록지에서 발췌한 내용이다. 이제 자신의 힘든 작업을 기록하며, 새로운 학습을 통해 노출에 대한 인식의 전환을 경험하게 될 것이다. 이런 '자료'가 당신에게 희망이 되기

를 바란다. 결과적으로 일상 활동에서 조금 더 자유로워짐을 느낄 것
이다.

날짜	노출	정서적인 반응에 인내할 수 있는 자신감(이전)	정서적인 반응에 인내할 수 있는 자신감(이후)	다른 관점으로 생각해보기

〈표 7-4〉 **노출기록지**

날짜	노출	정서적인 반응에 인내할 수 있는 자신감(이전)	정서적인 반응에 인내할 수 있는 자신감(이후)	다른 관점으로 생각해보기
4/15	식료품 가게 가기	2	8	생각했던 것만큼 나쁘지는 않음.
4/17	식료품 가게 가기	3	6	아이를 봄. 힘들었음.
4/20	식료품 가게 가기	6	8	좀 더 쉬워졌다.
4/21	여섯 살 아이를 둔 친구와 함께 점심 식사하기	2	6	내가 무너져내릴 것이라 생각했지만, 그렇지 않았다.
4/22	식료품 가게 가기	7	9	
4/23	초등학교 쪽으로 운전해서 가기 (주말)	1	5	매우 힘들 거라 생각했지만, 그렇지 않았다.
4/24	아이들과 가족에 관한 영화 보기	2	7	울었지만, 그리 나쁘진 않았다.
4/25	식료품 가게 가기	8	10	나는 더 이상 아이에 대해 걱정하지 않는다.

4/28	여섯 살 자녀가 있는 친구와 함께 점심 식사하기	3	8	다소 애석했지만, 내가 무너질 것 같진 않았다.
4/29	식료품 가게 가기	10	10	
4/30	주말에 쇼핑몰 가기	4	9	내가 예상했던 것보다 더 아이들을 보지 못했다.
4/30	아이들이 참석하는 파티에 가기	2	9	내가 해냈다. 다른 노출 연습을 한 덕에 여기까지 올 수 있었다.

〈표 7-5〉 **크리스틴의 노출기록지**

가능한 한 다양한 방식으로 노출을 하자. 최근 연구에서 다양한 환경이나 상황에서 노출을 연습하는 것이 노출 효과를 증진시킨다고 밝혔다. 예를 들어 크리스틴의 노출기록지(〈표 7-5〉)에서 볼 수 있듯 그녀는 식료품 가게에 가는 연습을 매우 많이 했다. 매주 같은 시간에 같은 상점에서 쇼핑하기보다는 다른 시간대에 다른 상점에서 쇼핑을 했는데, 이렇게 해서 언제라도 새로운 학습 효과를 기억할 수 있는 가능성을 최대화했다. 크래스키의 연구에서 단일 항목에 대한 노출보다는 여러 항목을 조합해서 노출하는 경우가 더욱 강력한 학습 효과가 있다고 밝혀졌다. 따라서 크리스틴은 노출 연습을 시작한 지 몇 주가 지나서 부터 일부 항목들을 조합하기 시작했다. 자녀가 있는 친구와 점심 식사를 하고 나서, 아이들과 함께 가족에 관한 영화를 볼 수 있었다.

가끔은 당신의 유산 경험을 생각나게 하는 단서들과 맞닥뜨리는 예상치 못한 상황에 직면하는 경우가 있다. 이런 예를 **일상노출**이라고 한다. 〈표 7-5〉에 있는 크리스틴의 노출기록지를 다시 한 번 살펴보자. 그녀가 기록한 한 가지 노출 중에 주말에 쇼핑몰 가기가 있다. 기술적으로 이 항목은 애초에 그녀의 위계목록표에는 포함되지 않았다. 그러나 그녀는 쇼핑몰에서 엄청나게 많은 아이와 어린아이를 만날 것이라고 예상했기 때문에, 이튿날 참석할 파티를 위해 선물을 사러 가는 일을 피해왔다는 것을 깨달았다. 그녀는 온라인으로 선물을 구매하는 것과 같은 회피하는 방법을 찾지 않고, 추가적인 노출 기회를 잡기로 결정하고 쇼핑몰에 갔다. 노출의 원리를 명심하고 일상생활에서 일어나는 추가적인 기회를 최대한 이용해야 한다.

노출하기의 효과를
상승시키는 방법

노출을 하려고 노력했지만 촉발인자를 다시 직면하면 이내 참을 수 없는 강렬한 감정을 지속적으로 경험한다고 말하는 사람도 많다. 이 경우 안전행동을 사용하고 있지는 않은지 가장 먼저 살펴보아야 한다. **안전행동**은 감정적 고통의 수위를 감소시키기 위해 하는 미묘한 조치를 말한다. 예를 들어, 당신은 노출하는 동안 마음속으로 조용히 기도할 수 있다. 또 숫자 3을 계속 세는 것과 같이 안정을 유지하기 위해 정신적인 의례 행위*를 할 수도 있다. 또는 자신이 노출을 견뎌낼 수 있다는 확답을 받으려고 다른 사람에게 여러 번 질문을 할 수도 있다.

이런 안전행동은 두 가지 점에서 문제가 된다. 첫째, 정서적 동요와 두려움을 완전하게 경험하는 데 방해가 되며, 따라서 자신이 경험하는 감정적 고통을 온전히 참아낼 수 있다는 배움을 얻지 못한다. 둘째, 노출을 참을 수 있었던 이유가 안전행동을 했기 때문이라고 결론 내리기 쉬운 상황을 만든다. 따라서 이런 행동들이나 조치들이 노출을 촉진하는 것처럼 보일지라도, 실제로는 노출을 통해 스스로가 얻을 수 있는 최대한의 효과에 혼선을 일으킨다.

안전행동을 포기하기는 어렵다. 이런 안전행동 중 하나를 하지 않고서는 노출할 엄두도 내지 못할 수도 있다. 물론 노출의 목표는 안전행

---

* 반복적으로 수행되는 독특한 규칙에 기초한 정신적인 행위. 영어 **ritual**을 의례 행위로 번역했다. 제사나 종교 의식이 대표적인 의례 행위인데, 일정한 절차를 규칙적으로 반복한다는 의미를 내포한다. 의례 행위는 관찰 가능한 행동으로 옮기는 경우와 관찰되지 않는 머릿속으로 되뇌는 경우가 있다. 정신적인 행위의 절차와 내용은 개인마다 다르다.

동을 사용하지 않으면서 완전히 직면하는 것이다. 그러나 안전행동을 사용해서 일시적으로라도 장애물을 극복하는 데 도움이 된다면, 처음에는 안전행동을 허용하면서 노출을 시작하고 이후 안전행동을 줄여나가는 방향으로 작업하면 된다.

기억해야 할 다른 한 가지는 노출 시 경험하는 정서적 고충을 효과적으로 대처하기 위해서 이 책에서 기술한 다른 전략이나 도구들을 사용할 수 있다는 것이다. 사고 수정이 좋은 예다. 만약 "이렇게 하다 내가 미쳐버릴지도 몰라"라는 생각이 든다면, 생각과 거리를 두거나 균형을 맞추기 위해 사고 수정 질문을 사용할 수 있다. "노출이 어려울 것이라는 건 분명해. 그러나 천천히 내가 가장 두려운 상황에 도전하고 있기 때문에 언젠가는 감당할 수 있을 거야. 나는 내 능력에 맞춰 받아들일 수 있고, 이렇게 노출하는 동안 대처 방법도 훈련할 수 있어"라는 균형 있는 반응을 구성할 수도 있다.

마지막으로, 가능하다면 매일 지속적으로 시도하기를 권한다. 누구나 정서적인 고충을 겪고 싶어 하지 않기 때문에 노출은 미루어지기 쉽다. 그러나 노출을 미루는 것은 또 다른 회피 행동이며, 정서적인 혼동과 두려움에 대한 예측을 더욱 더 심화시킬 뿐이다. 한 주에 한 번 노출을 하고 나머지 6일 동안은 큰 위안을 경험하는 내담자가 있었다. "휴! 끝났어. 한동안은 다시 안 해도 돼." 노출이 효과적이려면 노출을 규칙적으로 해야 한다. 가능하다면 매일 해야 한다. 노출은 심리적 대처 재원을 많이 사용할 수 있기 때문에, 연습을 완료하고 나면 이런 재원을 다음 날 다시 사용 가능하도록 자신을 충전해야 한다. 기쁘고 즐거운 일을 기대해보라. 사회적인 지지망에서 신뢰하는 사람과 연락하라. 자신을 돌보자. 일단 지속적인 연습을 하는 데 성공하면, 노출 시도를 시작할 수 있고, 이는 새로운 학습을 장기간 유지하는 데 도움이 된다.

미래를 위한 투자

의심의 여지없이 연구 문헌들은 노출이 감정적 고통을 감소시키는 데 매우 효과적임을 보여주고 있다. 그러나 이번 장 전반에 걸쳐 지적했듯이, 노출 연습 계획을 착수할 생각을 하면서 두려움을 느낄 수도 있다. 분명 정서적 동요를 경험할 것이다. "좀 더 평안한 미래를 위해 지금 불안에 투자하라"는 노출치료의 대가 조나단 아브라모비츠 Jonathan Abramowitz의 경구를 명심하자. 상실에 대한 촉발인자와 다른 상실을 떠올리게 하는 것들을 회피하는 태도를 극복하기 위해 지금 시간과 노력을 투자한다면, 회피해오던 삶의 일부분을 다시 되찾을 것이다. 유산을 경험한 많은 이가 유산을 떠올리게 하는 것들을 직면했을 때 과도하게 억울해하거나 질투심을 느낀다고 한다. 이러한 느낌은 이전에 알고 있던 자신과는 너무나 상반된 반응이기에 혼란스럽다. 이런 상황과 촉발요소에 대한 점진적 노출은 몸과 마음이 부정적인 감정적 경험에 올바로 적응하고 품위 있고 권위 있게 이를 견딜 수 있음을 보여주며, 유산 경험을 떠올리게 하는 것들과의 조우를 걱정하는 데 정신적 에너지를 소모하지 않고 삶의 많은 부분에 온전히 적응할 수 있게 해줄 것이다. 분명 노출은 어려운 작업이다. 그러나 그 결과를 통해 상실에 대한 충분한 애도를, 그리고 인생이 주는 다른 선물들로부터 다시금 성취와 만족을 누릴 준비를 마치게 될 것이다.

8단계

체계적이고 신중하게 의사결정하기

유산을 경험한 사람들은 여러 단계에서 의사결정 상황에 직면한다. 다른 사람들에게 유산 사실을 어떻게 말할 것인지, 장례식을 치를지 말지와 같은 것들을 상실 이후 즉시 결정해야 한다. 다시 임신을 시도할지, 입양을 비롯한 다른 방법으로 아이를 가질지, 향후 유산 확률을 줄이기 위해 의학적 치료를 받을지 여부와 같은 또 다른 결정들은 좀 더 이후에 이루어진다. 그러나 애도 과정을 겪는 동안에는 엄청난 감정들로 인해 삶의 중요한 결정을 내리는 데 필요한 선택지를 체계적이고 신중하게 평가하기 어렵다. 게다가 의료 전문가들로부터 얻는 의학 정보는 대개 이해하기 어렵고 자신에게 유용한 형태의 정보를 찾는 게 쉽지 않아서 의학적 치료에 관한 결정을 내리는 일이 곤혹스러울 때가 많다. 이 장에서는 앞선 상황처럼 생활 속에서 결정을 내려야 할 때 필요한 문제 해결과 의사결정 단계들을 설명한다. 즉, 문제 해결과 의사결정에 지장을 줄 수 있는 인지적이고 행동적인 장애물을 파악하고 이를 극복할 수 있는 방법을 설명한다.

문제 해결의
일곱 단계

이번에는 문제 해결을 위한 유효성이 증명된 단계들을 소개한다. 유산과 관련해 중요하고 의미 있는 선택을 해야 하는 상황에서, 이런 단계들의 나열이 지루하고 따분하거나 심지어 관련이 없어 보일 수도 있다. 나는 당신이 아이를 갖기 위한 여정 동안 다양한 의사결정에 직면하고 압도당했을 때, 이 내용들을 일종의 지침으로써 참고하기 바란다.

단계 하나: 문제 정의하기

종종 문제를 정의하는 것만으로도 도움이 될 때가 있다. 해결되어야 할 대부분의 문제는 궁극적으로 **건강한 아이를 갖거나 유산의 이유 알아내기로** 귀결된다. 하지만 이렇게 개괄적으로 접근하면 문제에 쉽게 압도될 수 있고 무엇을 먼저 해야 할지 몰라 혼란스럽다. 문제를 잘

게 쪼개면 구체적으로 무엇을 해야 하는지 더 잘 알 수 있다. 그리고 우선순위를 정하기도 더 수월해진다. 임신과 주산기 건강 문제의 경우, 많은 것들이 타이밍에 기초해 우선순위가 결정된다. 어떤 과제는 다른 과제로 넘어가기 전에 완수해야 하며, 첫 번째 과제의 결과에 따라 이후 과제가 결정된다.

예를 들어, 아멜리아는 유산 후 3개월이 지난 시점에도 자신의 마음이 '쉴 새 없이 분주하다'는 것을 알게 되었다. 임신을 시도해도 된다는 이야기를 듣자마자 다시 임신을 시도하는 것이 그녀의 우선 목표였지만, 유산 전까지는 조산사들만 만나왔기 때문에 의사의 진료를 받아봐야 했다. 따라서 그녀가 해결해야 할 첫 세부 문제는 산부인과 의사를 찾고 진료 예약을 잡는 것이었다. 이어서 그녀가 선택한 산부인과 의사로부터 몇 가지 일련의 조치를 권유받았다. 첫째, 의사는 아멜리아의 자궁에 이상이 있는지 확인하기 위해 자궁난관조영술 검사를 제안했다. 둘째, 추후 임신했을 때 유산 확률을 줄이기 위해 임신 18주경에 프로게스테론 혼합 주사제 처방이 필요하다고 했다. 물론 두 번째 과제는 그녀가 다시 임신을 하게 된 이후에 필요한 것이므로, '임신'수첩에 기록만 해두고 필요한 경우에 진료를 받기로 했다. 그런 다음 아멜리아는 즉각적으로 시행해야 할 자궁난관조영술 일정을 잡는 일로 넘어갔다.

이와는 반대로, 제인은 난임 시술을 처음 시작했을 때 세분화되어 진행되는 '난임 시술'에 지속적으로 압도되었다. 그녀는 난임 전문의의 첫 진료를 마친 후, 관계 후 점액 검사, 자궁난관조영술, 유방 엑스선 촬영, 배우자의 정액 검사와 같은 특정 검사를 받기 위한 많은 일정을 예약해야 했다. 그녀는 이 모든 일정을 자신의 생리 주기와 의료진의 진료 일정에 따라 특정 시간대에 맞춰야만 했다. 또한 검사 결과에 따라 추가 검사와 시술이 필요할 때도 있었다. 제인은 난임 병원에서 받은 종이 꾸러미를 보며 꽤나 혼란스러웠다. 그래서 그녀는 각각의 검사 일정과 검사에 필요한 사항을 충족시키기 위해 무엇을 해야 하는지(특히 관계 후 점액 검사처럼 부부가 함께해야 하는 것들)를 정리한 차트를 작성했다. 제인은 또 다른 종이에는 '다음 단계들'이라고 적고, 시행될 수도 있는 추가 검사와 절차, 그리고 그 근거에 대해서도 기록했다.

단계 둘: 대안 찾기

다른 대안을 만드는 것은 문제 해결에 있어 핵심적인 단계다. 문제에 압도당했을 때, 그저 문제가 끝나고 결정이 내려지기를 바라는 것은 당연하다. 하지만 스스로가 가장 원하는 것은 시간을 들여 브레인스토밍을 하고 이를 통해 마련된 잠재적인 해결 방안이다. **브레인스토밍**은 섣불리 판단하거나 무시하지 않고, 가능한 많은 잠재적인 해결 방안을 생각해낸다는 의미다. 잠재적인 해결 방안에 대해 판단하지 않고 무시하지도 않는 것이 핵심이다. 나는 내담자들이 브레인스토밍을 하지 않았더라면 그냥 지나쳤을 해결 방안이 결국 최종적으로 선택되는 것을 반복적으로 목격하고 있다. 다른 내담자들은 브레인스토밍할 때 가장 효과적이고 잠재적이고 창의적인 해결책의 조합을 만들 수 있는 환경이 조성된다는 것을 알게 되었다고도 한다.

무엇보다도 모든 잠재적인 해결 방안을 일일이 잘 기록해두라는 것이다. 종이나 화이트보드, 노트나 태블릿 기기를 사용할 수 있다. 사람이 기억할 수 있는 정보가 한정적이다. 일단 한 가지 해결 방안을 기록해두면 적어도 당분간은 생각을 내려놓을 수 있고, 이미 확인한 해결 방안을 잊지 않으려고 다시 되짚어볼 필요 없이 다른 잠재적 해결 방안을 찾기 위해 브레인스토밍을 시작할 수 있다.

아멜리아는 최근 경험한 유산에 대해 상담할 산부인과 의사를 찾을 때 이 단계를 적용했다. 대도시에 살고 있는 그녀는 선택할 수 있는 산부인과가 많았다. 그녀는 진료 형태에 따라 세 가지로 구분하고 각각의 장단점을 찾아보았다. (1) 교통 체증이 없을 때도 집에서 40분이 소요되는 명성 높은 대학병원 산부인과, (2) 집에서 5분 거리에 있는 의원급 여성 건강 클리닉, (3) 집에서 10~15분 거리에 있는 교외 병원의 산부인과. 그녀는 각 진료 형태별로 산부인과 의사들의 프로필을 출력해 그들의 교육 배경과 전문 분야를 좀 더 파악했다. 그리고 총 열다섯 명의 산부인과 의사들을 찾아냈다.

제인은 처음 난임 시술을 시작했을 때, 이미 난임 전문가에게 치료

받기로 결정했고 정밀 진단 절차도 명확했기 때문에 대체 가능한 해결 방안을 마련하는 단계가 그다지 중요하지 않았다. 그녀는 의사의 권고에 따라 난포 성장을 촉진시키는 약을 복용했고, 네 차례 인공수정을 받았다. 불행하게도 인공수정은 실패했고 체외수정을 진행했다. 네 차례의 체외수정 역시 실패한 후, 제인은 잠재적인 선택 방안을 찾아냈다. (1) 기증 난자로 체외수정 진행하기, (2) 기증 난자로 대리 출산 진행하기, (3) 보조 생식술을 포기하고 입양하기, (4) 보조 생식술을 포기하고 자연 임신 계속 시도하기, (5) 아이를 가지려는 노력 중단하기.

단계 셋: 장단점 분석하기

장단점 분석은 브레인스토밍과 마찬가지로 단순히 생각만으로 끝내는 것이 아니라 어떤 형태로든 기록을 해야 한다. 이를 통해 중요한 모든 요소에 따른 각각의 잠재적인 해결 방안을 평가할 수 있다. 〈표 8-1〉은 아멜리아가 마음에 들어 하는 산부인과 의사 세 명의 장단점을 분석한 것이다. 그녀는 의사를 선택하는 데 고려해야 할 여섯 가지 중요한 요소, 즉 (1) 난임 전문, (2) 집과의 거리, (3) 교육적 배경, (4) 진료에 대한 질적 평가, (5) 진료 가능 여부, (6) 근무 시설의 수준(예: 해당 시설에 최신 기술이 있는가?)을 찾았다. 아멜리아는 각 요소에 따라 산부인과 의사에게 가점(플러스)과 감점(마이너스)을 부여했다. 기준을 충족하면 플러스, 충족하지 못하면 마이너스를 주었다.

특히 더 잘하는 분야가 있다면 두 개의 플러스를 주었다.

	스미스 박사	마스터스 박사	레어 박사
난임 전문	+	−	−
집과의 거리	−	+	+
의사의 교육적 배경	+	++	+
진료에 대한 질적 평가	+	+	++
진료 가능 여부	−	+	+
근무 시설의 수준	++	+	+

〈표 8-1〉 **아멜리아의 장단점 분석**

장단점 분석을 시작하려면, 잠재적인 해결 방안을 평가하는 데 있어 중요하다고 생각하는 요소부터 찾아야 한다. 그리고 최선을 다해 신중하게 플러스와 마이너스를 할당해야 한다. 어떤 잠재적 해결책이 가성비가 특별히 좋다거나, 특정 요소에는 매우 부족하다면, 하나 이상의 플러스나 마이너스 값을 주어도 무방하다. 플러스나 마이너스를 주기

애매한 경우(예: 일부 해결 방안 대해 정말 중립적이라고 느낄 수 있음), '0'이라고 적을 수 있다. 즉, 0은 장점도 없고 단점도 없음을 의미한다.

장단점 분석에 이 방법만이 유일한 것은 아니다. 평가에 필요한 특정 요소들을 찾기가 어려울 수도 있고, 잠재적인 해결 방안의 성질에 따라 장단점이 상당히 달라져 평가가 까다로울 수도 있다. 네 차례의 체외수정에 실패한 제인이 바로 이런 경우였다. 제인은 다섯 가지 잠재적 해결 방안을 도출했으나, 각각의 해결 방안마다 독특한 강점과 문제점이 많았다. 그래서 제인은 세 개의 열로 구성된 표를 만들었다. 1열은 서로 다른 해결 방안을 나열했고, 2열은 각 해결 방안의 장점을, 3열은 단점을 기록했다. 〈표 8-2〉는 이러한 방식으로 만든 제인의 장단점 분석표다.

아멜리아의 장단점 분석 방법이든, 제인의 방법이든, 다른 방법을 사용하든 상관없다. 모든 해결 방안을 여러 방면으로 신중히 고려하면서 종이에 적어보는 것이 중요하다. 직면한 상황의 현실이나 실용성을 고려하지 않으면, 마음속으로 옳다고 느끼는 해결 방안을 충동적으로 결정하기 쉽다. 장단점 분석은 (이러지도 저러지도 못하는 상태에서 우왕좌왕하지 않고) 체계적이고 생산적인 사고로 의사결정을 할 수 있게 해주는 도구다.

잠재적인 해결 방안	장점	단점
기증 난자로 시험관 시술 받기	높은 성공률	태어날 아이와 생물학적 연결성이 없음. 비용이 비싸고, 침습적인 시술을 겪어야 하며, 시간이 많이 듦.
기증 난자와 대리 출산을 활용한 시험관 시술	높은 성공률과 임신 기간을 겪지 않아도 됨.	태어날 아이와 생물학적 연결성이 없음. 시간이 많이 들고, 직접 시술받는 것보다 더 많은 비용이 듦. 대리 출산을 하는 것에 대해 내가 어떻게 느끼고 있는지 확신이 없음.
입양	높은 성공률과 임신 기간을 겪지 않아도 됨. 아이를 위해서 좋은 일을 하는 것임.	태어날 아이와 생물학적 연결성이 없음. 시간과 비용이 많이 듦. 아이에게 입양 사실을 알리는 일과 생물학적 엄마가 찾아올 수 있다는 걱정이 있음.
스스로 계속 노력해보기	태어날 아이와 생물학적 연결성을 가질 수 있음. 더 이상의 난임치료 계획은 없어짐.	성공 확률이 굉장히 낮음. 아이를 가지지 못할 수도 있다는 두려움과 관련된 불확실성, 스트레스에 대한 지속적인 노출.
아이를 갖지 않기로 결심하기	불확실성과 스트레스가 제거됨. 내 삶의 다른 영역들에 집중하고 에너지를 쏟을 수 있음.	아이가 없을 것임.

〈표 8-2〉 **제인의 장단점 분석**

단계 넷: 의사결정하기

최종 결정을 내리는 방법 중 하나로 각각의 잠재적 해결 방안에 매겨진 플러스와 마이너스 수를 검토하기가 있다. 아멜리아의 검토 결과, 마스터스 박사와 레어 박사는 모두 여섯 개의 플러스를 받은 반면, 스미스 박사는 다섯 개의 플러스를 받았다. 그녀는 마스터스 박사와 레어 박사 둘 다 평판이 좋은 의사들이어서, 교통 체증 때문에 시간을 허비하는 것보다 비교적 집에서 가까운 거리에서 진료를 보는 것이 중요하다고 결론지었다. 아멜리아는 두 의사에게 전화를 걸어 더 빨리 예약할 수 있는 곳에서 진료를 받기로 결정했다. 결정이 확고하긴 했으나, 스미스 박사가 유산 분야 전문가이기 때문에 그가 좀 더 다른 제안을 하지 않을까 생각하는 자신을 발견했다. 그녀는 '만반의 조치를 다 취하기로' 하고 스미스 박사의 진료도 예약하기로 했다. 물론 기존 예약들이 있어 몇 달을 기다려야 했다. 그녀는 스미스 박사와의 상담을 통해 마스터스 박사나 레어 박사와의 진료에 도움이 될 만한 귀중한 정보를 얻을 수 있을 것이라고 판단했다. 이는 가능한 여러 해결 방안을 조합하면 좀 더 많은 해결 방안을 만들어낼 수 있다는 사실을 보여준다. 이런 과정은 문제 해결에 더욱 철저히 접근하게 해준다.

이와는 대조적으로, 제인은 의사결정 과정에서 더 많은 어려움을 겪었다. 많은 장단점이 비용과 성공 확률 사이의 균형에 근거했다. 게다가 앞서 말한 것처럼, 제인은 자신의 아이가 생물학적인 아이가 아니거나, 아이가 아예 없다면 미래에 어떤 기분이 들지도 가늠하기가 어려웠다. 모든 과정을 포기하고 부모 되기를 더 이상 진행하지 않는 것이 약간의 장점은 있겠지만, 그녀에게는 아이를 갖는 것이 중요했기 때문에 이 방법이 올바른 해결책은 아니라고 느꼈다. 그래서 기증 난자를 사용해 체외수정을 하거나 입양으로 선택 범위를 좁혔고, 그녀와 남편은 입양을 하기 전에 기증 난자를 사용한 체외수정을 먼저 시도하기로 결정했다.

때로는 장단점을 철저하게 분석해 플러스와 마이너스의 가중치를 바탕으로 최적의 해결 방안을 찾아낼 수 있다. 그러나 최종 결정을 내릴 때, 마음이 다른 곳으로 향해 분석한 것과 다른 해결 방안을 선택하기도 한다. 예를 들어, 안젤라는 위험한 자궁외임신으로 나팔관이 손상되었다. 주치의는 자연 임신 가능성이 낮으며, 만약 임신하더라도 또다시 자궁외임신을 할 가능성이 높다고 했다. 그녀는 장단점 분석 결과, 건강과 안전을 위해 대리 출산이나 입양 같은 다른 방법을 선택해야 한다는 것을 분명히 알게 되었다. 그러나 안젤라는 마지막으로 한번 더 자연 임신을 시도해보고 싶었다. 그래서 산부인과 의사의 철저한 관리 속에서 다시 임신을 시도했다.

이런 예는 체계적으로 의사결정을 하더라도, 결국 장단점 분석 결과에 반하는 해결 방안을 채택할 수도 있음을 보여준다. 그러나 괜찮다. 임신과 관련된 결정은 인생에서 가장 개인적이면서도 중요한 결정이다. 오직 본인만이 어느 방향으로 갈지 선택할 수 있고, 또 마음을 바꿀 수 있다. 다만 극심한 슬픔이 가라앉을 때까지는 중요한 결정을 반드시 미뤄야 한다. 왜냐하면 극심하게 슬플 때는 집중하기 어렵고, 신중하게 고려해 이치를 따지고, 만족스러운 결정을 내리는 데 필요한 고민을 충분히 하기 어렵기 때문이다. 그러고 나서 마음의 결정을 내려야 할 때가 오면, 최종 결정이 약간의 위험을 일으킬지라도 신중하고 체계적으로 고민하고 결정하라. 신중하게 결정하고, 그리고 결정된 해결 방안이 자신의 가치에 부합되도록 최선을 다하는 것이 중요하다.

단계 다섯: 해결 방안 실행하기

문제 해결 과정의 다음 단계는 해결 방안의 실행이다. 어떤 결정은 의사에게 전화를 걸어 예약 일정을 잡는 것같이 비교적 쉽게 실행에 옮길 수 있다. 또 다른 해결 방안은 앞 장에서 설명한 의사소통 기술처럼 약간의 기술이 필요할 수 있다. 만약 어떤 해결 방안을 실행하는 데 여러 단계를 거쳐야 한다면, 실행에 옮기기 전에 그 과정을 신중하게 검토하면서 미리 연습하는 시간을 가져야 한다. 이를 **심상적 시연**이라고 하며, 해결 방안이 원활하게 실행될 가능성을 높인다.

또한 해결 방안 실행하기 과정에는 잠재적인 장애물과 이러한 장애물을 극복하는 방법을 찾는 것도 포함될 수 있다. 미리 장애물을 예측해 해결 방안의 성공 가능성을 높일 뿐만 아니라, 장애물과 마주쳤을 때 당황하지 않도록 준비할 수 있다. 예를 들어, 난임 시술을 받는 내내 제인은 체외수정과 함께 사용되는 주사제가 많은 부작용이 있다는 사실을 잘 알고 있었다. 만약 부작용이 발생한다면 이를 어떻게 다룰지 계획을 세웠다. 그러나 이런 말을 듣고 나서 너무 많은 계획을 세운다면, '만약에'라는 문제에 시달리다가 결국 꼼짝 못하게 되어 앞으로 나아갈 수 없을지도 모른다. 따라서 잠재적인 장애물을 찾고 그에 대한 계획을 세우면서도 아무것도 못할 정도로 모든 장애물을 찾아내는 데 몰두하지는 않는, 건강한 균형을 유지하는 것이 중요하다.

단계 여섯: 해결 방안 평가하기

많은 사람이 해결 방안을 실행하면 문제 해결도 끝난다고 생각한다. 하지만 중요한 최종 단계가 하나 더 있다. 해결책이 얼마나 효과적이었는지 평가하는 단계다. 해결책의 효과를 평가하면 중요한 피드백을 얻을 수 있다. 예측한 대로 해결된다면 정말 멋진 일이다. 그러나 대부분의 해결책은 부분적인 효과에 그친다. 아멜리아는 마스터스 박사와 레어 박사가 새로운 환자 진료를 보는 줄 알았으나, 예약하려고 보니 둘 다 환자는 받지 않는다는 것을 알고 놀랐다. 대신 다른 의사 진료는 가능했는데, 그 의사도 앞서 두 사람과 유사한 교육 자격과 경험이 있어 결국 새로운 의사에게 진료를 받기로 결심했다.

문제가 늘 원하는 방식대로 정확히 해결되지 않을 수도 있다. 그래도 괜찮다고 깨닫는 것이 중요하다. 계획한 대로 해결이 잘 되지 않을 때 우리는 "봐, 내 방식대로 되는 건 없어"라고 하면서 이분법적 사고의 함정에 빠지기 쉽다. 그러나 가장 명쾌하게 설계된 해결 방안을 실행하더라도 결과가 좋지 않을 수 있다. 인생은 언제라도 커브볼을 던진다. 해결 방안을 완벽하게 실행하기를 기대하다 보면 더 큰 실망감을 느낄 가능성도 높아진다.

원하는 결과를 완전하게 달성하지 못하더라도, 해결책을 보는 또 다른 방식이 있다. 바로 배움의 기회다. 이러한 경험을 통해 문제 해결에 대한 접근 방식을 개선해야 하는지, 해결 방안을 실현하기 위해 필요한 다른 기술을 고려해야 하는지 평가할 수 있다. 또한 자신의 기대를 수정하고 통제할 수 없는 것들을 받아들이는 데 도움이 된다. 불확실성, 불편함, 그리고 계획한 대로 되지 않는 것들에 대한 참을성을 키울 수 있다. 다시 말해, 그 경험을 통한 배움의 기회를 얻는다. 이렇게 자신의 유산에 대한 의미를 찾을 수 있기를 바란다. 이 모두가 미래에 또 다른 삶의 문제에 직면할 때 중심을 잡고 효과적으로 견뎌낼 수 있도록 도와줄 것이다.

단계 일곱: 문제 해결 과정에 대한 요약

대부분의 사람은 문제 해결의 단계가 쉽고 논리적이라고 믿는다. 사람들에게 이런 단계를 가르칠 때, 가장 흔한 반응은 "네. 네. 이미 알고 있습니다"이다. 그러나 대부분의 사람이 이러한 단계들을 체계적으로 따르지 않는다. 그들은 절차를 무시하고, 해결 방안에 대해 충분한 브레인스토밍을 하지 않으며, 체계적인 장단점 분석을 생략했다. 임신 건강과 관련된 많은 결정은 너무 중요하고 의미가 크기 때문에 하나 또는 그 이상의 단계를 생략하면서 효과적인 문제 해결에 이르기는 쉽지 않다. 문제 해결 단계를 적용해 사용할 수 있도록 만든 것이 〈표 8-3〉 맞춤형 문제 해결 진행표다.

1단계
해결해야 할 문제를 나열하고, 가장 우선순위가 높거나 즉시 해결해야 하는 문제에 동그라미 치기.

2단계
확인한 문제를 해결할 수 있는 가능한 방안들을 자유롭게 생각해보기.

3단계

어떤 형식으로든 자신에게 가장 적합한 장단점 분석하기.

_____

_____

4단계

해결 방안을 결정하고 해당 방안(또는 조합된 방안)을 결정한 이유 기록하기.

_____

_____

5단계

해결 방안을 실행하기 위한 단계들, 예상되는 장애물, 그리고 해당 장애물을 극복하는 방법 나열하기.

실행하기 위한 단계들

_____

_____

_____

예상되는 장애물	장애물을 극복하는 방법

6단계

해결 방안 평가하기. 해결된 것은 무엇이고, 안 된 것은 무엇인가? 해결책을 실행하면서 배운 것은 무엇인가?

_____

_____

_____

〈표 8-3〉 **맞춤형 문제 해결 진행표**

문제 해결을 방해하는
몇 가지 문제들

이 장에서 설명하는 문제 해결을 위한 접근 방식을 완전하게 수용하는 것을 방해하는 몇 가지 문제들이 있다. 만약 지금까지 설명한 문제 해결 단계를 실행하기에 너무 감정에 압도되었거나 혼란스럽더라도 걱정할 필요는 없다. 중요한 문제를 해결하거나 중대한 결정을 내리기 전에 정서적 안정을 위해 다른 노력을 해야 할지도 모른다.

생물학적 나이가 중요하다는 관념이 깊이 뿌리박혀 있기 때문에, 임신과 관련된 건강에 대한 결정은 까다롭다. 그러나 생물학적인 나이가 중대한 문제임을 정확히 인지하고 있다고 해도, 최종 결정을 내리기까지 자신에게 집중할 수 있는 시간은 여전히 남아 있다. 유산한 사람들이 겪을 수 있는 몇 가지 문제를 살펴보자.

계속되는 슬픔

이 책의 주요 메시지는 애도의 과정에는 옳고 그름이 없으며 개인마다 다르다는 것이다. 유산 후 몇 달이 지났어도 여전히 심한 슬픔에 빠져 있을 수 있다. 이러한 슬픔은 완전히 정상적이지만, 극심한 슬픔을 겪고 있는 동안에는 삶의 중요한 결정을 내리지 않기를 바란다. 극심한 슬픔을 경험하고 있을 때는 문제 상황을 들여다보고 집중하기가 힘들다. 게다가 당신은 결정을 내릴 때까지 기다릴 수 없다고 느껴 성급히 행동할 수도 있다. 스스로에게 치유의 시간을 허락하라. 치유를 시작할 준비가 되었을 때 비로소 문제를 해결할 수 있다.

문제의 부정적인 방향성

6단계에서 **문제의 방향성**은 문제, 불일치, 또는 갈등을 특정 방향으로 움직이게 하는 일련의 인지적인 틀이라고 정의했다. 6단계에서는 관계에 초점을 맞추어 이를 설명했는데, 자신을 위해서가 아닌 관계에 가장 잘 적용할 수 있는 관점에서 배우자와의 단절된 관계를 회복하는 방향을 예로 들어 이야기했다. 또한 문제의 방향성 개념은 살면서 문제에 접근하는 방식이 도움이 되는지, 그렇지 않은지를 검토하는 연구에도 포함되어 왔다.

문제 해결 분야의 유명한 연구자 토머스 즈릴라Tomas D'Zurilla와 아서 네즈Arther Nezu는 **문제의 부정적인 방향성**은 문제 해결 과정을 이행하는 데 방해가 되는, 도움이 되지 않는 방식으로 문제를 보는 것이라고 했다. 이는 실제로 문제 해결 능력이 부족하다는 뜻이 아니다. 오히려 (1) 문제를 도전이 아니라 나쁜 것으로 보거나, (2) 문제를 해결할 수 없는 것으로 보거나, (3) 문제를 해결할 능력이 없다고 믿거나, (4) 문제가 삶의 일부라는 것을 받아들이지 못하거나, (5) 문제 해결에는 시간과 노력이 필요하다는 것을 인식하지 못하는 등의 특징을 보이는 인지 방식이다.

지금은 문제의 부정적인 방향성을 수정하기 위해 체계적으로 노력할 때가 아니라고 생각할 수도 있다. 하지만 적어도 이것이 무엇인지에 대한 최소한의 통찰력이 있다면, 임신 문제를 다루어야 한다는 생각이 들 때 자신이 겪고 있는 고통을 조금이라도 이해하고 설명할 수 있을 것이다. 일단 당신이 임신에 대한 결정을 내리고, 상실과 관련된 위기에서 벗어났다고 느껴야, 비로소 문제의 부정적인 방향성을 수정하고 싶어질 것이다. 이는 삶의 모든 영역에서 마주하게 될 과제들을 헤쳐 나가는 데 도움을 준다. 다시 말해, 좀 더 유용한 문제의 방향성을 만들기 위한 시간 투자는 앞으로 몇 년간 당신에게 도움이 될 것이다.

만약 지금 부정적인 방향으로 문제를 다루려고 한다면, 몇 가지 고려할 사항이 있다. 문제를 나쁘다고 보는가? 그렇다면 과거를 객관적으로 생각해보고 살면서 직면했던 다른 문제를 확인하는 시간을 가져라. 종이에 칸을 그려 한 칸에는 문제를 적고 다른 칸에는 그 결과가 어땠는지 적어보자. 그리고 최소한 어느 정도 긍정적이었던 결과에 동그라미를 쳐보자. 우리는 문제와 관련된 불확실성 때문에 문제를 나쁘다고 생각할 때가 많다. 그러나 예상과는 다른 방식이더라도 실제로는 문제가 해결되는 경우가 많다. 목록에 있는 이 항목들은 문제는 나쁘고, 문제가 발생했을 때 제대로 해결되지 않을 것이라는 관념에 반대되는 중요한 증거가 될 것이다.

살면서 이런 말을 여러 번 들어보았을 것이다. 삶의 방향을 바꿀 만한 문제에 직면하지 않았더라면, 지금처럼 살지 못했을 거라는 말. 나는 상실과 외상으로 어려움을 겪는 내담자들에게 지금껏 견뎌온 시련의 시간들이 쌓여 마침내 아이를 가졌을 때 느낄 '성공'의 기쁨이 얼마나 달콤할지 생각해보자는 말을 자주 했다. 내담자들은 누구보다 자녀와 함께하는 순간들을 즐길 것이며, 임신에 들인 노력만큼이나 자녀를 더 많이 사랑할 것이라고 말했다.

문제를 해결할 수 없을 것 같은가? 아이를 낳을 수 없다는 충격적인 소식을 접했을 수도 있다. 이 소식이 가슴 아프고, 받아들이는 데 많은 시간이 걸리는 것은 당연하다. 하지만 아이를 갖는 의미에 대한 고정관념에서 벗어나, 대리 출산이나 입양으로 생각을 확대해보면 문제를 해결할 수 있다는 것을 명심해야 한다. 따라서 문제를 재정립하면 진정으로 해결할 수 있는 상황으로, 그리고 창의적인 해결 방안이 존재하는 상황으로 나아가는 데 도움이 될 것이다.

문제를 해결할 능력이 없다고 믿는가? 너무 쉽게 문제에 압도되는가? 만약 그렇다면 다음 두 가지를 실천해보라. 첫째, 이 장의 앞부분에서 설명한 대로 문제 해결 단계를 세분화해 작은 문제 해결부터 연습해보고, 그다음 더 큰 문제를 해결하기 위해 노력하자. 이는 7단계에서 설명한 위계를 만들어보는 것과 동일한 개념으로, 난이도가 낮은 작업부터 시작해 난이도가 높은 작업으로 진행하는 것을 뜻한다. 이렇게 함으로써 문제를 해결할 수 없다는 생각에 반박할 수 있는 성공적인 경험을 할 수 있다. 둘째, 과거에 문제를 해결했던 경험을 떠올려 종이에 적어보자. 종이에 적은 목록은 문제를 해결하는 데 성공했던 기억을 상기시켜줄 것이며, 그렇게 할 능력이 없다는 생각과 반대되는 증거가 된다. 문제를 성공적으로 해결했던 때를 돌이켜보면 어떤 조치를 취했는지 기억이 날 것이며, 현재의 문제를 해결하는 데 도움이 된다.

과거의 문제 목록을 다시 적어보자. 앞에서는 최종 결과가 괜찮았거나 혹은 더 나았던 문제를 나열해보자고 했는데, 이번에는 성공적으로 해결한 문제를 나열해보자. 양쪽 목록에 중복되어 기재된 문제가 많을 것이다. 이러한 문제 목록을 적는 것이 인위적으로 보일 수도 있지만, 목록에 적힌 정보들은 문제의 부정적인 방향성을 약화시킬 수 있는 중요한 단서다. 연구에 따르면, 사람들은 슬프고 우울할 때 과거의 특정한 긍정적인 경험을 기억하는 데 어려움을 겪는데, 이렇게 문제를 성공적으로 해결한 이전의 사례들을 잘 기억해내지 못하는 경향이 현재의 문제를 해결하는 능력에도 영향을 미친다. 이러한 경향을 과도한 **일반화 기억 양식**이라고 한다. 이 목록들을 정리하면 과도한 일반화 기억을 피하고, 문제 해결 능력에 자신감을 가질 수 있는 이유를 떠올리며, 지금 겪고 있는 문제와 관련이 있을 수도 있는 문제들을 해결했던 이전의 방법들을 되새길 수 있다.

해결 방안을 제대로 활용할 수 없는 경우, 다음 단계는?

이상적인 환경에서 실행한 해결 방안은 문제를 해결해줄 것이다. 그러나 현실에서는 자신이 이행한 해결 방안이 제대로 작동하지 않거나 일부만 작동하는 경우가 생긴다. 이런 경우, 흑백논리 사고의 함정에 빠지지 않는 것이 중요하다. 즉, "해결 방안을 실행했으나 원하는 효과를 달성하지 못한다면 나는 실패자이거나 일이 결코 잘 풀리지 않을 것이다"라는 믿음에 쉽게 빠질 수 있다. 플랜 A가 작동하지 않으면 플랜 B를 준비해야 한다. 때로는 통제하지 못하거나 마음에 들지 않는 부분들을 수용하는 것이 도움이 될 수도 있다.

유산을 경험한 대부분의 사람은 문제를 해결하는 방안을 찾는 데 과몰입되어 있고, 다른 문제들보다 이 문제를 해결하는 데 더 많은 시간과 에너지, 감정적인 자원을 쏟아붓기 때문에, 자신이 계획했던 대로 되지 않을 때 엄청난 충격을 받을 수 있다. 이 책에서 설명한 방법들을 사용해 스스로를 돌보고 문제를 극복하기 위해 싸워온 의미를 찾아야 한다. 일단 상실의 슬픔을 수용하면, 생각했던 것과는 다른 방식으로 살아갈지라도, 삶의 목표를 재정립하고 자신의 가치관에 맞추어 살아갈 방법을 찾을 수 있을 것이다.

불확실성에 직면한 문제 해결

통제할 수 없고 예측할 수 없는 상황에 직면했을 때 인간은 본능적으로 불안과 공포를 경험한다. 임신, 출산과 관련된 건강은 통제할 수 없고 예측하기 어려운 면이 많다. 게다가 압도적이고 혼란스러운 면들도 많다. 의료 전문가뿐만 아니라 스스로 조사를 통해 얻은 많은 정보와 자료를 잘 정리하고 분류할 수도 있으나, 다른 한편으로는 일부 정보가 다른 정보들과 모순된다는 사실을 발견할 수도 있다. 이러한 상황들이 유산을 둘러싼 강렬한 감정들과 결합되어 무력감, 난감함, 무기력감, 그리고 절망감을 불러온다. 만약 이런 경험을 하고 있다면, 자신만 그런 것이 아님을 명심하라.

이 장에 설명한 문제 해결과 의사결정 기술을 체계적으로 적용하면, 통제력과 예측 가능성을 점차 회복하는 데 도움이 된다. 이러한 방법을 사용해 (1) 그렇지 않았더라면 무시하거나 간과했을 수 있는 실행 가능한 해결 방안을 놓치지 않게 될 것이며, (2) 충동적이거나 감정에 의한 결정이 아닌 합리적인 결정에 도달하는 선택지를 철저히 검토하게 되며, (3) 성공 가능성을 합리적으로 기대할 수 있게 되고, (4) 해결 방안을 실행할 때 방해가 될 수 있는 장애물과 그것을 극복할 수 있는 방법을 파악하고, (5) 해결 방안이 원하는 효과를 달성하지 못할 경우 대체 계획이나 대안을 개발할 수 있을 것이다. 하지만 이 모든 것 중 가장 어려운 부분은 그 무엇도 원하는 결과를 보장하지 않는다는 점이다. 게다가 최종 결과를 알기까지는 몇 달, 심지어 몇 년이 걸릴 수 있고, 기다림이 힘들 수도 있다. 다음 단계에서는 원치 않는 결과뿐만 아니라 출산과 관련된 불확실성을 수용할 수 있는 몇 가지 전략을 설명하고자 한다. 이 장에서 설명한 문제 해결과 의사결정 기법과 동시에 이러한 수용 전략도 함께 사용하기를 바란다.

9단계

현재의 삶에 집중하기

이 책을 읽고 있는 당신은 유산이나 임신 관련 외상을 경험했을 가능성이 높다. 자신에게 이런 일이 생기지 않기를 간절히 바랐을 수도 있고, 이것이 최악의 상황이라는 생각조차도 하고 싶지 않았을 수 있다. 살면서 경험한 가장 최악이면서도 가장 무서운 공포에 휩싸여 지내왔을 수도 있다. 많은 사례를 통해 설명한 것처럼 인생이 얼마나 불공평한지를 되풀이해 기억해내며, 화내고, 억울해하고, 미래가 어떻게 될지 두려워한다. 매우 고통스러워하면서 일어난 일을 수용하기보다 자신이 처한 현실에 분투하기 쉽다.

내게 현명한 조언을 해주는 한 지인은 신체적이든 정신적이든 인간이 경험하는 고통의 90퍼센트는 실제로 괴로움이라고 했다. 한밤중에 일어나 화장실에 가다가 무언가에 걸려서 발가락이 부딪혔을 때를 생각해보자. 발가락과 발, 종아리까지 통증이 느껴진다. 그리고 대부분은 이차적인 반응이 따른다. "이런, 난 너무 둔해. 내가 그랬다고 믿을 수가 없어. 아니 내 아내는 조심성이 없어! 어떻게 내가 넘어질 수 있는 이런 곳에 신발을 놔둘 수가 있지?" 이러한 이차적인 반응은 **괴로움**이나 **분투**다. 통증에 대한 괴로움의 반응은 통증 경험을 강화시키기도 하지만, 한편으로는 통증을 수용하고 회복하는 능력도 강화시킨다.

이 장에서 제안하는 이차적인 괴로움 반응을 극복하는 방법은 유산과 관련된 감정적인 고통과 새로운 관계를 만들어갈 수 있게 해준다. 이 장을 읽고 나서, 과거를 반추하거나 미래를 걱정(예: 괴로움이나 분투)하느라 현재의 삶에 집중하지 않고 있음을 알아채고, 일상생활에서 분투를 내려놓을 수 있는 전략을 습득하며, 상실을 수용해 이러한 전략들이 효과적이고 치유를 촉진시킬 수 있는 방법임을 이해할 수 있기를 바란다.

마음챙김

마음챙김은 신체적·정신적인 고통과의 싸움을 감소시키는 한 방법으로, 주류 심리학으로 점차 통합되어가는 수련법이다. 원래 수천 년

전 선종 불교에서 실천되어왔으나, 지금은 의학, 심리치료, 스트레스 감소 프로그램에 대중적인 방식으로 활용되고 있다. 현대 의학에 마음챙김을 도입하는 데 큰 기여를 한 인물로 존 카밧진Jon Kabat-Zinn이 있다. 매사추세츠 의과대학의 명예 교수이자, 마음챙김에 대한 저명한 책들을 집필한 그는 《존 카밧진의 왜 마음챙김 명상인가?Wherever You Go, There You Are》에서 마음챙김을 "특별한 방식, 즉 의도적으로, 지금 이 순간에, 비판단적으로 주의를 기울이는 것(4쪽)"으로 정의했다. 가치 있는 삶을 살아가기 위해서는 이 세 가지 구성 요소를 수행하는 것이 가장 중요하다. **의도적으로 주의 기울이기**는 여러 가지 일을 동시에 점검하되, 주의가 산만한 것이 아니라 한 가지 일에 주의 깊게 집중하는 것을 의미한다. **지금 이 순간에 있기**는 과거를 반추하고 미래를 걱정하는 것이 아니라 지금 여기에 집중한다는 의미다. 그리고 **비판단적이라는 것**은 지금 이 순간이 언제 끝날지 걱정하거나, 끝나기를 바라거나, 사라지기를 기대하거나, 혹은 그것이 얼마나 나쁜지 한탄하기보다는 있는 그대로 받아들인다는 뜻이다. 다시 말해, 의도적이고 비판단적으로 지금 이 순간에 있다는 것은 현재 겪고 있는 고통과의 싸움조차 내려놓는다는 뜻이다.

이 장의 도입부에서 언급한 고통과 새로운 관계를 만들어갈 수 있다는 말을 자세히 살펴보자. 우리가 신체적으로나 정신적으로 고통을 겪을 때, 그 일이 얼마나 끔찍하고 얼마나 불공평한지, 인생에 얼마나 부정적인 영향을 미쳤는지 등을 평가하는 판단의 형태로 고통과 싸운다. 이런 모든 판단을 통해 우리는 고통을 경험하기 두려워하고, 고통에 직면했을 때 두려움을 경험하며, 고통을 피하고자 필사적으로 노력한다. 즉, 우리는 고통에 위축된다. 그러나 고통을 이해함에 있어 비판단적인 마음가짐을 가진다면, 삶에서 고통이 가지는 의미가 아니라 고통 그 자체를 경험하게 된다. 고통의 의미가 아닌 실제 감각을 관찰하는 것이다. 존 카밧진을 비롯한 마음챙김의 대가들은 마음챙김 수련을 하는 사람들에게 고통과 관련된 감각을 관찰하면서 호기심 어린 자세를 취하라고 권한다. 이런 자세를 받아들인다면 고통은 더 이상 위협적이지 않을 것이다. 그리고 고통이 아직 거기에 있어도, 판단과 싸움을 내려놓으면 고통과 관련된 이차적인 감정적 고통을 줄일 수 있다.

누구라도 마음챙김 훈련을 통해 도움받을 수 있다. 마음챙김은 장미향이 나는 곳에서 장미 내음을 맡기 위해 잠시 머무는 것이다. 이는 삶의 질을 향상시키고 우울증에 대한 완충 역할을 한다. 또한 사람들이 장미가 없는 시간, 즉 스트레스, 도전, 그리고 상실의 시간을 경험하고 견디게 해준다. 유산을 겪은 후 과거를 되새기고 미래를 지나치게 걱정해 현재의 순간에서 벗어나거나 잠정적으로 정서적 혼란감이 악화될 수 있다는 점에서 마음챙김은 특히 유용하다. 이어지는 내용에서 마음챙김을 실천하는 몇 가지 방법을 소개하고, 마음챙김이 어떻게 치유의 매개체 역할을 하고, 일상에는 어떻게 적용할 수 있는지 설명한다. 앞으로 설명하는 어떤 훈련법도 내가 개발한 것은 없다. 이들은 셀 수 없이 많은 책이나 웹사이트, 특히 진델 시걸Zindel Segal, 존 티즈데일 John Teasdale, 마크 윌리엄스Mark Williams가 개발한 마음챙김 기반 인지치료 mindfulness-based cognitive therapy, MBCT에서 소개해왔던 표준적인 마음챙김 프로그램의 일부다.

마음챙김 연습

처음 마음챙김을 연습하는 사람들은 "말은 쉬워도 직접 하는 건 어렵네요"라고 반응한다. 체계적이고 단계적인 연습 없이 마음챙김을 실천하기는 쉽지 않다. 다음의 연습들은 조금씩 마음챙김을 실천할 수 있는 틀을 제공하기 위해 설계되었다. 시간이 지나면 더 숙련되고, 궁극적으로는 규정된 연습을 따라 하지 않고도 늘 마음챙김 방식을 적용할 수 있을 것이다.

먹기 마음챙김. 표준화된 마음챙김 개론과 마음챙김 기반 인지치료 프로그램에서는 **건포도 먹기 명상**이라고도 부른다. 만약 내가 실제로 당신을 만난다면, 나는 당신에게 건포도를 주며 이전에 전혀 본 적이 없었던 듯이, 마치 지구에 막 도착한 외계인처럼 건포도를 관찰하라고 부탁할 것이다. 그것을 "건포도"라고 부르지도 않는다. 대신 "물체"라고 부름으로써 건포도가 무엇을 의미하는지 선입견(예: 판단)을 가지지 않게 한다. 명상하는 태도로 손으로 물체를 굴려가며 굴곡을 찾아 빛이 어떻게 비춰지는지 관찰하고, 코에 대고 냄새를 맡고, 입으로 가져와서 입 앞에 음식이 있음을 알아차리고, 한 입 물어서 물체의 내부와 외부의 맛을 알아차리고, 물체를 삼켜 이것이 건포도라는 사실을 깊이 생각하게 하는 일련의 과정을 따라 해보자.

이는 일반적으로 건포도를 먹는 방식과 매우 다르다. 이 연습에 참여한 내담자들은 "와, 건포도에서 이렇게 많은 일들이 일어나고 있는지 몰랐어요. 보통 건포도를 먹을 때 어떻게 생겼는지, 느낌, 냄새, 맛을 신경 쓰지 않고 아무 생각 없이 스푼으로 떠먹었어요"라는 반응을 보였다. 마음챙김을 실천하며 건포도를 먹으면 완전히 새로운 경험을 하게 된다. 내담자들은 그전까지만 해도 알아차리지 못했던 건포도 먹기의 복잡함을 받아들이고 가치를 인정했다.

이러한 연습은 당신의 삶이 별다른 생각 없이 **자동으로 조종되어 움직일** 때, 혹은 일상을 살아가고는 있으나 삶이 주는 풍성한 다양성을 누리지 못하고 있음을 인지하는 데 도움이 된다. 자동조종되는 삶에서는 일상의 작은 즐거움을 느끼기 어렵다. 이것은 감정적 고통에도 중요한 역할을 한다. 자동조종 상태로 살아갈 때는 감정적 고통이 일어나고 있다는 미묘한 징후나 신호뿐만 아니라, 이를 다루기 위해 한 걸음 물러나 중심을 잡고 능숙하게 대응할 시기도 알아차리지 못한다. 따라서 마음챙김을 하며 살게 되면 자동조종 상태보다 더 빨리 감정적 고통을 감지하게 되므로 이를 관리하는 데 도움이 된다.

자동조종 상태에서 벗어나 마음챙김 상태로 살아가기 위해서는 연습이 필요하다. 먹기 마음챙김은 자동조종 상태의 속도를 줄이거나 벗어나, 진정으로 먹으면서 느껴지는 감각에 집중하는 연습법이다. 건포도, 견과류, 사탕 같은 한 가지 종류의 음식으로 마음챙김을 시도할 수 있다. 아니면 샐러드처럼 여러 가지 재료가 들어간 음식을 먹으면서 연습할 수도 있다. 다른 내담자들은 음식을 만들고 맛볼 때 느껴지는 감각에 주의를 집중하기도 했다. 자동조종 상태에서 벗어나는 방법을 배우는 것 외에도, 자신이 먹는 음식에서 작은 기쁨과 즐거움을 얻을 수 있는데, 이는 슬픔과 우울증을 치료하는 또 다른 해독제다.

주의할 점이 있다. 기쁨이나 즐거움을 **기대하면서** 이 연습을 하지 마라. 이러한 기대는 또 다른 판단의 형태로 작용해 오히려 실제 감각을 가리게 되어 실망만 느낄 수 있다. 마음챙김의 목표는 기분이 나아지거나, 진정되거나, 다른 긍정적인 결과를 얻기 위함이 아니다. 만약 그렇게 된다면 물론 좋은 일이다. 그러나 그렇게 되지 않을 수도 있다. 마음챙김 연습으로 기분이 나아졌을 때조차도, 늘 그랬던 것처럼 그저 주의를 기울일 뿐이라는 마음가짐이 중요하다. 마음챙김의 목표는 그것이 무엇이든 있는 그대로 그 순간을 충분히 경험하는 것이다.

일상 활동 속 알아차림. 자동조종 상태에서 벗어나는 또 다른 방법으로 무의식적으로 반복하던 일상 활동에 마음챙김을 적용해보는 것이다. 이 연습의 목적은 먹기 마음챙김과 동일하다. 이는 당신이 삶을 얼마나 자동조종 상태로 살고 있는지, 그리고 마음챙김의 자세로 활동할 경우 당신의 경험이 얼마나 풍부해질지 보여준다. 이는 당신과 현재의 순간을 새로운 방식으로 연결시켜준다.

일상 활동 속 마음챙김을 적용하는 데 있어 개인적으로 좋아하는 활동은 양치질이다. 양치질을 하는 전형적인 시간대인 아침이나 잠자기 직전은 나른하고 약간 멍한 상태로 자동조종 상태에 있는 가장 대표적인 시간대이기도 하다. 양치질에 신경을 써봐야 별다를 게 없을 것 같다. 그러나 알아차리면서 양치질을 해보면 다르게 느껴진다. 우선 치약향을 맡을 수 있다. 치약의 질감과 치아, 잇몸, 혀와 같이 입안에서 느껴지는 칫솔의 감각에 집중할 수 있다. 상온에 보관된 치약의 온도와 입안을 헹굴 때 사용하는 냉수의 온도 차를 느낄 수 있다. 칫솔모의 움직임을 알아차릴 수 있다. 다시 말해, 칫솔질에는 눈에 보이는 것보다 훨씬 많은 일이 일어나고 있으며, 양치질에 주의를 기울임으로써 이런 경험의 풍부한 다양성을 알게 된다.

바디스캔. 바디스캔은 자동조종 상태에서 벗어나는 데 도움이 되는 세 번째 방법이다. 바디스캔을 연습하려면, 바닥에 눕거나 비스듬히 앉은 자세에서 근육의 여러 부위에 체계적으로 주의를 기울여야 한다. 2단계에서 설명했던 근육 이완과 비슷해 보이지만, 몇 가지 중요한 차이가 있다. 첫째, 바디스캔은 근육 이완처럼 의도적으로 근육을 긴장시키고 이완시킬 필요가 없다. 대신 근육에서 무슨 일이 일어나고 있는지 주의를 기울이면 된다. 긴장감이나 다양한 정서 경험에 따라 느껴지는 감각들을 알아차리면 된다. 긴장감이 몸의 여러 부위에서 감지되는 사람들은 바디스캔이 다소 불편할 수 있다. 만약 이런 경우라면, 긴장감이 느껴지는 부위를 의식하고, 호흡하며, 이들 근육 부위에 숨을 불어넣었다가 내쉬기를 반복해보라. 연습을 충분히 한 다음, 동시다발적으로 숨을 들이쉬고 내쉬는 하나의 단위로써 몸 전체로 집중을 확장시킬 수 있는지 살펴보자.

먹기 알아차림, 일상 활동 속 알아차림, 바디스캔과 같은 마음챙김이 임신 관련 상실을 겪은 사람에게 어떤 도움을 줄 수 있을까? 이를 통해 우리가 얼마나 자주 자동조종 상태로 지내는지 알 수 있을 뿐만 아니라 자동조종 상태로 있으면서 무엇을 놓치고 살아왔는지에 대한 소중한 교훈을 얻는다. 지금 당신은 흘러가는 대로 따라가듯 살아가며 삶이 무감각하다고 느낄 수 있다. 마음챙김은 자동조종 상태에서 벗어나 삶을 더 의미 있는 방식으로 재연결시키는 데 도움이 된다.

그리고 앞서 말한 것처럼, 감정적인 고통의 미묘한 징후를 더 빨리 알아차릴 수 있다. 크리스틴은 아이를 잃은 날인 매월 6일이 다가오면 감정적 고통이 더욱 심해졌다. 그녀는 자신의 패턴을 알고 있음에도 불구하고, 무신경한 태도로 동시에 여러 가지 일을 하며 어떻게 해서든 감정적 고통을 밀어내어 피하고자 애썼다. 그러나 결국 고통은 다시 되돌아와 그녀를 압도하고, 종종 병가를 써야 할 지경에 이르렀다. 크리스틴은 마음챙김을 연습하고 자동조종 상태에서 벗어나는 방법을 배우고 나서는 고통의 첫 신호가 목과 어깨 위쪽 부위의 긴장감이라는 것을 깨달았다. 그녀는 이 감각에 더욱 주의를 기울였고, 이를 감지했을 때 상실의 기억과 관련된 고통을 줄이기 위한 자기 관리 계획을 실행에 옮겼다. 그녀는 감정적 고통을 제거하지는 못했지만, 건강한 방식으로 그것을 능숙하게 다룰 수 있게 되었다.

호흡 마음챙김. 호흡 마음챙김은 이 장에서 챙겨야 할 가장 중요한 마음챙김 연습이다. 어떤 사람들은 특정 활동의 마음챙김보다 호흡 마음챙김이 더 어렵다고 생각한다. 그럼에도 불구하고 우리는 항상 숨을 쉬고 있으며, 건포도, 칫솔, 싱크대가 없는 어떤 상황에서도 호흡 마음챙김을 연습할 수 있기 때문에 나는 호흡 마음챙김이 마음챙김 연습의 중심에 있다고 생각한다.

호흡 마음챙김은 들숨과 날숨을 통해 호흡을 따라가는 방법이다. 호흡의 방식을 어떤 식으로 바꿀 필요는 없다. 그저 코나 입으로 들어가는 공기와 나오는 공기에만 주의를 기울이면 된다. 숨을 들이마시고 내쉬면서 근육의 움직임, 예를 들면 횡격막의 오르내림에 주의를 기울일 수 있다. 숨을 들이마시고 내쉬면서 부풀어 오르는 배에 주의를 집중할 수 있다. 호흡할 때 코나 입에서 느껴지는 감각도 관찰한다. 마음챙김을 배우는 많은 사람들이 매일 약 10분씩 호흡 마음챙김을 연습한다. 마음챙김 수련에 도움을 줄 수 있는 앱이나 동영상이 많이 나와 있으니 사용해보는 것도 좋다. 이들은 모두 호흡 마음챙김 버전을 포함하고 있으니, 편안한 목소리를 들으면서 연습해보기 바란다.

호흡 마음챙김 연습이 어느 정도 되면 마음챙김 기반 인지치료의 **3분 호흡 공간** 명상으로 강도를 더할 수 있다. 3분 호흡 공간 명상에서는 매 순간 호흡의 힘을 활용하기 위해 따라야 하는 세 가지 단계를 정하고 있다. (1) 지금 이 순간의 경험을 알아차리기, (2) 숨 쉬는 과정에 집중하기, (3) 신체 전반으로 알아차림을 확장하기다. 3분 호흡 공간 명상은 즉각적인 조치를 요구하는 빗발치는 이메일을 정리할 때처럼 중심을 잡고 균형을 유지하기에 아주 좋은 방법이다. 호흡 마음챙김은 압도적인 감정의 파도 속에서 집중할 수 있도록 도와주기 때문에 유산을 경험한 사람들에게 특히 유용한 방법이다.

움직임 마음챙김. 어떤 사람들은 신체 활동이 포함되어 있는 마음챙김을 선호한다. 예를 들어, 걷기 명상은 매 걸음마다 한 다리를 들어 올리고 다른 다리를 내려놓는 움직임에 집중한다. 사람들은 흔히 리듬감 있는 움직임이 발걸음과 호흡을 협응시켜 마음챙김의 감각을 활성화하는 데 도움이 된다고 한다. 변증법적 행동치료라 불리는 자신만의 고유한 인지행동치료에 마음챙김을 접목시킨 유명한 연구자 마샤 리네한Marsha Linehan은 마음챙김을 배우는 이들에게 한 걸음, 한 걸음 걸으면서 세상과 연결되어 있음을 알아차리기를 권한다. 특히 요가는 현재에 집중하고 호흡을 중요시하는 마음챙김과 원리가 비슷하다. 집에서 요가를 하거나 외부에서 요가 수업을 들을 수도 있다. 수업의 장점은 마음챙김과 요가를 연마하는 데 전문가의 도움을 받을 수 있을 뿐만 아니라, 수업에 함께 참여하는 사람들과 사회적 유대 관계를 맺을 수 있다는 것이다. 이런 활동은 앞선 여러 장에서 설명해왔던 의미 있는 항우울 효과를 가진다. 마음챙김을 할 수 있는 다른 형태의 신체 활동으로 스트레칭, 수영, 조정(노젓기) 등이 있다.

자연몰입 마음챙김. 마음챙김은 촉각, 후각, 시각, 청각, 미각 등 여러 감각을 경험할 때 특히 잘 유도된다. 나는 내담자들에게 자연에 둘러싸여 있을 때 마음챙김을 연습하고 감각을 온전히 느껴볼 것을 권한다. 가을이라면 땅에 떨어진 나뭇잎의 향기에 주의를 기울이고, 볼에 닿는 서늘한 공기를 느끼며, 찬란한 가을빛을 눈에 담아보자. 겨울이라면 소나무의 향기, 눈송이가 얼굴에 닿는 느낌, 겨울 외투, 장갑, 스카프, 모자의 따뜻함, 그리고 하얀 풍경을 눈에 담으며 주의를 기울여보자. 봄이라면 갓 자른 풀이나 라일락 향기에 주의를 기울이고, 얼굴에 묻어나는 햇살의 느낌에 집중하고, 선명한 녹색, 분홍, 자줏빛, 노란

색을 눈에 담아보자. 산이나 해변 근처에 산다면 하루도 그냥 지나치지 말라. 주변의 자연을 음미하기 위해 잠시 시간을 내보자. 도심에 살더라도 공원을 산책하고, 도로를 따라 심어놓은 꽃과 나무를 보거나, 도심에 만들어진 자연물(예: 조명, 축제 장식, 화려한 건축물)을 감상할 수 있다.

중요한 것은 주변 환경이 자동조종 상태에서 벗어나 감각에 집중하게 만든다는 점이다. 이는 살아 있음을 느끼도록 도와주고, 심지어 위안을 느끼게 해준다. 또한 과거에는 별다른 관심을 가지지 않았던 새들의 감미로운 노래 소리나 하늘에 떠다니는 구름의 다양한 모양에 관심을 기울임으로써 작은 기쁨이나 즐거움을 느낄 수도 있다. 이러한 소소한 아름다움을 알아차리는 것이 가치 있는 삶을 만들어가는 또 다른 요소다.

감정적 경험 마음챙김. 지금까지 설명한 마음챙김 활동들을 연습해왔다면, 이제 감정적 경험을 알아차리는 데 주의를 돌려보자. 이는 행복, 고통, 혹은 중립 그 어떤 감정이든 판단하지 않고 자신의 감정과 함께 있음을 의미한다. 감정적 경험 마음챙김은 감정을 밀어내는 것이 아니라 어느 한순간에 느껴지는 감정을 수용하도록 돕는다. 감정적 경험과 동시에 일어나는 생각을 발견할 수도 있는데 감정적 경험이 부정적이라면, 이러한 생각들 중 일부가 당신을 혼란스럽게 할 수도 있다.

마음챙김 기반 인지치료에서는 "생각은 그저 생각일 뿐"이라고 강조한다. 생각은 뇌에서 일어나는 신경 활동일 뿐, 사실이 아니다. 이러한 생각과 감정이 당신을 지배하게 둘 필요는 없다. 생각과 감정은 단순히 그 순간의 경험일 뿐이며, 다음 순간의 경험을 결정하게 할 필요가 없다.

하늘에 떠다니는 구름이 한쪽 머리로 들어가서 반대쪽으로 부드럽게 빠져나가는 것처럼 감정과 생각을 바라보기 위해 노력하자. 또는 한 장면, 한 장면 지나가는 영화처럼 다음 장면이 스크린에 비춰지기 전까지는 지금 장면에 집중해보자. 나는 인생의 매 순간을 시계추에 즐겨 비유한다. 시계에 달린 추의 특성을 생각해보자. 추가 한가운데 위치할 때조차도, 움직임이 작기는 하지만 결코 멈추지 않는다. 마찬가지로 유산과 같은 비극적인 일이 일어난 후에 시계추가 오른쪽이나 왼쪽으로 멀리 떨어져 있더라도 영원히 거기에 머물지 않고 결국에는 가운데로 돌아온다.

특히 고통, 절망, 괴로움을 경험하고 있을 때 의식적으로 감정을 관찰하는 일은 가장 어려운 마음챙김 중 하나일 것이다. 그러나 2단계에서 설명한 것처럼 생각을 밀어내거나 억누르는 대처는 효과적이지 않다. 자신의 감정 상태를 매 순간 받아들여야 감정적인 고통과의 싸움에서 벗어나 새로운 관계를 형성할 수 있다. 이렇게 하면 이런 감정적인 경험들이 덜 위협적이고 덜 벅차게 될 것이다.

임신 관련 경험에 적용하기. 임신 과정에서 여러 가지 마음챙김 방법을 응용할 수 있다. 예를 들어, 카렌은 난임 시술을 받으러 갔을 때 검사실 천장이 하늘 무늬처럼 칠해져 있는 것을 보았다. 침습적인 시술을 받을 때에도 그녀는 천장 무늬에 세심한 주의를 기울였고, 아름다운 구름 모양과 따스하게 빛나는 파란색에 집중했다. 시각적인 자극이 없는 검사실에 있더라도 시술 중 호흡 마음챙김을 연습할 수 있다. 시술 중 통증이 느껴지면 바디스캔에서 배운 방법대로 긴장되어 있는 근육에 호흡을 불어넣을 수 있다.

다시 임신을 시도하고 있다면, 배란일을 예측하고 기초 체온표를 작성하는 등 현실적인 일로 감정을 소모하고 있다는 느낌을 받을 수 있다. 부부가 임신에 어려움을 겪는 동안 하는 성관계는 흔히 친밀감과 즐거움이 부재하고 기계적이고 비자발적으로 이루어진다. 이러한 상황이라면, 배우자와 성관계를 할 때 주의를 기울여보길 권한다. 둘 사이의 성적인 자극과 반응에 집중해보자. 임신 여부에 대한 걱정 같은 부정적인 감정적 경험이 느껴지면, 그저 지나가는 내적 경험으로 받아들이고, 다음 순간은 전혀 다를 수 있음을 기억하자. 성관계를 할 때 마음챙김을 적용하면 배우자와의 친밀감이 더해져 이 어려운 시기를 잘 견딜 수 있는 또 다른 자산이 될 것이다.

만약 다시 임신한다면 '또 유산하지는 않을까?', '아이는 괜찮을까?' 등 많은 걱정을 할 것이다. 이러한 걱정과 생각을 내적 경험으로 받아들이고 다시 한 번 시계추를 기억하라. 현재의 순간이 다음 순간을 결정할 필요는 없다. 걱정은 단지 생각일 뿐, 임신의 결과를 결정하거나 보장하지 않는다. 임신 관련 상실을 경험한 많은 사람은 임신 경험을 누리지 못하고, 또 다른 상실을 겪더라도 좌절하지 않기 위해 방어적이고 무관심한 자세를 유지해야 한다고 말한다. 물론 이해할 수 있다. 그러나 이는 임신을 위해 작은 기쁨을 누릴 수 있는 기회를 스스로 박탈하는 것일지도 모른다. 태아가 발길질하거나, 검진 중 태아의 심장 소리를 들을 때 주의를 기울여라.

직면할 수 있는 장애물

마음챙김은 하루아침에 익힐 수 있는 기술이 아니다. 사실 많은 사람이 마음챙김을 처음 시도했을 때 상당한 좌절감을 느낀다. 다음으로 당신이 직면할 수 있는 장애물과 이를 극복하는 방법을 소개한다.

"마음이 너무 분주해서 어느 한 가지에도 집중하지 못해요." 이 말은 마음챙김을 배우는 사람들이 하는 가장 흔한 고백이다. 마음이 혼란스러운 것은 지극히 자연스러운 일이다. 마음은 원래 그렇다. 만약 몇 분 동안 한 가지 일에 집중해 주의를 기울일 수 있다고 기대한다면, 실망할 준비를 하는 것일 수도 있다. 대신 마음이 향하는 방향으로 부드럽게 호기심을 가져보자. 마음을 사로잡은 것이 무엇인지 간단하게 메모하고, 다시 부드럽게 마음챙김으로 주의를 돌려놓자. 마음챙김 연습에 집중하고, 혼란스러운 마음에 주의를 기울이고, 마음이 흘러가는 곳을 부드럽게 알아차리며, 다시 마음챙김으로 돌아갈 수 있도록 계속 이 과정을 진행한다. 이렇게 마음챙김은 결과보다 과정을 더 많이 생각하게 한다. 마음이 계속해서 혼란스럽다는 것을 알게 되더라도, 그것을 당면한 일로 부드럽게 받아들임으로써 마음챙김을 실천할 수 있다.

"기분이 조금도 나아지지 않았어." 만약 이런 반응이 일어난다면, 마음챙김의 목적이 반드시 기분을 나아지게 하는 것이 아님을 기억하자. 기분이 나아질 때도 있지만 그렇지 않을 수도 있다. 마음챙김의 목적은 현재를 충분히 경험하고, 숨을 들이쉬고, 다음 순간이 다를 수도, 다르지 않을 수도 있음을 알아차리는 것이다.

"마음챙김을 제대로 하지 못했으니까 실패한 거야." 처음 마음챙김을 배우는 사람들은 마음이 혼란스러울 때, 기분이 나아지지 않았을 때, 또는 어떤 불편함을 경험할 때 마음챙김을 제대로 하지 못했다고 결론 내린다. 나는 마음챙김을 실천할 때나 마음챙김을 배우려고 하는 내담자를 상담할 때 **옳고 그름**이라는 단어를 사용하지 않는다. 이 용어는 우리가 비판단적인 자세를 취해야 하는 상황에서 판단을 하게 만들기 때문이다. 마음챙김은 결과보다는 과정이라는 점을 기억하자. 마음챙김을 실천하기 위해 도전한다는 단순한 사실만으로도 실패하지 않았다는 것을 의미한다.

마음챙김 기반 인지치료 교육을 받은 전문가들은 내담자들과 협력해 이전에 감정적 고통을 준 에피소드들의 '영역' 지도를 그려본다. 이 영역들은 보통 자신에 대한 부정적인 생각들로 구성된다. 영역 지도를 그리면 자동조종 상태에서 벗어나 그러한 생각이 빠르고 자동적으로 떠오르는 시기를 인식함으로써, 감정적 고통을 일으키는 또 다른 삽화가 서서히 진행되는 미묘한 조짐을 알아차려 그것을 능숙하게 처리할 수 있다. 만약 마음챙김을 제대로 못한다거나 실패자로 낙인찍으며 스스로를 비난하고 있다면, 이러한 판단이 감정적 고통이라는 영역의 일부일 수 있고, 실제로 감정에 압도당하기 전에 이 책에서 설명하는 기술과 방법을 사용해 대처하라는 신호일 가능성일 수 있다.

마음챙김 전문가들은 내담자들에게 마음챙김을 연습할 때 자기연민의 자세를 취하라고 격려한다. 지금 어떤 경험을 하고 있더라도 스스로에게 상냥한 친절을 베풀어보자. 당신은 이루 말할 수 없는 비극을 겪었고, 할 수 있는 최선을 다하고 있다는 것을 알아야 한다. 자신과 같은 경험을 한 친구나 가족 구성원이 있다면 지지해주고 연민을 가질 수 있으며, 자신도 지지받을 자격이 있다는 것을 기억하라.

마음챙김: 경고

1단계에서 설명한 우울증 증상을 떠올려보자. 흔히 정신건강 전문가의 전문적인 치료가 필요한 우울증 진단의 하나인 주요우울장애의 진단 기준은 다음과 같다. (1) 우울한 기분, (2) 일상 활동에 대한 흥미와 즐거움의 뚜렷한 저하, (3) 식욕 감소 또는 증가, 혹은 체중 감소 또는 증가, (4) 수면 장애, (5) 정신 운동 장애(예: 안절부절못하고 불안해하거나, 평소보다 느린 움직임), (6) 피로나 활력의 상실, (7) 무가치감 또는 과도한 죄책감, (8) 집중력 감소 또는 우유부단함, (9) 자살 사고나 자살 행동. 이상 아홉 가지 기준 중 주요우울장애를 진단하려면 적어도 다섯 가지 기준을 충족해야 한다. 단, 다섯 가지 증상 중에 기준 (1) 또는 (2)가 반드시 하나 이상 포함되어야 한다. 물론 정신건강 전문가들은 증상의 지속 기간, 증상의 심각도, 다른 원인의 존재 유무, 삶의 방해 정도, 감정적 고통의 정도 등 여러 요인을 고려하기 때문에 확진을 위해서는 훈련된 정신건강 전문가의 진료를 받는 것이 중요하다.

주요우울장애가 심각한 상태에서는 마음챙김이 적절하지 않을 수도 있다는 전문가들도 있기 때문에, 나는 여기에 주요우울장애 진단에 대한 토론을 포함했다. 이 장 전반에 걸쳐 언급한 마음챙김 접근법인 마음챙김 기반 인지치료는 우울 증상이 악화되고 재발하는 것을 예방하기 위한 프로그램으로 개발되었으며, 우울증을 회복하고 있는 사람들에게 제공된다. 유산 직후에는 이러한 기준에 당연히 충족될 수 있다. 그러나 몇 달간 이런 상태가 지속된다면, 진짜 주요우울장애 진단 기준에 충족되는지 판단해줄 정신건강 전문가와의 상담을 반드시 고려해야 한다. 만약 진단을 받는다면, 효과가 입증된 치료(예: 이전 장에서 기술된 많은 전략을 포함하고 있는 인지행동치료, 항우울제 투여)를 받는 것에 대해 정신건강 전문가와 상의해야 한다. 일단 급성 증상이 가라앉았으면, 마음챙김 명상 연습을 시작해볼 수 있다.

수용하기

마음챙김은 수용감을 얻기 위해 자주 사용된다. 유산, 난임 시술의 실패, 생물학적 혈연관계의 아이를 가질 수 없다는 사실, 원하는 것보다 적은 수의 아이를 가질 수밖에 없다는 점 등은 지금까지의 경험들 중 가장 깊은 실망감을 주기 때문에 이런 사실을 받아들이기가 불가능해 보일 수도 있다. 수용이 표면적으로는 포기나 체념처럼 느껴질 수 있다. 그러나 전혀 그렇지 않다. 수용은 주체적이고 능동적으로 내리는 결정이다. 이런 자신감 속에서 무언가에 맞서 싸우지 않고, 그것이 무엇이든 현재의 순간을 받아들이고, 가치 있는 삶을 재정립하는데 시간이 들더라도 이를 지향한다. 다시 말해서, 스스로가 수용의 길을 선택하는 것이다.

변증법적 행동치료 개발자인 마샤 리네한은 **억지로 하기**^{willfulness}와 **기꺼이 하기**^{willingness}를 구별해 수용의 의미를 생각해보는 학습을 제안했다. 억지로 하기는 자신이 처한 현실과 맞서 싸우고 있음을 의미한다. 정작 행동이 필요할 때 아무것도 하지 않을 수도 있다. 물론 당신에게 지금 하고 있는 행동을 할 '권리'가 있기는 하지만, 현재 요구되는 효과적인 행동과는 다른 행동을 하고 있을 수 있다. 어떻게 해서든 상황을 수습하려고 하거나, 아니면 현재 겪고 있는 고통을 견디기를 거부하는 형태일 수도 있다. 나는 '억지로 하기'는 네모난 못을 둥근 구멍에 박아 넣으려고 하는 것과 같다고 본다.

반면 **기꺼이 하기**는 필요하다. 이는 일어나고 있는 일들이 공평하지 않거나, 끔찍하게 느껴지거나, 등을 돌려 숨고 싶은 순간에도 효과적인 행동을 하는 것이다. 또한 자신이 되고자 하는 사람이나 자신의 가치관에 따라 행동하게 하며, 자신과 현재 경험, 즉 자신의 감정, 호흡, 자신이 이야기 나누고 있는 사람을 연결시켜준다. 기꺼이 하기를 생각하면 졸졸 흐르는 시냇물이 떠오른다. 시냇물이 흐르는 것은 막을 수 없다. 물은 일정한 방향으로 흐르고 거품은 계속해서 발생한다. 졸졸 흐르는 시냇물에는 어떤 평화와 평온함이 있다. 나는 내담자들에게 **기꺼이 하기**에 대한 자신만의 이미지나 상징을 개발하도록 권한다. 내담자들이 스트레스나 역경, 도전의 순간에 직면했을 때, 다음과 같은 결정 규칙을 적용해보라고 한다. "내 반응이 억지로 하기에 의한 것인가, 아니면 기꺼이 하기에 의한 것인가? 나는 효과적인 행동을 하고 있으며, 저항하기보다는 포용하고 있는가?"

필라델피아 교외에 있는 산후스트레스센터를 운영하면서 주산기 우울증과 불안증에 관해 많은 책들을 집필한 캐런 클라이먼Karen Kleiman

이 개발한 은유가 있다. 이 은유는 단단하게 움켜쥐기(예: 억지로 하기)와 놓아주기(예: 기꺼이 하기)의 효과를 잘 말해준다. 물풍선 싸움을 하고 있고, 마지막 남은 풍선을 잡아챘다고 상상해보자. 적절한 순간에 풍선을 던져 싸움에서 이길 수 있도록 풍선을 지켜야 한다. 그러나 오래 잡고 있을수록 떨어뜨려 터질 가능성이 높다. 당신은 무엇을 할 수 있는가? 많은 사람은 떨어뜨리지 않기 위해 꽉 잡고 있으려고 한다. 하지만 물풍선을 꽉 잡으면 어떤 일이 일어날까? 아마도 손에서 터지거나 미끄러져 땅으로 떨어져 터질 것이다. 더 효과적인 행동은 움켜쥔 손을 펴고 손바닥 위에서 물풍선의 균형을 잡는 것이다. 직관에 반한다고 생각할 수 있지만, 이렇게 하면 풍선이 터지지 않으면서 풍선을 가지고 있을 가능성이 더 커진다.

지금이 손으로 물풍선을 움켜쥐기보다 손을 펴서 손바닥으로 물풍선을 받쳐야 할 때일지도 모른다. 이는 스스로 포기해 풍선을 떨어뜨리거나 물풍선 싸움에서 완전히 진다는 의미가 아니다. 비록 단기적으로는 원하는 목표와 거리가 멀게 느껴질 수도 있겠지만, 기꺼이 하기의 자세를 취하면서 효과적인 행동을 하고 있는 것이다. 움켜쥔 손을 펴면 그 틈으로 인생의 여정을 항해하면서 의지할 수 있는 명료함, 좀 더 큰 평화와 품위가 당신을 찾아올 것이다.

평생 도움이 되는
기술과 지혜

마음챙김과 수용을 실천하는 데 도움이 되는 몇 가지 연습과 자기 발견적 학습에 대해 설명했지만, 마음챙김과 수용은 바쁜 일정에 맞추어 작업하는 별도의 활동이 아니라 평생 실천하는 활동으로 보아야 한다. 인생의 모든 활동에 해당하진 않겠지만 마음챙김과 수용을 더 많이 연습하고, 자기 발견적 학습과 개념에 따라 결정을 내릴수록, 마음챙김과 수용의 자세에 더 가까워질 수 있다. 다시 말해서, 연습하면 할수록 더 많이 주의를 기울이고 수용하는 태도로 살 수 있다. 인생을 수용하고 주의를 기울이며 살아가는 것은 삶의 질을 향상시키고, 자신의 가치관에 따라 살아갈 가능성을 높여준다. 그리고 스트레스 요인과 도전, 실망감을 최대한 우아하고 품위 있게 다룰 수 있도록 해 미래에 일어날 스트레스 요인들과 도전들에 맞서지 않게 도와줄 것이다.

마음챙김과 수용의 삶에 어떻게 전념할 수 있을까? 몇 가지 방법을 제안한다.

- 명상에 관한 교육이나 과정을 들어라. 많은 병원과 의료센터에서 이 장의 앞부분에서 소개한 전문가 존 카밧진이 개발한 마음챙김 기반 스트레스 완화에 대한 강의를 제공하고 있다. 이러한 교육은 인터넷에서 마

음챙김 기반 스트레스 완화, 위치명(또는 가장 가까운 대도시 이름)을 검색하면 찾을 수 있다.

- 만약 현재 심리치료를 받고 있거나 심리치료가 도움이 될 것이라고 생각한다면, 치료 전문가가 마음챙김 기반 스트레스 완화나 마음챙김 기반 인지치료에 대한 교육을 받고 있는지 물어보라. 자격을 갖춘 인지행동치료 전문가들은 마음챙김 훈련을 제공할 수 있다.

- 매일 10분에서 20분 정도 마음챙김 연습에 전념하자. 먹기 명상, 걷기 명상, 요가 등 마음챙김의 종류들 중 원하는 연습을 하면 된다.

- 스트레스나 불행에 반사적, 충동적으로 반응하거나 놀라는 반응보다는 마음챙김 방식으로 반응하는 데 전념하라. 마음챙김은 중심을 잡을 수 있게 하고, 호흡과 감정적 경험들을 연결시켜주고, 결과적으로 숙련된 행동을 취할 수 있게 해준다는 것을 기억하라. 숙련된 행동에는 자기 관리, 행동활성화, 사고 수정, 문제 해결과 효과적인 의사소통을 포함하며, 이 책에서 설명한 다른 전략과 기법이 포함될 수 있다. 스트레스에 직면했을 때 우선 잠시 호흡에 집중하고, 몸 전체로 의식을 넓혀 보자. 집중했을 때 효과가 입증된 인지행동 전략을 활용해 자신을 돌보고, 감정적 고통을 관리해 문제를 해결하고, 수용의 자세를 유지할 수 있도록 한다. 나는 이 과정을 '원-투 펀치'라고 부른다.

- 마음챙김과 수용에 대한 책을 계속 읽어라. 일반 대중이 이용할 수 있는 마음챙김 자원이 많다. 주류 심리학에서 마음챙김을 이끌어가기 위

해 전념하는 많은 작가 중에서도 존 카밧진, 마크 윌리엄스, 틱낫한^{Thich} Nhat Hanh이 쓴 책들을 적극 추천한다. 이들 책의 개념이 많이 유사하지만, 책마다 독특한 방식으로 마음챙김을 소개한다. 즉, 마음챙김, 수용, 그리고 기꺼이 하기를 이해하고 인식하기 위한 은유와 당신에게 울림을 줄 수 있는 마음챙김과 수용에 대한 통찰은 책마다 다르다.

임신 관련 상실을 치유하는 과정처럼, 마음챙김과 수용은 하룻밤 사이에 달성할 수 있는 것이 아닌 여행의 과정이다. 마음챙김과 수용이라는 여정의 결과보다는 과정을 통해 더 많은 혜택을 누릴 수 있다. 지금 마음챙김과 수용을 위해 시간과 노력을 기울인다면 살면서 어떠한 문제에 직면하더라도 평생 도움이 되는 기술과 지혜를 갖게 될 것이다.

새로운 정상, 그리고
내가 나를 사랑하는 방식 찾기

이 책 전반에 걸쳐 여러 번 언급했듯이, 유산을 단순히 '극복'한다고 말하는 것은 잘못된 표현이다. 어떤 면에서 보면 유산이 지나치게 비관적인 것만은 아니다. 실제 사람들은 성공적으로 애도 과정을 겪어나가며, 삶의 목표에 집중하고, 삶의 질을 높이며 행복감과 만족감을 얻어간다. 이 경험은 결코 잊을 수 없을 뿐만 아니라, 대부분의 사람은 이런 충격적인 경험을 한 후에 어떤 방식으로든 변화한다. 이런 긍정적인 결과를 얻기 위한 핵심은 결국 아이를 가지는지 또는 더 많은 아이를 가지는지와 관계없이, 의미를 찾거나 더 나아가 **새로운 정상**을 만들어내는 것이다.

10단계에서는 새로운 정상을 확고하게 정립하고, 경험 속에서 의미를 찾기 위해 필요한 방법들을 구축하는 데 도움이 되는 내용들을 소개하면서 이 책을 마무리하고자 한다. 평온함과 의미를 느낄 수 있는 방식으로 잃어버린 아이에 대한 기억을 기리고 간직할 수 있도록 아이를 추모하는 방법에 대해 이야기한다. 유산이 자신의 신념 체계를 어떻게 흔들어놓는지, 그리고 신념을 재정의하면서 어떻게 건강한 방식으로 수용할 수 있는지 검토하도록 돕는다. 또한 유산을 받아들이고 삶의 질을 향상시키면서 품위가 깃든 가치 있는 삶을 살 수 있도록 삶의 우선순위를 평가하고, 필요하다면 새롭게 정의하도록 독려한다.

한쪽으로 치우치지 않은 건강한 신념 체계로 옮겨가는 시점에서, 새로운 삶의 목표와 우선순위들을 달성하기 위해 매 순간 선택의 길잡이가 될 인생 목표 선언문을 만들어볼 수 있다. 그리고 재발 방지에 관한 부분에서 우울, 불안, 다른 건강하지 않은 증세들이 나타나거나 재발하는 것을 사전에 감지하고 해소할 수 있는 방법을 찾도록 한다. 유산 경험에서 의미를 찾고 지혜를 일궈내는 것에 대한 짧은 숙고로 이 장을 끝맺고자 한다.

아이를
추모하는 방식

사산을 경험하거나 태어난 지 얼마 되지 않아 아이를 잃은 사람들은, 아이를 떠올릴 만한 것을 영구적으로 전시해두거나 매년 아이를 잃은 날에 어떤 의식을 함으로써 추모에 많은 의미를 부여한다. 이런

- 해변 같은 좋아하는 장소에 가서 꽃잎을 뿌리거나 나비를 날려준다.

- 초음파나 태어났을 때 사진을 액자에 넣어둔다.

- 아이 이름의 이니셜을 새긴 목걸이를 한다.

- 아이 이름의 이니셜을 새기거나 달리 예술적으로 표현한 나무를 진열한다.

- 성서나 다른 신성한 책에 나오는 경구를 읽는다.

- 추모일이나 추모일에 즈음해 종교 의례에서 사용할 수 있도록 꽃을 기부한다.

- 아이를 기억하고 싶은 특별한 날에 촛불을 밝힌다.

- 아이를 기리는 나무, 관목, 또는 꽃을 심는다.

- 아이 이름으로 기부금을 낸다.

- 아이 이름으로 자선 행사나 달리기 행사에 참여한다.

- 추모일이나 출산 예정일 또는 아이의 생일에 가까운 가족, 친지와 모임을 가진다.

〈표 10-1〉 **아이를 추모하는 방법**

10단계 새로운 정상, 그리고 내가 나를 사랑하는 방식 찾기

추모는 아이와 연결되어 있음을 되새길 뿐만 아니라 아이가 어떤 식으로 자신과 가족의 삶에 영향을 미쳤으며, 어떻게 자신과 가족을 하나로 묶어주었고, 어떻게 개인적 성장과 지혜를 이루게 해주었는지를 돌이켜보는 시간이다. 당신에게 추모가 여전히 특별한 이벤트라면, 의심의 여지없이 눈물이 함께하는 시간이 될 것이다. 그러나 시간이 지나면서 그 경험을 통해 어떤 의미를 만들었는지 생각하면서 한 번씩 위안이나 평온한 감정도 느낄 수 있길 기대한다.

〈표 10-1〉은 아이를 추모하는 방법에 대한 목록이다. 이 방법들은 유산 관련된 다른 자료들이나 유산을 경험했던 내담자의 아이디어, 또는 비슷한 비극을 경험한 사람들의 이야기에서 나온 것들이다. 목록에서 방법을 선택할 수도 있고 아니면 전혀 다른 방법을 사용할 수도 있다. 선택은 당신의 몫이다. 추모하는 데 있어 옳거나 그른 방식은 없다. 아이를 추모하지 않기로 선택해도, 그 또한 괜찮다.

건강하고 균형 잡힌 사고 전환 훈련

4단계과 5단계에서 유산을 상기시키는 상황을 만났을 때나 앞으로의 출산에 대한 불확실성에 직면했을 때 경험할 수 있는 사고의 유형들을 설명했다. 인지행동치료 전문가들은 우리가 흔히 겪는 특정 사고들은 감정에 심각한 영향을 미치지만, 그러한 생각은 어떤 상황에서는 알아채지 못할 정도로 매우 빠르게 일어나기 때문에, 이를 **자동적 사고**라고 한다.

이렇게 특정 상황에서 일어나는 자동적 사고는 인지행동 치료 전문가들이 치료에서 가장 자주 다룰 정도로 우리의 사고 유형에 중대한 영향을 미치지만, 이 사고 유형에 영향을 주는 좀 더 깊은 수준의 인지(즉, 신념)도 있다. 이런 핵심 신념은 인격이 형성되는 시기의 경험들에 영향을 받는다. 우리는 주로 아동기에 부모, 형제, 선생님, 동료들로부터 직간접적으로 메시지를 받고, 메시지를 통해 자기 자신, 타인, 내 주위의 세상, 그리고 미래를 보는 방식을 만들어간다. 그러나 나는 성인기에 한 결정적인 경험에 의해서도 핵심 신념이 다듬어진다는 것을 반복적으로 목격해왔다. 유산이 바로 이런 결정적인 경험일 수 있다.

어떻게 유산 경험이 개인적인 신념 체계에 영향을 미치는지 잠깐 생각해보자. 당신은 자신을 어떻게 보는가? 다른 사람들은? 세상과 미래는? 이 관점들이 상실이 있기 전과 비교했을 때 근본적으로 바뀌었는가? 〈표 10-2〉는 유산 후 부정적인 방향으로 바뀔 수 있는 각 영역별 신념에 대한 예시들이다. 이들 중 자신의 생각과 유사한 것이 있는가? 우울이나 불안을 겪고 있는 사람들은 유산 전부터 이런 신념을 가져왔을 수도 있다. 또 다른 이들은 상대적으로 긍정적인 신념 체계를 가지고 있다가 유산을 경험한 이후에 바뀌었을 수도 있다.

〈표 10-2〉에서 제시한 부정적 신념이 활성화된다면, 유산을 생각나게 하거나 향후 임신과 관련된 특정한 상황에서 부정적인 자동적 사고를 경험할 가능성이 높아진다. 이러한 믿음은 심지어 직장에서 스트레스를 받을 때나 친구나 가족과 신경이 날카로운 대화를 할 때와 같이 출산과 관련이 없는 스트레스 상황에서도 부정적인 자동적 사고를 경험할 가능성을 높일 수 있다. 4단계와 5단계에서 보았듯이, 도움이 안되는 자동적 사고는 흔히 부정적인 기분으로 전환되는 것과 관련이 있으며 우울, 불안, 분노 증상에 취약한 상태를 만든다. 만약 이런 상황을 보는 데 좀 더 균형적인 방식이 존재할 것으로 믿고 그 방식을 찾고 있다면, 우리는 운 좋게도 4단계와 5단계에서 이미 배웠다. 그 기법들이 이런 자동적 사고를 알아차리고, 이들의 정확성과 유용함을 비판적으로 평가하며, 적응적인 반응을 개발하는 데 매우 큰 도움이 될 것이다.

자신에 대한 신념

- 나는 무능하다.
- 나는 다른 여성들(또는 남성들)보다 못하다.
- 나는 가치가 없다.
- 나는 실패자다.

- 나는 무력하다.

- 나는 약하다.

타인에 대한 신념

- 의사(또는 의료진)는 무능하다.

- 의사(또는 의료진)는 좋은 의료 서비스를 제공하는 것보다 자기들 앞가림하는 데 더 신경 쓴다.

- 다들 쉽게 산다.

- 다들 나보다는 더 가치가 있다.

- 누구도 이해하지 못한다.

- 아무도 관심이 없다.

세상에 대한 신념

- 세상은 잔인하다.

- 세상은 위험하거나 위협적이다.

미래에 대한 신념

- 제대로 되는 일이 없을 것이다.

- 나는 부족하다.

- 나는 결코 행복할 수 없을 것이다.

- 내 인생은 무의미할 것이다.

- 나만 혼자 남게 될 것이다.

〈표 10-2〉 유산과 관련된 도움 되지 않는 신념

사고 수정 기법이 도움이 되며, 개인적으로는 이 기술이 필수라고 생각하지만, 많은 인지행동치료 전문가는 부정적이고 도움이 안 되는 신념 체계에서 더욱 도움이 되고 균형 잡힌 건강한 신념 체계로 전환되면서 일어나는 변화가 가장 오래 지속된다고 믿는다. 이런 변화는 우선 스트레스 상황에서 부정적인 자동적 사고를 경험할 수 있는 가능성을 줄일 수 있다. 이러한 변화가 극적일 필요는 없다. 사실 자신이 설득력이 있다고 받아들일 수 있을 만한 도움 되고, 균형 잡힌, 그리고 건강한 신념을 확인하는 것이 중요하다. 예를 들어, "나는 무능해"라는 신념을 갖고 있다면, 당신은 "나도 다른 사람들처럼 유능해"와 같은 신념을 선택하는 방향으로 작업한다. 만약 "나는 결코 행복하지 않아"라는 신념을 갖고 있다면, "다른 사람들처럼 나에게도 좋을 때도 있고 나쁠 때도 있겠지"라는 신념을 선택하는 방향으로 작업한다. 일단 균형 잡힌 건강한 신념 체계가 자리 잡으면, 부정적인 신념 체계가 자리 잡았을 때보다 역경을 더 잘 헤쳐 나가고, 문제를 해결하고, 칭찬을 받아들이고, 즐거움과 기쁨을 열린 가슴으로 받아들일 것이다.

더욱 도움이 되고, 균형 잡힌 건강한 신념 체계로 사고를 전환하려면 어떻게 해야 할까? 자신이 견뎌왔던 비극적인 면에서 보면 이것은 어마어마한 과제처럼 보일 수 있다. 유산 이후 단번에 부정적인 방향으로 신념 체계가 바뀌었다 하더라도, 이런 변화는 결코 단숨에 일어나지 않음을 명심해야 한다. 감정적 고통을 유지하게끔 만드는 신념을 다루기 위해 다음의 몇 가지 단계를 거쳐야 한다.

1. 자신, 다른 사람들, 세상, 또는 미래에 대한 하나 이상의 도움이 되지 않는 신념을 명확히 확인하라. 이런 신념은 스트레스 상황에서 우리가 경험하는 부정적인 자동적 사고들의 이면에 있는 공통된 주제에 해당된다. 〈표 10-2〉에 제시된 목록들이 자신과 잘 맞지 않을 수도 있다. 자신의 고유한 신념을 확인하기 위해서는 4단계에서 소개한 사고기록지를 작성하려고 노력해야 한다. 이렇게 사고들을 추적해가면 사고의 공통된 주제, 즉 신념을 찾을 수 있다. 또 다른 전략은 "스트레스 상황에 직면하게 될 때, 이것은 나에게 어떤 의미인가? 나에 관해서는 어떤 의미인가? 타인에 관해서는? 세상에 대해서는? 미래에 대해서는?"이라고 묻는 것이다. 삶에서 경험하는 사건의 의미를 묻는 질문에 대한 답변을 통해 어떤 한 상황에서 자신이 경험하는 사고에 깔려 있는 신념에 대한 실마리를 얻을 수 있다.

2. 자신이 현재 분투하고 있는 무언가를 위한 새롭고, 좀 더 도움이 되고, 균형 잡히고, 건강한 신념을 명확히 정의하라. 새로운 신념은 조화롭고 정확해야 함을 기억하라. 만약 새로운 신념이 지나치게 긍정적이라면 (예: "인생은 지금도, 그리고 앞으로도 언제나 멋질 것이다"), 그것을 충분히 수용하지 못하는 위험을 겪게 된다.

3. 종이 한 장에 〈표 10-3〉 증거기록지 같은 새롭고, 좀 더 도움이 되고, 균

이전의 신념:

새로운 신념:

새로운 신념을 지지하는 증거들

_____

_____

_____

_____

_____

_____

_____

_____

_____

_____

_____

_____

_____

_____

_____

새로운 신념을 믿는 정도 표시하기

0%, 10%, 20%, 30%, 40%, 50%, 60%, 70%, 80%, 90%, 100%

〈표 10-3〉 증거기록지

형 잡히고, 건강한 신념을 나열하라. 그리고 당신의 인생을 돌이켜 생각하고, 새로운 신념을 지지하는 과거 경험, 중요한 사건, 성취 등을 적어보자.

4. 증거기록지는 몇 주에 걸쳐 언제라도 작성할 수 있도록 쉽게 꺼내볼 수 있는 곳에 두라. 새로운 신념을 지지하는 경험, 중요한 사건, 성취가 생길 때마다 아무리 사소하거나 무의미하게 보일지라도 적어두어야 한다.

5. 증거기록지에 뭔가를 적을 때마다, 새로운 신념을 지지하는 증거를 전부 읽고, 종이 하단에 자신이 새로운 믿음을 확신하는 정도를 동그라미 친다. 동그라미를 칠 때 연필을 사용해야 함을 명심하자. 왜냐하면 매번 증거가 목록에 추가될 때마다, 모든 증거에 대해 새로운 신념을 확신하는 정도를 재평가해야 하기 때문이다. 즉, 한 가지 증거에 대해서 여러 차례 평가해야 한다. 증거가 쌓이고 시간이 지나면서, 새로운 신념에 대한 확신이 점점 더 커질 것이다. 따라서 자신의 평가도 변할 것이며, 그러므로 최근의 평가가 눈에 띄도록 이전의 평가를 지워버리는 것이 도움이 된다.

또 다른 신념 수정 훈련의 핵심 첫째는 새로운 신념을 정의할 때 현실적이고 균형감이 있어야 하며, 둘째, 새로운 신념을 지지하는 증거를 무시하지 않도록 주의하며, 셋째, 신념 수정은 점진적으로 일어나는 과정이므로 장시간에 걸쳐 이 과정을 반복해야 한다는 것이다. 많은 사람의 신념이 유산 이후 바뀌는 것은 사실이나, 삶이 지속되는 한 비관과 절망보다는 균형과 감사의 마음으로 미래에 다가가길 바란다. 신념 체계는 자신이 선택하는 것에 가까이 다가가게끔 도와줄 것이다. 이것은 새로운 정상이 될 것이다.

우선순위와
목표 다시 세우기

일부 사람들은 유산과 같은 비극을 겪으면 인생의 우선순위와 목표를 즉각적으로 검토하고 재정립하게 된다고 말한다. 다시 임신을 시도하거나 다른 방식으로 새로운 가족을 받아들이는 목표에 몰두할 수도 있다. 아니면 다른 어떤 것에도 집중할 시간, 에너지, 자원이 없는 것처럼 보일 수 있다. 이런 목표를 못마땅하게 여기는 사람은 그 누구도 없을 것이다.

3단계에서 설명했던 원그래프를 주의깊게 들여다보자(97쪽). 원그래프의 조각 하나하나는 자신의 정체성에 중요한 부분이나 삶에 의미를 부여하는 중요한 활동을 나타낸다. 이들은 모두 함께 가치 지향적 삶을 대표한다. 만약 아이를 가지는 것을 대표하는 원그래프 한 조각이 온전치 않다면, 자신에게 의미와 목표를 주는 다른 조각들이 삶을 끌어 올려주어야 한다. 만약 궁극적으로 원했던 만큼의 아이를 못 가진다 해도, 가치 있는 삶을 살아가는 데 기여할 다른 많은 가치들이 그 역할을 할 것이다. 그렇다면 우선순위와 목표들이 충만해지고 다양해질 것이다.

원그래프에서 많은 비중을 차지하는 일을 먼저 시작하거나 가능한 한 많이 지속해야 한다. 그렇게 함으로써 임신 과정이나 가족을 완성해 가는 과정에서 겪게 될 장애물들을 극복하는 데 도움을 받을 수 있다. 만약 여전히 난임 시술이나 입양처럼 많은 시간이 소요되는 과정을 겪고 있다면, 이렇게 하는 것은 불가능하다. 그럼에도 불구하고 자신의 우선순위와 목표를 반영할 수 있다. 이상적인 원그래프 조각들을 정립하고 계획하면서, 준비되었을 때 미리 염두에 두었던 가치들을 추구할 수 있다.

요컨대 아이가 몇 명이 있는지와는 상관없이, 당신은 우아하고 품위 있게, 그리고 감사한 마음으로 즐겁고, 가치 있고, 의미 있는 인생을 살아갈 수 있다. 지금 당장은 일어날 것 같지 않지만, 그렇게 될 것이다. 그렇게 하기 위해 유산과 난임의 어려움을 넘어서 폭넓게 생각하고, 목표와 우선순위를 정의하며, 준비되었을 때 이들을 모두 수용하고 앞으로 나아가는 것이다.

인생 목표 선언

　지금까지 이 장에서 이야기한 내용들, 즉 균형 잡힌 건강한 신념 체계를 채택하고, 가치 있는 삶을 기준으로 우선순위와 목표에 대한 비전을 만들고, 이런 비전을 실현해가는 것이 과하다고 여길 수도 있다. 이런 목표들이 매우 거창해보일 수 있지만, 나와 내담자들이 큰 그림을 그리는 데 도움을 주었다. 그리고 삶의 큰 그림은 일순간 인생이 희망이 없고 공허해보일 때도, 이런 삶을 영원히 살지 않을 것이라는 희망을 주었다. 우리는 매 순간 선택한다. 당신은 갖지 못한 것에 대한 절망감에 따른 행동을 선택할 수 있다. 또는 자신의 장점, 가치, 그리고 이미 갖고 있는 것에 따라 행동을 선택할 수도 있다. 분명 전자의 선택이 후자의 선택을 능가할 때가 있다. 우리는 인간일 뿐이다. 후자를 선택할 수 있을 때, 우리는 우아하고 품위 있는 삶으로 한 걸음씩 전진할 수 있다.

　많은 내담자들은 매 순간 어떤 상황에 어떤 식으로 반응해야 할지 그 방법을 안내하는 인생 목표 선언을 만드는 것이 도움이 된다고 했다. 따라서 강렬한 감정에 사로잡혀 있을 때조차도, 또는 이 책을 읽으면서 배웠던 방법들이 잘 생각나지 않아도, 간단한 목표 선언을 통해 잠시 멈춰 서서 원하는 방향으로 나아가고 있는지, 혹은 뒷걸음질 치고 있는지를 생각해볼 수 있다.

목표 선언 양식은 자신에게 어떤 것이 가장 도움이 되느냐에 따라 그 형태가 다양하다. 예를 들면, 자신의 **가장 두드러지는 장점들**을 요약해볼 수 있다. 아멜리아는 "나는 다른 사람들과 잘 어울리는 사람이다"라는 진술을 적었다. 감정적 동요 상태에 빠져 있을 때, 다른 사람들로부터 자신을 고립시키거나 포기하고 싶을 때, 그녀는 이 문장을 반복해서 읽으면서 "나는 지금 타인과의 조화로운 유대를 맺는 방향으로 반응하고 있는가?" 하면서 자문했다. 만약 아니라는 답이 나왔다면, "다른 사람들과 조화로운 관계를 맺는 것을 나의 장점으로 개발하려면 어떻게 반응해야 할까?"라고 다시 스스로에게 질문했다.

또 다른 목표 선언의 형태는 자신이 원하는 **삶의 특정한 가치나 가치체계**를 강조하는 것일 수 있다. 예를 들어, 안젤라는 자연과의 교감에 가치를 두었고 큰 의미를 찾았다. 그녀는 멋진 경치가 있는 장소로 여행 가는 것을 좋아했고, 하이킹, 자전거, 카약 같은 활동을 즐겼다. 이런 활동을 멀리할 때마다, 그녀는 자신이 '멈추어' 있음을 알아챘다. 그녀는 "자연의 경이로움이 모든 상처를 치유한다"는 목표 선언을 작성했다. 감정적 동요 상태에 빠져 있을 때 이 글을 반복해 읽었고, "자연과의 교감에 대한 나의 믿음과 일치하는 방식으로 반응하고 있는가? 혹은 내 삶에서 강력한 치유의 힘을 무시하고 있지는 않은가?"라며 자신에게 반문했다.

정신치료 과정 중이나, 자기계발 책을 읽는 동안에 얻은 **지혜를 바탕**

으로 목표 선언을 만들어볼 수도 있다. 예를 들어, 제인은 "나는 무엇보다 충만하고 가치 있는 삶을 원해"라는 목표 선언문을 만들었다. 그녀는 삶에서 멀어지고 있는 자신을 볼 때마다, "이런 결정이 충만하고 가치 있는 삶을 사는 데 도움이 될까?"라고 반문했다.

목표 선언문을 만드는 네 번째 방식은 특정한 상황에서 자신의 행동을 결정하는 데 도움이 될 수 있는 **의사결정 과정**을 만들어보는 것이다. 카렌은 다른 사람을 돕는 일에 많은 의미를 두는데다가 자기주장을 하기 어려워해, 자신을 돌보는 시간이 부족해도 여러 가지 일에 손을 대곤 했다. 두 번의 시험관 아기 시술 실패 이후 입양을 하면서 그녀는 다른 사람을 위해 살아야 한다는 가치에 따른 행동과 자신을 돌보는 행동 사이에 균형을 가져야 한다고 생각했다. 그녀는 두 갈래의 의사결정 과정을 개발했다. "첫째, 나는 지금 다른 사람을 위한다는 나의 가치에 진정으로 부합되기 때문에, 이 사람에게 '예'라고 말하고 있는가? 둘째, '예'라고 말하는 것이 나 자신의 안녕에 부정적인 영향을 미치는 것은 아닌가?" 만약 첫 번째 질문에는 예, 두 번째 질문에는 아니오라고 답했다면, 그녀는 자신에게 온 어떤 요구에도 '예'라고 말할 것이다. 그러나 만약 이 두 가지 조건을 만족하지 못하면, 요구를 정중하게 거절하기 위한 의사소통 방식을 사용했다. 관련 내용은 6단계에서 설명했다.

마지막으로 목표 선언문을 만드는 또 다른 방식으로 특정 행동 방식을 결정하면서 자신을 인도해줄 일종의 롤 모델을 설정하는 것이다. 롤 모델은 성격, 장점, 가치가 될 수도 있고, 대중적인 인물일 수도 있다. 내담자 몇 명은 상어의 공격으로 한쪽 팔을 잃었지만 자신의 꿈을 추구하며 신념을 갖고 낙천적인 삶을 살았던 서핑 선수 베다니 해밀턴 Bethany Hamilton 같은 대중적인 인물을 꼽았다. 다른 사람들은 살면서 알게 된 귀감이 될 만한 열정과 성격을 가진 사람들이나, 어떤 방식으로든 그들의 삶에 감동을 주었던 사람들을 떠올렸다. 크리스틴은 유산 전인 임신 초기에 아직 태어나지 않은 아이에게 조그만 선물을 건네주었던 가까운 친구 한 명을 떠올렸다. 그 친구는 여러 차례의 시험관 아기 시술이 실패로 끝나 고통을 받아왔었다. 크리스틴은 난임으로 힘든 시기를 겪고 있는 친구가 진정으로 그녀를 위해 기뻐하고 친절을 베풀어주어 큰 감동을 받았던 사실을 기억했다. 크리스틴 또한 그 친구 같은 사람이 되기로 결심했다. 상실을 겪더라도 이런 사람이 되길 원했으며, 그렇게 하는 것이 자신을 치료하는 데도 도움이 될 것이라고 생각했다.

목표 선언문이 앞에서 이야기한 예시들에 국한될 필요는 없다. 실제로 비즈니스 스쿨과 기도원 같은 다양한 곳에서 인생 목표 선언문을 만드는 통합 과정을 운영한다. 이곳에서는 자신의 강점과 가치의 다양한 면을 다루는 풍부하고 섬세한 인생 목표 선언문을 만들 수 있도록 도와준다. 자신이 그런 일을 잘 해낼 사람이라면 그 길을 따르길 바란다. 그렇게 함으로써 건강한 신념 체계를 만들어가고, 목표와 우선순위를 재정립하며, 가치 있는 삶을 살아가는 것을 포함해, 이 장에서 기술한 많은 목표를 성취하는 데 도움이 될 수 있다. 그러나 이런 과정이 지금 당신에게는 너무 압도적일 수도 있다. 간략한 선언문, 의사결정 과정, 또는 자신이 되고자 하는 사람의 이미지 정도를 가지는 것이 감정적 동요과 분투의 시간에는 가장 현실적인 방안일 수도 있다.

재발 방지 계획

재발 방지 계획은 장래에 감정적 고통이 악화되거나 재발되는 것을 피할 수 있도록 돕는 전략이다. 유산에 대한 기억을 일깨우는 상황에서 정서적 동요를 다시는 경험하지 않을 것이라는 말은 아니다. 종종 눈물이 나고, 슬프고, 간절히 바라고, 화나고, 좌절하고 또 질투할 수 있다. **중대한 감정적 고통**은 자신을 돌보지 못하거나, 직장이나 집에서 맡은 일을 수행하는 데 어려움을 겪거나, 다른 사람과의 관계에서 긴장하고, 다른 사람들이 당신이 걱정된다고 표현할 만큼 일상생활에서 문제를 초래할 정도의 정서적 동요를 말한다.

감정적 고통이 악화될 때 어떻게 다룰지 계획을 제대로 세워놓는 것이 도움이 된다. 흔히 감정적 고통의 격동 속에 있을 때, 이를 다루기 위해서 과거에 학습했던 것을 기억해내기는 어렵다. 그럴 때 종이 한 장에 적은 계획은 그 자체만으로도 정서적 고통을 다룰 수 있다는 사실을 구체적으로 일깨워주고, 이를 어떻게 다룰지 잘 요약해준다. 자신만의 계획을 짜는 데 〈표 10-4〉 재발 방지 계획표를 사용할 수 있다.

나의 재발 방지 계획
경고 신호:
내가 사용할 수 있는 대처 방법:
내가 연락할 수 있는 지지자들:
전문가의 도움이 필요한 경우:
내가 연락할 수 있는 전문가:

〈표 10-4〉 **재발 방지 계획표**

재발 방지 계획에는 다섯 가지 요소가 있다. 첫째, 재발 방지 계획에 필요한 **경고 신호**를 인지하는 것이다. 너무나 자주 문제가 일어났다는 사실을 알려주는 미묘한 지표를 인지하지 못하고 살아가기(즉, 자율주행 상태로 살아가기) 때문에, 그리고 이를 알아채기도 전에 또 다른 감정적 고통 삽화에 압도되기 때문에, 이러한 경고 신호를 인식하는 것은 중요하다. 경고 신호는 각각의 사람들에게 서로 다르게 다가온다. 때로 경고 신호는 우울, 슬픔, 불안 또는 분노 같은 원치 않는 감정적 상태로 나타난다. 아니면 "결코 더 나아지지 않아" 또는 "나는 실패자야" 같은 도움이 안 되는 사고의 빈도가 증가하기도 한다. 또 다른 경우 건강에 좋지 않은 행동, 예를 들면 알코올이나 약물 사용, 폭식, 밤새기, 고립되어 지내기 등이 늘어난다. 다른 사람들이 충고하거나 염려하는 형태로 경고 신호가 드러날 수도 있다.

재발 방지 계획의 두 번째 영역은 감정적 동요를 다루는 데 있어 과거에 가장 **효과적이었던 대처 방법들을 요약**해두는 것이다. 당신이 기록한 많은 방법은 이 책에서 설명한 것일 수도 있다. 그러나 이것들로만 한정할 필요는 없다. 추가적인 기술이 필요할 수 있는 대처 방법들에 대해 진지하게 생각해보라. 예를 들면, 사고 수정이 당신에게 도움이 되었을 수도 있다. 그러나 또 다른 감정적 고통 삽화 중에 사고 수정을 시행하는 단계들을 망각할 수 있다. 따라서 도움이 되지 않는 생각들에 대해 질문하는 방법처럼, 추가적으로 상기시킬 수 있는 내용을 기록해두는 것이 도움이 된다(예를 들면, "이런 생각을 지지하거나 반박하는 증거는? 이런 상황에서 나는 친구에게 어떻게 말하겠는가?").

재발 방지 계획의 세 번째 영역은 **도움을 받기 위해 연락할 수 있는 사람들**의 이름을 적는 것이다. 이 목록에는 한 사람 이상의 이름이 들어가야 한다. 또한 개인별 연락처 정보 또한 빠짐없이 기록해야 한다 (예: 스마트폰 번호, 일반 전화번호, 이메일 주소). 요즘은 스마트폰에 연락처를 쉽게 저장할 수 있기 때문에 대부분 전화번호를 기억하지 않는다. 그러나 장담컨대, 누군가와 연락하고 싶은데 스마트폰 전원이 꺼져서 연락처를 확인할 수 없을 때가 있을 것이다. 이런 정보를 적어두면 기계만 믿고 있다가 난감해지는 상황을 피하게 된다.

많은 경우, 위의 세 가지 단계면 재발 방지 계획을 세우는 데 충분하다. 당신은 경고 신호를 알아챌 것이며, 자신만의 대처 도구를 사용하고, 사회적 지지망을 이용하는 식으로 정신을 가다듬을 수 있을 것이다. 이런 것들이 필요 없을 수도 있지만, **전문가의 도움이 필요할 경우에 대비**하는 것도 중요하다. 전문가의 도움이 필요한지 확인하려면 1단계를 다시 보라. 자신이 경험하고 있는 감정적 상태나 내린 결정들이 스스로나 타인을 위험에 빠뜨리고 있다면 전문가의 도움을 받아야 한다. 그러나 이것만이 유일한 원칙은 아니며, 전문가의 도움이 필요하다는 사실을 보여주는 고유 신호를 미리 확인하는 것이 중요하다.

재발 방지 계획의 마지막 영역에는 **자신이 연락할 수 있는 전문가들의 이름과 전화번호**를 적는다. 이전 심리치료 전문가나 정신건강 의학과 의사, 다른 믿을 만한 보건 전문가들(예: 일차 진료 의사, 부인과 의사, 난임 의사)을 포함시킬 수 있다. 만나보진 않았지만 인근에서 진료하고 있고 당신의 보험을 받아줄 수 있는 정신건강 전문가들도 포함시킬 수 있다. 다시 말하지만, 이런 정보들이 전혀 필요 없을 수도 있다. 그러나 만약 필요한 경우가 발생한다면, 정보를 모으는 데 다소 손이 많이 가는 작업을 미리 해 덜 압도되는 느낌을 가질 수 있으며 바로 적절한 조치를 취할 수 있다.

재발 방지 계획을 완성했다면 어디에 보관할지 생각해보라. 필요할 때 쉽게 찾아볼 수 있어야 한다. 아마 이 책 안에 끼워둘 수도 있다. 혹은 이 책을 읽는 동안 완성한 다수의 활동들을 편집할 수 있는 폴더를 사용할 수도 있다. 재발 방지 계획은 자신이 찾아서 사용할 수 있을 때 비로소 효과가 있다.

당신의 어떤 결정이든 의미가 있다

유산의 상실과 외상의 공통되고도 당연한 반응은 "왜 착한 사람에게 나쁜 일이 생겼나?"이다. 아이를 떠나보낸 일을 이해하기는 매우 어렵다. 그 누구도 당신이 '좋은' 또는 '밝은 희망'을 찾을 것이라는 암시는 해서는 안 된다. 어디를 봐도 이것은 비극이다.

상실과 외상으로부터 의미를 찾을 수 있을지 고민할 때면, 네덜란드의 하이디 스테겔리스Heidi Stiegelis 박사와 동료들이 수행한 연구를 떠올린다. 그들은 암 환자와 정상인 대조군에게 긍정적인 기능을 하는 부분들을 평가하는 자기보고형 설문지를 작성하게 했다. 연구자들은 방사선치료와 3개월의 추적 관찰 기간 동안 세 차례에 걸쳐 암 환자들이 좀 더 높은 수준의 낙관주의와 자존감을 보고했다는 사실을 발견했다. 어떻게 이럴 수 있을까? 암 환자들이 질환의 심각도를 부인하는 것일까? 전혀 그렇지 않다. 나는 암 환자들이 그들에게 주어진 매 순간을 음미하는 법을 배워왔기 때문이라고 생각한다. 인생에서 경험해온 모든 것에 감사를 표현하고, 자신의 장점을 인정하고, 다른 사람의 잘못을 용서하며, 자신의 손을 떠난 부정적인 일에는 고민하지 않는 법을 배웠을 것이다. 그들은 의미를 찾았다. 비록 심각한 질환을 앓고 있으나, 그들은 자신의 조건에 부합하는 삶을 살아가고 있었다.

이것이 바로 유산이나 외상을 경험한 우리 모두의 과제다. 우리 중 다시 아이를 가지기로 결심한 사람들은 불행한 과거를 뒤로하고 '승리'를 통해 모든 달콤함을 음미할 것이다. 친척 중에 어린아이가 있는 사람들은 그 관계를 키우고, 일생 동안 지속될 특별한 연대를 만들 것이다. 비슷한 상실을 경험한 사람들을 돕기로 결정한 사람들은, 태어나지 않은 또는 죽은 아이가 이 세상에 긍정적이고 지속적인 영향력을 발휘하고 있음을 깨달을 것이다. 신념이 투철한 사람들은 자신이 믿는 신과 긴밀한 관계를 만들어가거나 영적인 훈련에 더 깊이 몰입할 수 있을 것이다.

아이를 입양하기를, 조카들과 관계를 쌓아나가기를, 자신과 비슷한 상실을 경험한 타인을 돕기를, 신과 더 긴밀한 관계를 갖기를 또는 그 외 어떤 것을 하기로 결정하든 나름대로의 의미가 있을 것이다. 자신의 능력에 맞는 가치 있는 삶을 사는 것, 작은 순간의 기쁨이나 감사를 음미하는 것, 매 순간 마음을 열고 비판단적인 방식으로 포용하는 것 모두, 의미와 타인과의 연결을 제공할 평화로운 감정을 얻는 데 도움이 될 것이다. 이런 평화로의 여정을 밟는 과정에서 이전에는 생각지도 못한 통찰과 지혜를 발전시킬 것이다. 그 여정은 감정적이며, 어디로 가고 있는지 확신할 수 없는 것처럼 보일 때도 있다. 그 여정에 반드시 끝이 있어야 하는 것은 아니다. 그리고 비록 이 길을 선택하지 않았지만, 우아하고 품위 있게 여정을 수용하기로 선택할 수 있다. 이를 통해 당신은 더욱 강하고 공감하는 사람이 될 것이다. 회복력을 보여줄 것이다. 독자 여러분의 성취하는, 그리고 가치 있는 삶을 향해 나아가는 여정에 행운이 깃들기를 진심으로 바란다.

후기

사실 내게 자녀가 있는지 여부를 알릴지 결정하는 데 많은 고민이 있었다. 결국 이 책의 주요 전제는 **아이가 있든 없든** 삶이 의미 있다는 것이지만, 유산을 하고 아이 없이 살아가는 사람들은 아이가 있는 저자가 자신들의 경험을 이해하고 있다고 전적으로 믿기 어려울 것이라는 점을 책 전반에 걸쳐 여러 번 언급했다.

나는 이 책을 읽는 사람들을 존경하는 마음으로, 그리고 미래에 대한 낙관과 희망을 전하기 위해 이 사실을 알리기로 결심했다.

나는 2009년 3월에 아들을 잃었다. 몇 개월 동안의 슬픔이 가라앉고 세상에 다시 나섰지만, 이미 나이가 많았고 유산 원인도 명확하지 않은 상태에서 다시 아이를 가질 수 있을지 확신이 서지 않았다. 당시 나는 어린아이가 있는 또래의 다른 여성들과 함께 지내는 데 큰 어려움을 겪었다. 그리고 몇 달간의 노력 끝에, 2009년 12월, 다시 임신했다는 것을 알게 되었다. 임신 18주에서 36주 사이에 조산을 예방하기 위해 매주 프로게스테론 주사를 맞았다. 나는 이 아이를 잃을까 봐 많이 불안했고, 임신 사실을 가능한 한 다른 사람들에게 말하지 않으려고 애썼다. 임신 기간 전반에 걸쳐, 나는 이 책에 설명한 인지행동전략을 첫 번째 임신을 하고 난 후 해왔던 것처럼 계속해서 적용했다.

나는 아이를 만삭까지 지켰다. 아이가 너무 커서 산도를 통과하는 데 어려움이 있어 응급 제왕절개 수술을 받았다. 2010년 8월 10일에 4.4킬로그램으로 딸이 태어났다. 당시 나는 서른여덟 살이었다. 아이는 건강하고 기민했으며, 행복하고 적응도 잘하는 아이로 성장했다. 특히 아이가 학교 교사들에게 '베이비 위스퍼baby whisper'로 불릴 정도로 다른 어린아이들과 잘 지냈기 때문에 아이에게 동생을 낳아주고 싶었다. 그러나 우리의 운명에 둘째는 없었다. 괜찮다. 우리는 한 아이에게 줄 수 있는 많은 장점에 초점을 맞추고 있다. 나는 부모로서뿐만 아니라 내 삶의 다른 많은 영역에서 성장하고 발전하기 위해 노력하고 있고, 남편과 화목한 가정에서 아이 하나를 기르는 많은 장점을 받아들이며 살고 있다.

이에 더해, 내 이야기를 내 친구의 이야기와도 대조해봤으면 한다. 내 친구는 30대 후반에 남편과 함께 두 차례의 체외수정을 시도했다. 그들은 실패했고 계속 시도하기보다는 다른 꿈을 좇기로 결정했다. 친구는 박사 학위를 받기 위해 대학원에 다시 진학했다. 그녀는 학위를 취득해 현재 '꿈의 직업'을 갖고 있다. 친구는 매일 자신의 일이 사람들의 삶에 눈에 띄는 변화를 가져오는 것을 보고 있다. 그녀와 그녀의 남편은 즐겁고 의미 있는 활동에 참여하면서 저녁과 주말을 바쁘게 보낸다. 친구 부부는 서로에게 각별한 유대감을 느끼고 서로를 진정으로 존중하고 존경한다. 그녀는 내가 만났던 사람들 중 가장 행복하고, 가장 잘 적응한 사람이며, 의심할 여지없이 '잘 사는 삶'의 기준을 충족한다.

궁극적으로 자녀가 있든 없든 나는 당신이 감정적 동요를 받아들이고, 관점을 유지하면서, 자신의 가치에 따라 진중하게 살아가길 바란다. 회복과 행복으로 가는 길은 많다. 당신이 우아하고 품위 있게 자신의 길을 개척하길 응원한다.

후기

315

난임 심리 치료에 관한 유용한 정보

■ 난임·우울증상담센터

난임 부부, 임산부 및 양육모(출산 후 3년 이내. 단, 미혼모의 경우 출산 후 7년 이내)
를 대상으로 심리상담, 정서적 지지 및 정신건강 고위험군에 대한 의료적 개입
지원을 병행하는 서비스를 제공함으로써 감정적·심리적 문제를 완화해 삶의
질을 향상시킴

기관	홈페이지	전화
중앙 난임·우울증상담센터	www.nmc22762276.or.kr	02-2276-2276
서울 권역 난임·우울증상담센터	www.mindcare-for-family.kr	02-2019-4581
경기도 권역 난임·우울증상담센터	www.happyfamily3375.or.kr	031-255-3375
경기북부 권역 난임·우울증상담센터	happyfamily.dumc.or.kr	031-961-8500~2
인천 권역 난임·우울증상담센터	www.id-incheon.co.kr	032-460-3269
대구 권역 난임·우울증상담센터	www.healthmom.or.kr	053-261-3375
경북 권역 난임·우울증상담센터	happymoa.kr	054-850-6367
전남 권역 난임·우울증상담센터	www.hwc1234.co.kr	061-901-1234

■ (사)한국난임가족연합회

- 난임을 극복하고 출산을 희망하는 사람들의 온·오프라인 정보 교류
- 홈페이지: www.agaya.org

- 전화: 02-3431-3382

■ 정신건강복지센터

- 지역주민의 정신건강, 자살 예방 등 지역사회 정신건강증진사업 수행

- 시·군·구 정신건강복지센터 문의

■ 정신건강 위기상담전화

- 전국 어디에서나 전화를 통해 시·군·구별로 정신건강 전문요원 등이 자살 위
기 상담 등 정신건강 상담과 지지, 정신건강 정보 제공, 정신의료기관 등 안내

- 전화: 1577-0119(위기상담전화), 국번 없이 129(보건복지콜센터)

■ 가족센터

- 여성가족부가 시행하는 가족정책의 주요 전달 체계로써 다양한 가족지원정
책을 제안 및 실행하기 위해 설립된 기관

- 홈페이지에서 시·도 선택 후 지역센터 선택 가능

- 홈페이지: www.familynet.or.kr

- 전화: 1577-9337

■ 학회 등

- 대한신경정신의학회(www.knpa.or.kr)

- 대한보조생식학회(https://kosar.org)

- 대한가임력보존학회(http://www.ksfp2013.org)

- 대한산부인과학회(www.ksog.org)

- 보건복지부(www.mohw.go.kr)

참고 문헌

저자 서문

1 Jaffe, J., & Diamond, M. O. (2011). *Reproductive trauma: Psychotherapy with infertility and pregnancy loss clients*. Washington, DC: American Psychological Association. doi:10.1037/12347-000

1단계: 애도 과정과 감정 변화 받아들이기

1 Bonanno, G. A., Westphal, M., & Mancini, A. D. (2011). "Resilience to loss and potential trauma". *Annual Review of Clinical Psychology*, 7, 511-535. doi:10.1146/annurev-clinpsy-032210-104526

2 Malkinson, R. (2007). *Cognitive grief therapy: Constructing a rational meaning to life following loss*. New York, NY: Norton.

3 Meert, K. L., Shear, K., Newth, C. J. L., Harrison, R., Berger, J., Zimmerman, J., Eunice Kennedy Shriver., (2011). "National Institute of Public Health and Human Development Collabrative Pediatric Critical Care Research Network"., "Follow-up study of complicated grief among parents eighteen months after a child's death in the pediatric intensive care unit". *Journal of Palliative Medicine*, 14, 207-214. doi:10.1089/jpm.2010.0291

4 Shear, M. K., & Mulhare, E. (2008). "Complicated grief". *Psychiatric Annals*, 38, 663-670. doi:10.3928/00485713-20081001-10

참고 문헌

1 Hauri, P., & Linde, S. (1996). *No more sleepless nights* (Revised edition). New York, NY: Wiley.

2 Lewinsohn, P. M., Sullivan, J. M., & Grosscup, S. J. (1980). "Changing reinforcing events: An approach to the treatment of depression". *Psychotherapy: Theory, Research, & Practice*, 17, 322 – 334. doi:10.1037/h0085929

3 Linehan, M. M. (1993). *Skills training manual for borderline personality disorder*. New York, NY: Guilford Press. (《다이어렉티컬 행동치료》, 마샤 M. 리네한 지음, 조용범 옮김, 학지사, 2007)

4 McKay, M., Wood, J. C., & Brantley, J. (2007). *The dialectical behavior therapy skills workbook: Practical DBT exercises for learning mindfulness, interpersonal effectiveness, emotion regulation, & distress tolerance*. Oakland, CA: New Harbinger. (《알아차림 명상에 기반한 변증법적 행동치료(DBT) 워크북》, 매튜 맥케이·제프리 브랜틀리·제프리 우드 지음, 이영순·장금주·지홍원 옮김, 명상상담연구원, 2013)

5 Otto, M. W., & Smits, J. A. J. (2011). *Exercise for mood and anxiety: Proven strategies for overcoming depression and enhancing wellbeing*. New York, NY: Oxford University Press.

6 Perlis, M. L., Jungquist, C., Smith, M. T., & Posner, D. (2005). *Cognitive behavioral treatment of insomnia: A session-by-session guide*. New York, NY: Springer-Verlag.

7 Silberman, S. A. (2008). *The insomnia workbook*. Oakland, CA: New Harbinger.(《불면증은 불치병이 아니다》, 스테파니 실버만 지음, 김무경 옮김, 학지사, 2014)

8 Smits, J. A. J., & Otto, M. W. (2009). *Exercise for mood and anxiety disorders: Therapist guide* (Treatments That Work series). New York, NY: Oxford University Press.

9 Wegner, D. (1989). *White bears and other unwanted thoughts: Suppression,*

obsession, and the psychology of mental control. New York, NY: Penguin Press.

3단계: 다시 삶 속으로 다가가기

1 Dimidjian, S., Barrera, M., Jr., Martell, C., Muñoz, R. F., & Lewinsohn, P. M. (2011). "The origins and current status of behavioral activation treatments for depression". *Annual Review of Clinical Psychology*, 7, 1 – 38. doi:10.1146/annurev-clinpsy-032210-104535

2 Dimidjian, S., Hollon, S. D., Dobson, K. S., Schmaling, K. B., Kohlenberg, R. J., Addis, M. E., Jacobson, N. S. (2006). "Randomized trial of behavioral activation, cognitive therapy, and antidepressant medication in the acute treatment of adults with major depression". *Journal of Consulting and Clinical Psychology*, 74, 658 – 670. doi:10.1037/0022-006X.74.4.658

4단계: 상실에 대한 생각과 이미지 다루기

1 Rothbaum, B. O., Foa, E. B., & Hembree, E. A. (2007). Reclaiming your life from a traumatic experience: Workbook. New York, NY: Oxford University Press.

5단계: 미래에 대한 생각과 이미지 다루기

1 Dugas, M. J., Gagnon, F., Ladouceur, R., & Freeston, M. H. (1998). "Generalized anxiety disorder: Preliminary test of a conceptual model". *Behaviour Research and Therapy*, 36, 215 – 226. doi:10.1016/S0005-7967(97)00070-3

6단계: 다른 사람들과 상호작용하기

1 Gottman, J. (1994). *Why marriages succeed or fail and how you can make yours last*. New York, NY: Simon & Schuster.

2 Greil, A. L., Schmidt, L., & Peterson, B. D. (2014). "Perinatal experiences associated with infertility". In A. Wenzel & S. Stuart (Eds.), *Oxford handbook of*

참고 문헌

perinatal psychology. New York, NY: Oxford University Press.

3   Newman, S. (2011). *The case for the only child: Your essential guide*. Deerfield Beach, FL: Health Communications.

7단계: 정면 돌파 연습하기

1   Abramowitz, J. S., Deacon, B. J., & Whiteside, S. P. H. (2011). *Exposure therapy for anxiety: Principles and practice*. New York, NY: Guilford Press.

2   Craske, M. G., Kircanski, K., Zeilowsky, M., Mystkowski, J., Chowdhury, N., & Baker, A. (2008). "Optimizing inhibitory learning during exposure therapy". *Behaviour Research and Therapy*, 46, 5 – 27.

3   Lang, A. J., & Craske, M. G. (2000). "Manipulations of exposure-based therapy to reduce return of fear: A replication". *Behaviour Research and Therapy*, 38, 1 – 12. doi:10.1016/S0005-7967(99)00031-5

8단계: 체계적이고 신중하게 의사결정하기

1   D'Zurilla, T. J., & Nezu, A. M. (2007). *Problem-solving therapy: A positive approach to clinical intervention* (3rd ed.). New York, NY: Springer.

9단계: 현재의 삶에 집중하기

1   Kabat-Zinn, J. (1994). *Wherever you go there you are*. New York, NY: Hyperion. (《존 카밧진의 왜 마음챙김 명상인가?》, 존 카밧진 지음, 엄성수 옮김, 불광출판사, 2019)

2   Kleiman, K. K. (2009). *Therapy and the postpartum woman: Notes on healing postpartum depression for clinicians and the women who seek their help*. New York, NY: Routledge.

3   Linehan, M. M. (1993). *Skills training manual for borderline personality disorder*. New York, NY: Guilford Press. (《다이어렉티컬 행동치료》, 마샤 M. 리네한 지음, 조용범 옮김, 학지사, 2007)

4   Segal, Z. V., Williams, J. M. G., & Teasdale, J. D. (2013). *Mindfulness-based cognitive therapy for depression* (2nd ed.). New York, NY: Guilford Press. (《마음챙김 기반 인지치료》, 진델 시걸 · 마크 윌리엄스 · 존 티즈데일 지음, 이우경 · 이미옥 옮김, 학지사, 2018)

10단계: 새로운 정상, 그리고 내가 나를 사랑하는 방식 찾기

1   Stiegleis, H. E., Hagedoorn, M., Sanderman, R., van der Zee, K. I., Buunk, B. P., & van den Bergh, A. C. M. (2003). "Cognitive adaptation: A comparison of cancer patients and healthy references". *British Journal of Health Psychology*, 8, 303 – 318. doi:10.1348/135910703322370879

참고 문헌

난임과 유산에 대처하는 심리 가이드

첫판 1쇄 펴낸날 2024년 1월 9일

지은이 에이미 웬젤
옮긴이 이승재 조영란 황정현
발행인 김혜경
편집인 김수진
책임편집 문해림
편집기획 김교석 조한나 유승연 김유진 곽세라 전하연 박혜인 조정현
디자인 한승연 성윤정
경영지원국 안정숙
마케팅 문창운 백윤진 박희원
회계 임옥희 양여진 김주연

펴낸곳 (주)도서출판 푸른숲
출판등록 2003년 12월 17일 제2003-000032호
주소 서울특별시 마포구 토정로 35-1 2층, 우편번호 04083
전화 02)6392-7871, 2(마케팅부), 02)6392-7873(편집부)
팩스 02)6392-7875
홈페이지 www.prunsoop.co.kr
페이스북 www.facebook.com/simsimpress   인스타그램 @simsimbooks

ⓒ 푸른숲, 2023
ISBN 979-5675-451-0(03180)

심심은 (주)도서출판 푸른숲의 인문·심리 브랜드입니다.